中国政法大学科研创新项目（24KYHQ0062）
中央高校基本科研业务费专项资金资助

保险合同法原理

郭宏彬／著

Baoxian Hetongfa
Yuanli

中国政法大学出版社

2025·北京

图书在版编目（CIP）数据

保险合同法原理 / 郭宏彬著. -- 北京 ： 中国政法大学出版社，2025. 7. -- ISBN 978-7-5764-2256-6

Ⅰ. D923.64

中国国家版本馆 CIP 数据核字第 202597VZ84 号

出　版　者	中国政法大学出版社
地　　　址	北京市海淀区西土城路 25 号
邮寄地址	北京 100088 信箱 8034 分箱　邮编 100088
网　　　址	http://www.cuplpress.com (网络实名：中国政法大学出版社)
电　　　话	010-58908285(总编室) 58908433 （编辑部） 58908334(邮购部)
承　　印	北京旺都印务有限公司
开　　本	720mm×960 mm　1/16
印　　张	14.75
字　　数	240 千字
版　　次	2025 年 7 月第 1 版
印　　次	2025 年 7 月第 1 次印刷
定　　价	69.00 元

目 录

第一章　保险合同概述 ………………………………………………… 001

　第一节　保险的本质与"保险法上的保险" ……………………… 001

　第二节　保险合同的概念和特征 ………………………………… 013

　第三节　保险合同的种类 ………………………………………… 019

第二章　保险合同的主体 ……………………………………………… 027

　第一节　保险合同的当事人 ……………………………………… 027

　第二节　保险合同的关系人 ……………………………………… 029

　第三节　保险合同的辅助人 ……………………………………… 037

第三章　保险合同的基本原则 ………………………………………… 041

　第一节　最大诚信原则 …………………………………………… 042

　第二节　保险利益原则 …………………………………………… 054

　第三节　损失补偿原则 …………………………………………… 060

　第四节　近因原则 ………………………………………………… 064

第四章　保险合同的订立与效力 ……………………………………… 070

　第一节　保险合同的形式与内容 ………………………………… 070

　第二节　保险合同的效力 ………………………………………… 073

　第三节　保险合同格式条款的效力规制 ………………………… 080

第五章　保险合同的履行与解释 ················· 088

第一节　投保方的义务 ························· 088

第二节　保险人的义务 ························· 100

第三节　保险索赔与理赔 ······················· 105

第四节　保险合同的解释原则 ····················· 107

第六章　保险合同的变动 ····················· 112

第一节　保险合同的变更 ······················· 112

第二节　保险合同的转让 ······················· 114

第三节　保险合同的解除 ······················· 123

第七章　财产损失保险的赔偿规则 ················· 130

第一节　财产损失保险的一般赔偿规则 ················· 130

第二节　重复保险与保险竞合 ····················· 136

第三节　保险代位求偿权制度 ····················· 140

第八章　责任保险的基础问题 ··················· 150

第一节　责任保险的机制与特征 ···················· 150

第二节　责任保险的产生与发展 ···················· 156

第三节　责任保险的类型 ······················· 161

第四节　责任保险的性质与功能 ···················· 166

第九章　责任保险第三人请求权 ·················· 174

第一节　责任保险第三人请求权的理论基础 ··············· 174

第二节　责任保险第三人请求权的比较研究 ··············· 195

第十章　交强险 ·························· 202

第一节　交强险及其制度功能 ····················· 202

第二节　交强险制度设置与反思 ···················· 215

主要参考文献 ··························· 229

第一章

保险合同概述

　　保险合同是保险的法律形式，保险的经济本质与功能均需体现于保险合同，或者说，保险合同法全部特有的原则与规则，均源于保险或者保险合同的特性及功能实现之需要，因此，探讨保险合同法之原理，需从保险的本质和功能以及保险合同的特征出发，也会兼顾保险合同的类型化差异及其特有的规则需求。

第一节　保险的本质与"保险法上的保险"

一、保险的定义

（一）从"燕梳"到"保险"

　　对于我国，保险是舶来品，于清末传入。英文为 insurance，assurance，日文作"保险"。保险是随着西方列强对我国通商贸易和经济侵略而来。在鸦片战争之前，广州是我国南方对外贸易的唯一口岸，我国早期文件将保险音译记录为"燕梳"或"烟梳"，或翻译为"保安"，如 1805 年英商在广州设立的谏当保安行（Canton Insurance Society）。[1]而后，魏源在《海国图志》[2]

---

〔1〕　参见中国保险学会《中国保险史》编审委员会编：《中国保险史》，中国金融出版社 1998 年版，第 16 页。

〔2〕　魏源（1794~1857 年）编著有《海国图志》。这是一部介绍世界各国地理、历史、政治、经济、历法、宗教、风土人情的书籍，也包括英国近代保险。该书于 1842 年出版 50 卷本，1847 年增刊为 60 卷本，1852 年刊行为 100 卷本。该书中介绍英国近代保险有两处：一是在第 51 卷"大西洋英吉利国二"中介绍了该国货物运输保险的办法；二是在第 83 卷"夷情备采·贸易通志"中介绍了相互保险组织"担保会"以及火灾保险、海上保险、人寿保险等内容。该书及增刊自 1850 年始传入日本，是最早移植到日本的关于西洋保险知识的文献，对日本保险业的产生也产生了深远的影响。1873 年，日本最早的海上保险公司"保任社"创立。参见中国保险学会《中国保险史》编审委员会编：《中国保险史》，中国金融出版社 1998 年版，第 29-31 页。

中介绍英国近代保险时将保险译为"担保",如火灾保险译为"宅担保",海上保险译为"船担保",人寿保险译为"命担保"。再后,在王韬《弢园文录外编》(1883年)、郑观应《盛世危言》(1895年增订卷本)、陈炽《续富国策》(1896年)等著述中都有关于"保险"的论述。[1]且同期,在《上海义和公司保险行公启》[同治四年(1865)]中也使用了"保险"一词。[2]说明到19世纪中叶,我国商业领域和理论著述中,已经习惯采用"保险"的概念。

后来,1910年修订法律馆制定《保险业章程草案》[宣统二年(1910)],1911年修订法律馆制定《大清商律草案》[宣统三年(1911)]。在这两份与保险相关的法律文件中,均采用了"保险"的概念,是以"保险"一词在我国被法律固定下来,并得以沿用至今。

《保险业章程草案》分为七章,共计105条,其中已然使用诸多与现今保险法中相似的术语,例如:股份保险公司、相互保险公会、物产保险、生命保险、损害保险、保险费、保险凭单、保险期限、投保人、被保人等。《大清商律草案》,其第三编"商行为"中有两章关涉保险。第七章为"损害保险营业",分为总则、火灾保险营业、运送保险营业三节,共50条(第176-225条);第八章为"生命保险营业",未分节,共11条(第226-236条)。[3]值得关注的是,在这两章中均将保险凭单称作"保险证券",虽然此时之"证券"未必是我们今天所言证券的含义,但依证券来界定保险单的性质,可能更利于我们解释和说明甚或重构某些保险合同规则和制度,例如对于《保险法》第49条所涉及的财产保险合同转让制度的重构,依照"保险证券"定性可能是一个解决思路。

从上述对"保险"一词在我国的由来之考证来看,保险法上的"保险"之含义确实不是日常用语中的"稳妥可靠""安全无恙"的意思,其本义为一种通过商业行为建立起来的风险分散制度。[4]

---

〔1〕 参见中国保险学会《中国保险史》编审委员会编:《中国保险史》,中国金融出版社1998年版,第32-37页。

〔2〕 该《公启》摘自《上海新报》,同治四年五月三日。参见周华孚、颜鹏飞主编:《中国保险法规暨章程大全》,上海人民出版社1992年版,第3页。

〔3〕 参见周华孚、颜鹏飞主编:《中国保险法规暨章程大全》,上海人民出版社1992年版,第37-53页。

〔4〕 参见温世扬主编:《保险法》,法律出版社2016年版,第3页。

（二）《保险法》对保险的定义

保险既是一种行为，也是一种经济补偿制度，同时表现为一种合同法律关系。《保险法》对保险定义的规定，目的在于界定保险法中所称保险的范围，同时也表明了保险法的适用范围。

《保险法》第2条规定："本法所称保险，是指投保人根据合同约定，向保险人支付保险费，保险人对于合同约定的可能发生的事故因其发生所造成的财产损失承担赔偿保险金责任，或者当被保险人死亡、伤残、疾病或者达到合同约定的年龄、期限等条件时承担给付保险金责任的商业保险行为。"

首先，该定义的中心词是"商业保险行为"，它区别于同样属于经济补偿制度的社会保险。商业保险是作为商事主体的保险公司以营利为目的所经营的业务，它一般根据社会成员风险分散的需求来设计提供保险产品，通过与当事人自愿地订立保险合同的形式来实现；而社会保险属于社会保障体系的范畴，主要是指养老保险、医疗保险、失业保险、工伤保险、生育保险等，它是国家通过立法形式保障对社会成员年老、疾病、失业等情况提供资金或者物质帮助的一种制度。正是基于商业保险与社会保险的上述区别，世界各国的保险法都只是适用于商业保险。社会保险则由国家另行制定专门的法律规范，通常属于劳动法或社会保障法的范畴。我国的保险立法也采用了这一体例，其所规范的保险仅指商业保险。

其次，上述保险的法定定义是一个描述性的定义，其前半部分描述的是财产保险，在"或者"之后描述的是人身保险。财产保险和人身保险在性质上是有差异的，一般而言，财产保险具有补偿性质，而人身保险具有给付性质。正是因为二者性质存在不同，所以在定义中难以一言以蔽之，只能分别进行描述；同时，二者所适用的法律规则也不同。

需要注意的是，描述性定义与实质性定义相比有个弊端，即不能揭示保险的实质性要件，难以为保险监管或者司法实务中认定一种行为是否为保险以及是否应当适用《保险法》提供判断标准。例如，我国近些年来出现的机动车统筹合同是否属于保险合同？是否适用保险法？经营这些机动车统筹业务的公司未经国家保险监管机构审查批准获准经营保险业务，其行为是否构成非法经营保险业务而应被监管处罚？再如，蚂蚁金服经营的"相互宝"业务是否属于保险？认定依据又是什么？从"相互宝"产品发展的历程看，关于"相互宝"是否属于保险，监管部门的态度有些犹豫不决，原因之一是，根据《保险法》第 2 条对"保险"的定义，无法明确地将"相互宝"认定为保险。[1]

而如果《保险法》中对保险有实质定义，规定了保险的实质要件，就有利于对一个行为是否为保险进行行政或者司法判断。例如，美国犹他州有一个牙医预付保健服务公司（以下简称服务公司）推出一项健康服务方案：（1）服务公司首先与许多雇主签订合同，约定由这些雇主每月向服务公司支付一定的费用，从而保证在这些雇主的雇员需要之时，可以享受特定的牙齿保健服务；（2）同时，服务公司还与牙医签订合同，由牙医提供这些特定的牙齿保健服务，但是不管提供了多少服务，服务公司每月将向牙医支付固定的费用。对于这项服务方案，犹他州的保险委员会认为已经构成保险行为，应该纳入保险监管，故禁止该服务公司开展这项本应经特殊许可的业务。服务公司提起诉讼败诉后又提起上诉。上诉法院认为，根据犹他州保险法的规定，所谓保险合同是指根据此合同，某人将基于可以确定的风险概率向他人赔偿、支付或给予特定的或可探明的金钱或利益。根据这个定义，保险合同所涉及的风险是指所有支付保险费的人都面临的风险，而当这个风险发生时，保险公司应当承担由此而导致的损失和费用。在本案中，虽然牙医保健服务方案的参与者都面临是否需要牙齿护理的风险，但关键的一点是，在整个服务方案执行过程中，服务公司并没有承担任何风险，即无论方案的参与者是否需要牙齿保健服务，服务公司支付给牙医的费用都是一样的。[2]可见，在上述案件的裁判中，核心在于对保险的法定要件的理解和适用。根据该案所涉及的美国犹他州保险法的规定，构成保险需有三个要素：风险、风险在被保险人与保险人之间的转移以及保险人对风险的承担（或者可以简单概括为：

---

〔1〕 "相互宝"于 2018 年 10 月 16 日由蚂蚁金服（蚂蚁科技集团股份有限公司）与信美相互（信美人寿相互保险社）联合推出，原名"相互保"，仅 41 天后，信美相互发布公告称：因接受监管部门约谈，"相互保"涉嫌存在未按照规定使用经备案的保险条款和费率、销售过程中存在误导性宣传、信息披露不充分等问题，故而信美相互退出"相互保"经营。从监管部门指出的问题看，"相互保"似乎属于保险产品，只是因未按规定报备，存在误导宣传等瑕疵，信美相互退出经营。然而，在信美相互退出之后，监管部门并未禁止蚂蚁金服经营该产品，蚂蚁金服将其改名为"相互宝"之后，继续经营同样的业务，从监管部门允许没有保险牌照的蚂蚁金服经营"相互宝"来看，似乎并不认为"相互宝"属于保险。但 2023 年，监管部门正式要求蚂蚁金服关停"相互宝"业务，似乎又将其认定为保险业务。参见梁鹏：《"保险"的概念——重新定义〈保险法〉中的"保险"》，载《保险研究》2024 年第 8 期。

〔2〕 参见史卫进、孙洪涛编著：《保险法案例教程》，北京大学出版社 2004 年版，第 1-3 页。

"风险+转移"），符合这些构成要素的，即可认定为保险，相反，则不为保险。

因此，《保险法》第 2 条需要以实质性的定义来代替目前的描述性定义，而实质性定义往往需要揭示或者精准反映保险的本质，故而，研究保险的本质成为一项迫切的前沿问题。

二、关于保险本质的学说

关于保险的本质，国内外学术界争议颇多，存在诸多学派，各个派别的立场和研究视角不同，观点分歧较大。最主要的分歧在于财产保险和人身保险是否具有共同的本质，能否在立法上给出统一的定义。在理论界，由于学者们对于保险的认识角度不同，因而对保险的本质有不同的理解。归纳起来，大致上可以分为三大流派：损失说、非损失说和二元说。[1]

（一）损失说

损失说是以"损失"的概念为前提，来探究保险的本质。细分还有三种观点：

1. 损失赔偿说。此学说是从法律学角度来看的，认为保险是一种损失赔偿合同。代表人物有英国的马歇尔（S. Marshall）和德国的马修斯（E. A. Masius）。例如：英国 1906 年《海上保险法》第 1 条规定："海上保险契约，系保险人向被保险人允诺，于被保险人蒙受海上损害，即海事冒险所发生之损害时，应依约定之条款及数额负责赔偿之契约。"由此可见，海上保险就是针对损失予以赔偿的合同。该学说观点在《简明不列颠百科全书》和《布莱克法律辞典》中也得以反映。

2. 损失分担说。此学说是从经济学角度来看的，认为保险是一种多数人互助合作的经济制度，强调保险损失的合理分担，即保险是一种集合多数同类风险单位共同分担风险损失的经济制度。代表人物是德国学者瓦格纳（A. Wagner）。

3. 危险转嫁说。此学说是从社会学角度来看的，认为保险是一种风险转嫁机制，保险的本质就是被保险人将风险转嫁给保险人的一种社会机制。其

---

[1] 参见［日］园乾治：《保险总论》，李进之译，中国金融出版社 1983 年版，第 6—17 页；覃有土、樊启荣：《保险法学》，高等教育出版社 2003 年版，第 13—16 页；温世扬主编：《保险法》，法律出版社 2016 年版，第 3—4 页；李玉泉：《保险法》，法律出版社 2019 年版，第 1—7 页 。

代表人物是美国学者威尔特（A. H. Willet）和许布纳（S. S. Huebner）。

损失说对于财产保险较具有说服力，但对于人身保险特别是人寿保险中的生存保险、年金保险等来说却欠妥当。

（二）非损失说

由于损失说总是围绕损失来解释保险，在外延上排除了人身保险的存在，不能涵盖保险的所有性能，具有一定的局限性，故一些学者在损失说之外寻求解释，提出了一些主张，从而产生了非损失说。非损失说流派很多，主要有：

1. 技术说。此学说主张保险的特征在于技术方面，即特定的保险基金技术，试图将财产保险和人身保险在技术上作统一的解释。此学说的代表人物是意大利商法学家费方德（C. Vivante），他认为保险的特殊性就在于采用特殊技术，科学地建立保险基金。此学说忽视了保险的目的和功能。

2. 欲望满足说。此学说的代表人物是意大利学者戈比（U. Gobbi），他认为保险是满足人们使金钱及其相关利益得到保障的欲望或者需要。德国保险学权威马纳斯（A. Manes）也支持这种观点。该学说的核心是以保险能够满足经济需要和金钱欲望来解释保险的性质。其结果是使得保险与赌博难以区分。

3. 相互金融机构说。其代表人物是日本学者米谷隆三和酒井正二郎。此学说认为保险只不过是一种互助合作基础上的金融机构，与银行和信用社一样，都起着融通资金的功能和作用。不可否认，保险确实具有金融机构的功能，它既可以融通资金，又可以进行资金运用，但是，用保险的某方面的功能和作用来解释保险的性质，并不恰当。

此外，非损失说还包括所得说、经济确保说、货币预备说，等等。非损失说虽然可以兼顾财产保险与人身保险，但外延往往过于宽泛，且抛开损失谈保险，总是难以揭示保险的本质属性和功能。

（三）二元说

二元说论者认为，财产保险与人身保险具有不同的性质，前者以赔偿损失为目的，后者以给付一定金额为目的，不可能对二者统一定义。故该学说也称为统一不能说，又可细分为两派观点：

一派是否认人身保险说，代表人物是德国的科恩（G. Cohn），他认为损失赔偿是保险的根本属性，而人身保险并不具有或极少具有这种属性，因此，人身保险并不体现保险的性质，而是一种带有储蓄或投资性质的金钱支付合同。

另一派是择一说，代表人物是德国学者爱伦贝格（N. Ehrenberg）和英国学者巴贝基（Babbage）。他们承认人身保险是真正的保险，但主张将其与财产保险分别予以界定，即"保险合同不是损失赔偿合同，就是以给付一定金额为目的的合同。"应当把 insurance 和 assurance 区分开来。前者是指任何"损失补偿"性质的财产保险，后者是指必然要给付金额的人身保险。

随着保险的发展及保险种类的不断丰富，择一说成为各国保险立法对保险定义的当然的技术选择。世界上许多保险业发达的国家，如德国、法国、瑞士、日本等国家的保险合同法都分别给予财产保险和人身保险赋予不同的含义。《保险法》第 2 条也是采用对财产保险和人身保险分别进行描述的方式给保险做定义。

针对二元说的"统一不能"理论，还有一派是人格保险说，也叫统一说。该派认为，人身保险之所以是保险，不仅是因为它能赔偿由于人身上的事故所引起的经济损失，而且在于它能赔偿情感和精神方面的损失，所以人身保险实际上是人格保险。[1]人格保险说的基础仍然是损失说，它解释了人的死亡或者人身伤残、疾病具有损失性，有一定道理。人的死亡、伤残、疾病，会使人的劳动能力丧失或降低，导致收入的减少或者医疗费用的增加，这些都可以体现为经济上的损失。以侵权法中关于人身损害赔偿以及精神损害赔偿的计算标准作为参照，甚至可以计算人身"损失"的具体数额。虽然保险实务并不以此为人身保险定额定价，但对于说明死亡保险、意外伤害保险、医疗保险具有补偿性，大致可以自圆其说。但此学说仍难以解释人寿保险中生存保险、年金保险以及投资连结保险等险种，这些险种确实不存在损失的问题。

笔者认为，人寿保险中生存保险、生死两全保险、年金保险等险种是保险与储蓄的结合，是储蓄型保险；投资连结保险、分红险、万能险等是保险与投资（基金）的结合，是投资型保险。这些保险都是"复合物"，是保险公司在不断拓展业务中开发出的金融衍生品，未来还会有更多的复合式的创新型保险。而对保险本质的研究，把纯粹保险和各种复合型保险放在一起作

---

〔1〕 参见覃有土主编：《保险法》，北京大学出版社 1998 年版，第 4 页；李玉泉主编：《保险法学》，中国金融出版社 2020 年版，第 8 页。

为研究对象，在方法论上就是错误的，不可能研究出这些"复合物"的本质。因此，剥开这些复合的储蓄、投资等内容，探究纯粹保险的本质，损失说最为恰当。

三、保险的经济本质与"保险法上的保险"

（一）保险的经济本质

所谓保险的经济本质，就是经济机制视角下的保险实质要件。保险是一种损失分担机制或者经济补偿制度，从经济关系角度讲，保险是以概率论为技术条件，进行合理计算，以确定保险费率，集合多数单位共同建立保险基金，用来在发生自然灾害或意外事故时，对被保险人的财产损失或人身伤亡给予经济补偿或给付保险金的一项经济制度。因此它的原理就是利用集合风险和转移风险的方法，将单个风险分散于社会，使损失消化于无形，从而保障社会的安定与繁荣。

保险的本质就是少数人的损失由多数人来分摊，投保人以微小的代价（即保险费的支出）换得对将来巨大损失的保障（即在发生约定事故损失时取得保险金）。概率论（大数法则）在保险中的应用是损失合理分摊的前提。风险的发生是偶然的，但同时也是有规律的，人们可以通过概率论将个别风险单位遭受损失的不定性，变成多数单位可以预知的损失，并以此为基础依据不同险种制定与之相对应的合理的保险费率，使每一个投保人对保险费的分摊都较为准确、合理。例如，按多年计算的概率，房屋（假设不含有土地的价值）每年失火烧毁率为万分之一，那么房屋火灾保险的年保险费率就应为万分之一，即每价值一万元的房屋年缴保费应为一元，这样，某一投保人被烧毁价值一万元的房屋的保险金，实际上就是由他本人和其他未发生火灾的价值9999万元房屋的投保人交纳的保险费支付的，是他和其他投保人的合理分摊。

从以上分析可见，保险这种经济制度，需要具有以下要件才能得以运转：

（1）前提要件是有风险存在。无风险则无保险，风险的存在是保险存在的前提。但并非所有风险都是保险的对象，保险人所能承保的只是可保风险。

（2）基础要件是有众人协力。保险是互助行为，其原理是集合风险、分散损失，因此，需有多数人参加，才能形成有效的互助。

（3）技术要件是概率论。运用概率论才能使保险费率合理，保险得以发挥其应有的功能和作用。

（4）功能要件是损失赔付。保险之功能并非保证不发生风险，而在于发生损失后进行补偿，是一种善后措施。

（二）"保险法上的保险"

所谓"保险法上的保险"，是指法律规制视角下的保险实质要件。我国台湾地区学者江朝国在《保险法基础理论》一书中，"就保险制度之历史发展及其功能以观"，将"保险"定义为：受同类危险威胁之人为满足其成员损害补偿之需要，而组成之双务性且具有独立之法律上请求权之共同团体。[1]具体而言，包括六个实质性要件：共同团体、危险、同一性、补偿之需要性、有偿性、独立之法律上请求权。并提出，在判断某一公司或团体是否经营保险或其行为是否构成保险，必须就其行为之本质探讨之，不受其名称是否具有"保险"二字之限制。[2]进而，由保险的定义推及保险契约，其对保险合同的定义是："保险契约为此共同团体（保险人）和其成员（即被保险人或要保人）以保险为目的所定之契约。"[3]

大陆地区学者对于保险的实质要件也有诸多的研究和探讨。有学者认为：从法律的视角来看，保险是通过有偿的方式交易独立的风险，以补偿实际损失为目的的合同。[4]其中，有偿性、风险的独立性、风险转移（交易）、损失补偿性是其要件。损失补偿性使保险区别于赌博；风险的独立性使保险区别于作为附随义务的延长保修服务；风险是否真正转移使保险区别于保证；基于保险的有偿性，认为赠与保险仅为附条件的赠与而非保险。[5]也有学者认为：保险是由面临特定危险之主体组成共同团体，当团体成员因特定危险的发生受有损失时，在共同团体内部互助共济之行为。进而认为：从监管角度看，在市场实践中，某些保险行为并非持牌保险主体的行为，属于非法经营的保险，另有持牌保险主体则违法经营其不应经营的保险，在这一概念下，无论是合法保险还是非法保险，持牌保险还是非持牌保险，只要经营行为符合上述概念，均应接受监管机构的监管。[6]这些观点均认识到《保险法》中

---

〔1〕　参见江朝国：《保险法基础理论》，中国政法大学出版社 2002 年版，第 19 页。

〔2〕　参见江朝国：《保险法基础理论》，中国政法大学出版社 2002 年版，第 20-28 页。

〔3〕　江朝国：《保险法基础理论》，中国政法大学出版社 2002 年版，第 31 页。

〔4〕　参见刘清元：《保险合同基本问题研究》，中国金融出版社 2019 年版，第 15 页。

〔5〕　参见刘清元：《保险合同基本问题研究》，中国金融出版社 2019 年版，第 15-17 页。

〔6〕　参见梁鹏：《"保险"的概念——重新定义〈保险法〉中的"保险"》，载《保险研究》2024 年第 8 期。

保险的定义存在问题，但对于保险的实质要件到底应该包括哪些内容？基于不同的视角，仍然存在不同的认识。

笔者认为，随着保险的发展及其功能的扩张，"保险"概念之内涵和外延已经超越其经济本质。因此，在保险法上给保险做定义，应该从立法功能主义出发，如同"证券法上的证券"[1]一样，来界定"保险法上的保险"，具体还可分为"保险合同法上的保险"和"保险业法上的保险"，以满足法律适用之需要。

一方面，随着保险功能和保险公司业务的不断拓展，有些称作"保险"的，可能本质上并不是保险，而仅是保险公司经营的商品，或者是一种新业务，例如，2020年南京航班延误险"骗保"案引起广泛争议，航班延误保险的性质是保险还是博彩？涉事当事人是否构成保险诈骗罪？因为按照《中华人民共和国刑法》（以下简称《刑法》）第198条有关保险诈骗罪的规定，[2]构成保险诈骗罪的五种情形中有可能与本案相关的只有第一项"投保人故意

---

〔1〕 笔者注：一般而言，证券就是权益凭证，但证券法并不规范所有的证券，仅规范"证券法上的证券"，包括股票、债券等。例如，《中华人民共和国证券法》（以下简称《证券法》）第2条规定，在中华人民共和国境内，股票、公司债券、存托凭证和国务院依法认定的其他证券的发行和交易，适用本法；本法未规定的，适用《中华人民共和国公司法》和其他法律、行政法规的规定。政府债券、证券投资基金份额的上市交易，适用本法；其他法律、行政法规另有规定的，适用其规定。资产支持证券、资产管理产品发行、交易的管理办法，由国务院依照本法的原则规定。在中华人民共和国境外的证券发行和交易活动，扰乱中华人民共和国境内市场秩序，损害境内投资者合法权益的，依照本法有关规定处理并追究法律责任。

〔2〕《刑法》第198条规定：有下列情形之一，进行保险诈骗活动，数额较大的，处五年以下有期徒刑或者拘役，并处一万元以上十万元以下罚金；数额巨大或者有其他严重情节的，处五年以上十年以下有期徒刑，并处二万元以上二十万元以下罚金；数额特别巨大或者有其他特别严重情节的，处十年以上有期徒刑，并处二万元以上二十万元以下罚金或者没收财产：

（一）投保人故意虚构保险标的，骗取保险金的；

（二）投保人、被保险人或者受益人对发生的保险事故编造虚假的原因或者夸大损失的程度，骗取保险金的；

（三）投保人、被保险人或者受益人编造未曾发生的保险事故，骗取保险金的；

（四）投保人、被保险人故意造成财产损失的保险事故，骗取保险金的；

（五）投保人、受益人故意造成被保险人死亡、伤残或者疾病，骗取保险金的。

有前款第四项、第五项所列行为，同时构成其他犯罪的，依照数罪并罚的规定处罚。

单位犯第一款罪的，对单位判处罚金，并对其直接负责的主管人员和其他直接责任人员，处五年以下有期徒刑或者拘役；数额巨大或者有其他严重情节的，处五年以上十年以下有期徒刑；数额特别巨大或者有其他特别严重情节的，处十年以上有期徒刑。

保险事故的鉴定人、证明人、财产评估人故意提供虚假的证明文件，为他人诈骗提供条件的，以保险诈骗的共犯论处。

虚构保险标的，骗取保险金的"，投保人是否虚构了保险标的？接下来的一连串问题是：航班延误保险的保险标的是什么？如果回答是时间，那么，以被保险人的时间为保险标的的保险是人身保险还是财产保险？如果回答是财产保险，那么，哪种财产保险可以像航班延误保险这样，不评估实际损失而进行定额给付呢？这种不考虑损失、不要求保险利益就可以赔付的"保险"，不就是博彩吗？而且，如果被保险人的时间是保险标的，那么，又如何"虚构"呢？

其实，从人寿保险产生开始，保险就已经逐渐超出了风险分散、损失填补的保险本质，变异成了复合体，变成了各种金融产品。或者，我们可以这样理解各种新型保险：人寿保险是保险加储蓄，投资连结保险是保险加基金，保证保险是保险公司经营的担保业务，关税保证保险就是保险公司替代担保公司做的保证业务，诉讼财产保全责任保险就是保险公司以"责任保险"为名做的有偿的司法保证业务，甚至有些保险公司已经在经营高端养老社区服务业务，把用高额保险费购买指定保险产品作为入住养老社区的资格，将保险和康养服务结合起来。对于这些新现象，即便监管机构不再坚守"禁止保险兼业原则"[1]，放宽保险公司的业务范围，但这些名为"保险"的合同纠纷是适用保险合同法，还是依据实质法律关系适用其他什么法？保险合同法为保险公司这些新业务提供新的规则了吗？例如，关税保证保险的保险人替被保险人支付关税后，其对被保险人的追偿权在被保险人破产时是否享有优先权？

可见，随着保险公司兼业的拓展，保险公司与其客户的法律关系不一定是保险合同法律关系，而保险合同法通常是基于传统保险合同的特性而设定的特别规则，因此，应当明确准许那些超越传统保险业务的"新的保险合同"，可以依据其实质法律关系而适用相应的法律规范，例如，《保险法》对

---

〔1〕　保险兼业是指保险公司可否经营保险业务以外的其他业务。禁止保险兼业原则，是指保险公司只能在保险监管机构批准的业务范围内从事经营活动，不得经营除法定经营范围以外的业务。对于保险兼业，很多国家立法均予以禁止。禁止保险兼业原则的确立及适用，其目的和意义在于，既可以避免保险公司力量分散，承担更多的非保险业务的经营风险，又有利于政府监管，可以更好地保护被保险人的利益。但禁止兼业可能会影响到本国金融机构的国际竞争力，因此，在21世纪初，英、日、美等发达国家逐步放开金融业间的经营壁垒，并对我国金融立法和金融体制产生了影响。《保险法》第8条规定，保险业和银行业、证券业、信托业实行分业经营、分业管理，保险公司与银行、证券、信托业务机构分别设立。国家另有规定的除外。这为金融业综合经营留出了法律空间。《保险法》还规定保险公司经批准可以经营与保险有关的其他业务，还可以设立保险资产管理公司等，意味着我国"禁止保险兼业"已动摇。参见赵旭东主编：《商法学》，高等教育出版社2015年版，第410-411页。

于保证或信用保险合同并无法定定义，也没有关于合同结构和赔付规则的任何规定，可以依据其实质法律关系适用原《中华人民共和国担保法》的规定。或者，在《保险法》上为这些"新的保险合同"或者"旧保险合同的新场景"增加规定新的规则，例如，责任保险不同于传统财产保险的新的赔付规则，以及在互联网保险中保险人缔约说明义务的履行方式等。保险合同法提供规则的保险，即为"保险合同法上的保险"，它是适用保险合同法规则之前提。

另一方面，不称作"保险"的那些"计划""方案""统筹""宝"之类的，可能实质上却是保险，特别是近些年来，随着金融科技的发展，出现了一些以科技创新名义实施的变相保险或者类似保险的新业态，例如，网络上强调互助属性、平台仅按每期互助金收取一定比例管理费的各种"筹"和"互助"等，这些业态类似我国保险法并未规定的相互保险，那么，保险监管机构如何在实质上界分和认定保险？是否把这些重在互助的相互保险行为纳入监管范畴？对那些没有"牌照"非法经营或者变相经营保险业务的行为如何进行监管？这对于保险监管机构也是一个挑战，如果坚持"保险专营原则"〔1〕，那么，就有必要从保险业法角度规定一种只能由特许的保险公司经营的属于"保险"行为的实质判断要件，以便监管机构可以对未获特许的主体变相经营"保险"的行为予以认定和处罚。但需注意的是，因为保险公司的实际经营范围已经扩展且得到认可，即保险公司可以经营担保业务、投资业务等，这些业务并非保险公司专营范畴，其他非保险机构主体或也可以经营，因此，所谓"保险业法上的保险"，指的就是保险专营这部分。这个"保险"的实质判断要件，完全服务于保险监管法之需要，与保险的真正经济本质已无必然联系。同时，"保险业法上的保险"的要件与"保险合同法上的保险"的要件可能并不一致。

---

〔1〕 保险专营原则，是指保险业务只能由依保险法设立的商业保险公司经营，非保险业者均不得经营保险或类似保险的业务。保险业以风险为经营对象，专业技术性强，社会影响广泛，因此，各国保险立法大多有保险专营的规定，以保护保险交易的安全，维护社会经济的稳定。《保险法》也确立了保险专营原则，其第6条规定，保险业务由依照本法设立的保险公司以及法律、行政法规规定的其他保险组织经营，其他单位和个人不得经营保险业务。参见赵旭东主编：《商法学》，高等教育出版社2015年版，第411页。

第二节 保险合同的概念和特征

一、保险合同的概念

（一）保险合同的定义

《保险法》第 10 条第 1 款规定，保险合同是投保人与保险人约定保险权利义务关系的协议。

上述定义可以从两个层面理解：

1. 保险合同的主体：投保人和保险人，二者为保险合同的当事人。被保险人和人身保险中的受益人未参与合同的订立，但却依法享有保险合同上的权利（即保险金请求权），因此，二者不属于保险合同的当事人，而是属于保险合同的关系人。

2. 保险合同的内容：双方的权利和义务。具体而言，如《保险法》第 2 条规定的："投保人根据合同约定，向保险人支付保险费；保险人对于合同约定的可能发生的事故因其发生所造成的财产损失承担赔偿保险金责任，或者当被保险人死亡、伤残、疾病或者达到合同约定的年龄、期限等条件时承担给付保险金责任。"即，投保人的主要义务是支付保险费，保险人的主要义务是附条件赔偿或者给付保险金。从保险人承担责任的内容性质看，保险合同大致可分为财产损失赔偿性（补偿性）合同和约定条件给付性合同两种，两种属性的合同适用的法律规则不尽相同。

（二）保险合同的性质

首先，保险合同属于特种合同，有其特殊规则。换言之，保险合同法是原《中华人民共和国合同法》（以下简称原《合同法》）的特别法，以特别法优于一般法的法律适用原则，[1]保险合同法优先于《中华人民共和国民法典》（以下简称《民法典》）之合同编而适用。

其次，保险合同是否为消费合同？投保方是否为消费者？可否享有《中华人民共和国消费者权益保护法》（以下简称《消费者权益保护法》）之特

---

[1] 《中华人民共和国立法法》（以下简称《立法法》）第 103 条规定："同一机关制定的法律、行政法规、地方性法规、自治条例和单行条例、规章，特别规定与一般规定不一致的，适用特别规定；新的规定与旧的规定不一致的，适用新的规定。"

别保护待遇？对这一定性，学界及司法界颇有争议。一方面，在金融监管层面，"金融消费者"的概念已经很成熟，对于金融消费者权益的特别保护已经有很多相关立法和举措，用以规范金融机构行为，建立健全金融消费者权益保障机制；另一方面，在保险合同法层面，我国目前并没有明显的专门为保险消费者权益保护而特定的私法规则，虽然在某些规则和制度中，诸如投保人的合同任意解除权、保险人理赔期限及先行赔付规则、人身保险合同的保费缴纳和中止复效制度等，在一定程度上体现了对投保方偏重保护的意思，但是，保险合同法中对于保险消费者并无专门的认定标准，其与一般的商业投保人也没有体现出任何的区别对待，因此，哪些投保方可以被认定为保险消费者？进而可以适用消费者权益保护法中对消费者权益保护的特别规则？在我国保险合同法中尚找不到答案。

在私法层面，如何界定保险消费者并给予特别的保护？或许，英国的做法可以给我们一些启示。英国在 2012 年颁布了《消费者保险（披露与陈述）法》，在 2015 年颁布了《保险法》。2012 年法案的核心是取消了保险消费者主动申告的义务，代之以谨慎陈述（回答）保险公司询问的义务，并在补救措施中引入了比例赔付规则。而 2015 年《保险法》的"合理陈述义务"并未完全取消主动申告义务，只是增加了保险人一定程度的询问义务，或者说，是在主动申告主义和询问告知主义之间进行了折衷，采用了"有限度的主动告知义务"。[1]

二、保险合同的特征

保险是投保方转移风险的机制，即投保方以支付保险费为对价将风险转移给保险人承担，因此，从合同客体来看，保险合同是风险移受合同，或者说是保障性合同。在合同法理论的视角下，保险合同具有以下特征：

（一）射幸合同

射幸合同就是"碰运气"的合同，合同法理论上公认的射幸合同主要有两种：博彩合同和保险合同。射幸合同不同于交换合同——双方当事人有"实在"的对价，射幸合同中双方的给付要"碰运气"，保险合同就是如此。例如一项财产保险到期也未发生保险事故，保险公司不需支付保险金，投保

---

[1] 参见初北平：《海上保险的最大诚信：制度内涵与立法表达》，载《法学研究》2018 年第 3 期。

方也不能以保险公司未尽义务为由主张退还保险费，因为保险公司虽然未赔偿保险金，但承担了保险期间内投保方的约定风险。换言之，保险公司的合同义务是承担约定的风险损失而不是事实上赔偿保险金。

保险合同的射幸性决定了保险合同法上的最大诚信原则，包括约束投保方的如实告知义务、保证制度以及约束保险人的缔约说明义务、弃权和禁止反言规则。我们可以用同为射幸合同的博彩作为类比，赌场中最大的规矩就是诚信而非公平和对价平衡，这也是笔者反对在个体的保险合同场合强调公平原则和对价平衡原则的根本原因。保险合同的射幸性，同时也是保险法上所有防范道德风险的规则和制度的理论基础，例如，保险利益原则的产生原因就是为了防范道德风险，保险利益原则同时也是保险和赌博的真正界分点；损失补偿原则及其具体规则如超额保险赔付规则（第 55 条）、重复保险赔付规则（第 56 条）、物上代位制度（第 59 条）、保险代位求偿制度（第 61 条、第 62 条、第 63 条）则是保险利益原则在财产损失保险领域的进一步量化的体现，目的也是防范道德风险，使保险区别于赌博。或者说，保险利益原则及损失补偿原则及其具体规则既是对因保险合同的射幸性所可能带来的道德风险进行防范和矫正的原则和规则，又是在射幸合同中使保险区别于赌博的制度设计。另外，对于死亡保险（即以被保险人死亡作为保险金给付条件的保险）的限制（第 33 条、第 34 条）以及对保险欺诈和故意制造保险事故行为拒赔规则（第 27 条、第 43 条等）也都是基于道德风险防范的规定。

（二）双务有偿合同

保险合同双方均负有义务，投保方的义务是支付保险费，保险方的义务是承担相应的风险。保险合同可否为单务无偿合同？有学者主张：保险为多数人分担少数人损失之互助计划，保险费即为参与保险者所负担之分摊份额，若无保险费之征收，则保险赔偿无从所出。因此，若无保险费之约定，保险契约的效力不发生，亦不得转变为他种法律关系。[1]甚至举出英国或者美国法院的判决表述："如果合同中没有关于保险费的约定，合同无效。"那么，实务中保险公司无偿赠与的保险合同是否有效？这种情况多是保险公司为推广宣传而对社会名人或者普通民众赠与意外伤害保险，无需投保方支付保险

---

[1] 参见桂裕编著：《保险法论》，三民书局 1981 年版，第 30 页；樊启荣：《保险法》，北京大学出版社 2011 年版，第 23 页；温世扬主编：《保险法》，法律出版社 2016 年版，第 125 页。

费，但并非"没有关于保险费的约定"，而是保险公司用公司商业推广费或者公司利润代替投保方支付了保险费，因此，不能以此为由主张合同无效。当然，《保险法》中也没有与支付保险费相关的规定可以支持保险合同无效的判决。

笔者认为，保险合同是双务有偿合同，对此特征的理解应该避免两种错误的倾向：一是强调保险的共同团体性，二是强调对价平衡原则。

在经济机制的视角，保险确实是共同团体中的互助行为，因此，在监管层面有其意义。但在保险合同视角，投保方与保险公司之间可见的就是独立的一份双务有偿合同，争议也仅围绕这份规定有双方权利义务的合同展开。至于保险人如何运用大数法则精算、是否有效地组织了互助的共同团体以及各种行为是否遵守了行业监管和自律的"家规"，与这份合同以及投保方的权利义务又有什么关系呢？保险合同法律规则，与保险经济本质的"共同团体""大数法则""互助"等都不存在直接关联，行业监管和自律的各种"家规"原则上也不影响保险合同的效力。

有学者认为，保险合同是双务有偿合同，投保人的主要义务是支付保险费，保险人的主要义务是承担保险责任。因此，保险费与保险责任之间具有一种对价关系，即投保人交付的保险费是保险人风险承担及实际保险赔偿的对价。为求保险制度的合理运作，保险费之支出与收取必须合理，且保险人承担的风险与投保人交付的保险费之间，应维持必要的平衡，此即保险法上所称"对价平衡原则"。具体而言，对价平衡是指保险人所承担的风险，与投保人所交付的保险费即所谓保险"对价"，须具有精算上的平衡。换言之，保险人所收取的保险费，必须对应该被保险人的风险程度加以计算，并能反映保险人所承担的风险。[1]甚至认为，为维持保险制度的健全与稳定，对价平衡必须作为保险法制度设计的最后一道防线。否则，保险机制赖以存续的基础将不复存在。[2]

笔者认为，保险合同是与赌博类似的射幸合同，与反映公平原则的对价平衡没有当然关系。例如，《保险法》第19条规定保险合同中显失公平条款无效，好像与公平原则有关，但其出发点是《民法典》第497条对格式条款

---

〔1〕 参见李玉泉：《保险法》，法律出版社2019年版，第90-91页。

〔2〕 参见郑子薇：《论保险法上告知义务之改革——以对价平衡原则及消费者保护为中心》，台湾政治大学2013年硕士学位论文，转引自李玉泉：《保险法》，法律出版社2019年版，第92页。

的规制，而复制到保险合同场合，恰恰很难具体适用，只能沦为一个宣示性条款，因为最能体现双方对价平衡的保险费率是否合理，既无法定标准也难以举证证明。又如，《保险法》第52条规定的被保险人危险增加通知义务，有学者认为其法理基础之一是对价平衡原则，危险增加了，相应地，保险费也应当增加。但在危险增加之前，保险费与保险公司承担的危险可能就不是对价平衡的。其实，出现危险增加情形就像违反了承诺保证一样，无非是双方约定或者承诺的承保条件发生了改变，相应地，就要依约变更或者解除合同。这也可以用合同法上的情势变更来说明，比用对价平衡来说明更为合理。进而，危险增加的"通知义务"则可视为如实告知义务在合同存续期间的延伸。如此，危险增加通知义务，正如保证制度和如实告知义务的集成，且一脉相承于最大诚信原则，而非所谓的对价平衡原则。

（三）附和合同

随着保险业的发展和保险业务的急剧扩大，保险单呈现标准化趋势。标准化的保险单更为严谨科学，更易于监管，尤为重要的是降低交易费用，是保险业务能够快速发展的必然要求。除了特殊标的或者科技创新领域保险合同可能需要双方议商签订，绝大多数保险合同都采用保险公司事先拟订的标准保险单，即格式合同条款，也因此，本来属于双方协商自愿签订的保险合同，变成了保险公司事先设计好的各款"产品"。投保方只能做"买或者不买"的决定，根据需求选取保险公司设计的"规格化产品"，差异化的需求往往通过选择不同的"附加险"来解决。因此，保险合同为附和合同，合同法中关于格式条款规制的规则大多可以适用或者被强调适用，例如，《保险法》第30条[1]规定的疑义解释规则就属于原《合同法》第41条[2]（现《民法典》第498条[3]，与原《合同法》第41条内容完全相同）被强调适用的情

---

〔1〕《保险法》第30条规定："采用保险人提供的格式条款订立的保险合同，保险人与投保人、被保险人或者受益人对合同条款有争议的，应当按照通常理解予以解释。对合同条款有两种以上解释的，人民法院或者仲裁机构应当作出有利于被保险人和受益人的解释。"

〔2〕原《合同法》第41条规定："对格式条款的理解发生争议的，应当按照通常理解予以解释。对格式条款有两种以上解释的，应当作出不利于提供格式条款一方的解释。格式条款和非格式条款不一致的，应当采用非格式条款。"

〔3〕《民法典》第498条规定：对格式条款的理解发生争议的，应当按照通常理解予以解释。对格式条款有两种以上解释的，应当作出不利于提供格式条款一方的解释。格式条款和非格式条款不一致的，应当采用非格式条款。

形。此外，《保险法》第17条和第19条也是基于格式条款规制的法条，对应了《民法典》第496条和第497条。

（四）诺成合同

诺成合同相对于实践合同，是指合同的成立不以交付标的物或者履行其他给付为要件，反之则为实践合同。本问题换一种表达就是：保险合同是否以交付保险费为成立要件？从我国实在法角度考察，《保险法》第13条第1款规定："投保人提出保险要求，经保险人同意承保，保险合同成立。保险人应当及时向投保人签发保险单或者其他保险凭证。"即保险合同经要约承诺成立，为诺成合同。《保险法》第14条规定："保险合同成立后，投保人按照约定交付保险费，保险人按照约定的时间开始承担保险责任。"由此可为辅证：保险合同成立后，投保人按照约定交付保险费，即交付保险费是投保人的合同义务，与合同成立无关。

有学者还从逻辑上分析，来说明赋予保险合同以实践性将造成理论解释上的矛盾，颇有说服力。[1]其一，如果认为交付保险费是保险合同的成立要件，则合同成立后，投保人已然不负对待给付义务，将无法解释保险合同的双务性。其二，对于分期交付保险费的保险合同，以哪一期保险费的交付时间作为合同成立的时点？进而每一期交付保险费的行为性质应否有别？理论上难以自圆其说。其三，如果未交付保险费则保险合同未成立，则保险人诉请保险费便无正当依据，而我国现行法中对除人寿保险以外的保险费是可以诉请的。[2]

（五）不要式合同

以合同订立是否必须采取特定的形式或者履行特定的程序，可将合同分为要式合同和不要式合同。例如，必须采取书面形式或者必须履行登记或者公证程序，合同方得订立的为要式合同。合同是否为要式，以法律规定为标准，体现立法对于效率与安全价值的平衡。

现代民商事立法，在合同形式上，多采不要式主义。《保险法》亦然，规定经投保人要约、保险人承诺，保险合同即为成立，而不以保险人签发保险单为保险合同成立的要件。上述《保险法》第13条仍为其实在法基础。将保

---

〔1〕参见温世扬主编：《保险法》，法律出版社2003年版，第55页。
〔2〕《保险法》第38条规定："保险人对人寿保险的保险费，不得用诉讼方式要求投保人支付。"

险合同规定为不要式合同几乎是英、美、德、日等国保险立法之通例，例如英国 1906 年《海上保险法》第 21 条规定："保险人接受被保险人的投保申请后，无论当时是否出具保险单，海上保险合同即视为已经成立。"其实践意义在于：一是利于商事交易迅捷，促进保险业发展。二是防止保险人在保险合同订立环节存在拖延观望的道德风险，有利于保护投保方利益。

（六）继续性合同

依合同之义务在时间上有无持续性为标准，可将合同分为一时性合同和继续性合同。保险合同为典型的继续性合同，保险人在约定期间内须持续地承担约定的风险损失。

明确保险合同是继续性合同，其法律意义主要对保险合同的变更和解除产生影响：一是适用"情势变更原则"，例如《保险法》第 52 条规定，当保险标的的危险程度显著增加时，保险人可以按照合同约定增加保险费或者解除合同。二是对保险合同解除效力的影响，学界认为继续性合同的解除原则上不具有溯及力，而是仅向将来发生效力；在例外情况下，解除合同具有溯及既往的效力。[1]

第三节 保险合同的种类

保险合同种类繁多，依据不同的标准，可对保险合同进行不同的分类。

一、财产保险合同和人身保险合同

依据保险标的之不同，可将保险合同分为财产保险合同与人身保险合同。这也是《保险法》对保险合同的法定分类，《保险法》第二章"保险合同"分为三节：一般规定、人身保险合同、财产保险合同。

这种分类的意义有二：一是对于保险合同法的法律适用给出了明确的区分，第一节"一般规定"下的规则同时适用于人身保险合同和财产保险合同，第二节"人身保险合同"下的规则只适用于人身保险合同而不适用于财产保险合同，第三节"财产保险合同"下的规则只适用于财产保险合同而不适用于人身保险合同。二是对保险业法的意义，为保险业的"分业经营"规则提

---

〔1〕 参见温世扬主编：《保险法》，法律出版社 2016 年版，第 136 页。

供了业务范围的划分标准。[1]

二、补偿性保险合同和给付性保险合同

依据保险合同的不同属性，在学理上一般可将保险合同分为补偿性保险合同和给付性保险合同。

补偿性保险合同又称损失补偿保险合同，该保险基于损失的发生及损失额度的可评估，强调保险的损失填补功能及防范道德风险，换言之，就是投保方不能因保险而获得超过实际损失的利益，否则就可能诱发道德风险，背离保险本义。财产保险合同均属补偿性保险合同。因此，保险法中损失补偿原则下的诸多规则和制度，诸如超额保险无效规则、重复保险分摊规则、保险代位追偿制度等均得适用。

给付性保险合同，又称定额给付性保险合同[2]，是指当事人双方预先约定一定数额的保险金额，于保险事故发生或者约定期限届满时，保险人即按保险金额给付保险金的保险合同。[3]人寿保险合同属于典型的定额给付性保险合同，意外伤害保险合同和健康保险合同也可归于此类。该种保险合同与上述补偿性保险合同显著不同，其并非以损失为前提，自然也不必受损失填补原则所限。人寿保险合同中的生存保险或者年金保险，保险金的给付并不以保险事故和损失的发生为条件，也就无所谓补偿，保险金恰如储蓄中的"零存整取"或者"零存零取"一样，实为保险费的累积和孳息。人寿保险合同中的死亡保险以及意外伤害保险、健康保险，其约定的保险事故诸如死亡、伤残、患病等固然与"损失"相关，但基于现代民法"人身无价"的理念，认为该"损失"是无法评估的，因此，保险金无论多少都不能视为超过"损失"的利益。所以，对于这类保险，上述损失补偿原则及相关规则、制度

---

〔1〕《保险法》第 95 条规定，保险公司的业务范围：（一）人身保险业务，包括人寿保险、健康保险、意外伤害保险等保险业务；（二）财产保险业务，包括财产损失保险、责任保险、信用保险、保证保险等保险业务；（三）国务院保险监督管理机构批准的与保险有关的其他业务。保险人不得兼营人身保险业务和财产保险业务。但是，经营财产保险业务的保险公司经国务院保险监督管理机构批准，可以经营短期健康保险业务和意外伤害保险业务。保险公司应当在国务院保险监督管理机构依法批准的业务范围内从事保险经营活动。

〔2〕现在看来，"定额给付保险"作为"补偿性保险"的相对概念并不准确，它实为"非补偿性保险"；或者用"给付性保险"也可以表达非补偿性的属性。因为随着保险的发展，不定额的非补偿性的保险已经出现了。

〔3〕参见温世扬主编：《保险法》，法律出版社 2016 年版，第 40 页。

并不适用。需要补充说明的是，日本法上的"变额保险"也属于此类。"变额保险"（variable insurance）是保险和金融商品相结合的人身保险商品，其性质属于金融衍生品。变额保险并非学术术语，其在我国被称为"投资连结保险"、"万能险"或者"分红型保险"。人寿保险是一种定额的金融债权，在签订保险合同时，原则上要将保险费以及保险金额固定下来，因此，在保险业被称为"定额保险"。而"变额保险"则是相对于"定额保险"而言，在保险有效期间，保险费和保险金额在一定的情况下可以发生变动的保险金融商品。[1]如果说人寿保险是保险与储蓄的结合，则变额保险就是保险与投资基金的结合，其保险金的数额要取决于投资的最后收益，无法事先确定。

那么，是否财产保险合同就等同于补偿性保险合同？是否人身保险合同就等同于给付性保险合同？不尽然。对于人身保险合同中意外伤害保险，特别是健康保险，保险公司也可以设计成补偿性合同，典型的如医疗费用保险，其将实际发生的医疗费用视为"损失"作为保险金赔偿的基础。但该类保险能否适用损失补偿原则下的诸多规则和制度，不同时期、不同国家的法律持不同的态度，例如美国法院对待这类保险合同中存在的"约定代位求偿权"条款的效力，就经历了从完全不承认到逐步承认的过程。这个过程不能简单看成是法官或法律的妥协，而应视为司法或立法的进步，因为从保险法的目的来看，只要这种补偿性的健康保险或者意外伤害保险本身具有合理性，则不应固守成规而阻碍保险业的发展。

因此，这个问题给我们的启发是：《保险法》对于保险合同的分类是否合理？是应该以现有的保险标的来划分还是以是否具有补偿性来划分？从损失补偿原则下各项规则和制度的适用来看，无论怎样分类，两分法都不能满足清晰区分规范适用的需求，因为意外伤害保险和健康保险都存在或者被设计成补偿性合同或者被设计成给付性合同的可能。因而，日本保险法理论中的三分法[2]可能是更好的法定分类选择，即损害保险（相当于我国的财产保

---

〔1〕　参见沙银华：《日本经典保险判例评释》，法律出版社 2002 年版，第 83 页。

〔2〕　日本保险法在理论上将保险分为三类：一是生命保险，属于"人保险"，是以人的生死为对象，根据生死的状况支付一定保险金的保险，也称为"定额保险"。二是损害保险，属于"物保险"，是除人的生死以外为对象的保险，它根据损失发生的程度给予经济补偿，补偿的金额根据实际损失程度而定，不事先予以确定，故又称为"不定额保险"。而对于人的损害的保险，日本保险界将其视为独立的"第三领域"，称之为"伤害保险"。参见沙银华：《日本经典保险判例评释》，法律出版社2002 年版，第 3-4 页。

险）完全适用损失补偿原则，生命保险（相当于我国的人寿保险）完全不适用损失补偿原则，而被称为"第三领域保险"的伤害保险（相当于我国的意外伤害保险和健康保险）则依据合同的设计和条款的明确约定来确定是否可以适用损失补偿原则。日本 2008 年《保险法》在立法上即采用了三分法，该法共分为五章，除第一章总则和第五章杂则外，第二章为"损害保险"，第三章为"生命保险"，第四章为"伤害疾病定额保险"，而把伤害疾病损害保险（第 34 条、第 35 条共两个条文）规定于第二章"损害保险"中的第五节"伤害疾病损害保险的特则"，作为损害保险的一种特例。[1]当然退而求其次，在立法技术上，也可以在《保险法》保险法定险种两分法的基础上，通过对意外伤害保险和健康保险设置准用补偿性保险规则和制度的方法，达到上述合理区分适用法律规范的效果。

三、原保险合同与再保险合同

原保险合同与再保险合同，是依据保险人所承担保险责任的次序来划分的。原保险合同是指投保人与保险人原始订立的保险合同。原保险合同与再保险合同是相对的概念。再保险合同，又称分保合同或者第二次保险合同，是指原保险人将其所承保的风险的一部分或全部向其他保险人投保而订立的保险合同。《保险法》第 28 条第 1 款规定："保险人将其承担的保险业务，以分保形式部分转移给其他保险人的，为再保险。"

理论上认为，再保险的性质是责任保险，是对原保险人承担责任的保险。因此，再保险合同相对于原保险合同而言是独立合同。但需注意，虽然理论上认为再保险的性质是责任保险，但《保险法》中有关责任保险的规定，诸如第三人的保险金请求权等规定，对再保险均不适用。

再保险合同的法律意义在于：一是在保险合同关系中，再保险接受人不得向原保险的投保人要求支付保险费。原保险的被保险人或者受益人不得向再保险接受人提出赔偿或者给付保险金的请求。再保险分出人不得以再保险接受人未履行再保险责任为由，拒绝履行或者迟延履行其原保险责任。[2]二是在保险监管中，再保险通常是对保险公司风险控制的一种监管手段，通常

---

[1] 参见岳卫：《日本保险契约复数请求权调整理论研究：判例·学说·借鉴》，法律出版社 2009 年版，第 211 页。

[2] 见《保险法》第 29 条。

以法定再保险形式出现，即要求保险公司对于其承担的保险业务的一部分必须分保，以控制保险公司的风险。因此，再保险相对于原保险而言，其制度功能不限于对被保险人进行补偿，更在于分散保险公司风险。

四、单保险合同与复保险合同

依据投保人的一份保险需求对应的保险人数量，可将保险合同分为单保险合同与复保险合同。

单保险合同，是指投保人对同一保险标的、同一保险利益、同一保险事故，与一个保险人签订的保险合同。单保险合同并非法律术语，仅是复保险合同的对应概念。复保险合同，又称为重复保险合同，是指投保人对同一保险标的、同一保险利益、同一保险事故分别与两个以上保险人订立保险合同，且保险金额总和超过保险价值的保险。[1]

重复保险的赔付规则，也称为重复保险分摊规则，其法理基础是损失补偿原则。按照《保险法》第56条第1款、第2款、第3款的规定，重复保险的投保人应当将重复保险的有关情况通知各保险人。重复保险的各保险人赔偿保险金的总和不得超过保险价值。除合同另有约定外，各保险人按照其保险金额与保险金额总和的比例承担赔偿保险金的责任。重复保险的投保人可以就保险金额总和超过保险价值的部分，请求各保险人按比例返还保险费。

五、定值保险合同与不定值保险合同

依据保险价值在订立保险合同时是否确定为标准，可将保险合同分为定值保险合同与不定值保险合同。这种分类是基于财产保险合同的进一步分类。所谓定值保险合同，又称定价保险合同，是指当事人在订立保险合同时，预先评定保险标的的保险价值，并将其明确载明于合同中的保险合同。

财产保险合同中多数为不定值保险合同，保险合同订立时并不约定保险价值，而于保险事故发生后再评估保险标的之价值及损失，并以此为标准对被保险人进行赔偿。保险标的价值评估以损失发生当时当地的市场价格为准，更为契合损失补偿之目的。

而定值保险大多适用于保险标的价值不易确定的场景，如古玩、字画、

---

〔1〕　参见《保险法》第56条第4款。

标本、数据等虽有价值，但其市场价格难以按照通用标准确定，为避免在保险事故发生后，合同双方对于保险标的价值发生争执，故于缔约时即对保险价值预先约定。又如，在海上保险、内陆货物运输保险中，由于运输货物的价值在不同时间、不同地点可能存在很大差别，为避免在计算保险标的价值时发生争议，其当事人亦常采定值保险合同的形式。[1]判断定值保险的形式标准是保险合同中是否设有"保险价值"条款并记载具体数额，辅助参考标准是保险标的是否为运输中的货物或者古董、珠宝、艺术品等市场价值不易确定的物品。

《保险法》第 55 条第 1 款和第 2 款分别规定了定值保险合同和不定值保险合同的赔付规则，即"投保人和保险人约定保险标的的保险价值并在合同中载明的，保险标的发生损失时，以约定的保险价值为赔偿计算标准。投保人和保险人未约定保险标的的保险价值的，保险标的发生损失时，以保险事故发生时保险标的的实际价值为赔偿计算标准。"

六、足额、低额保险合同与超额保险合同

依据合同约定的保险金额与保险标的的实际价值之比值不同，可将保险合同区分为足额、低额保险合同与超额保险合同。此种分类也是对财产保险合同的进一步分类。

足额保险合同，是指合同约定的保险金额与保险标的的实际价值相当的保险合同。低额保险合同，又称不足额保险合同，是指合同约定的保险金额低于保险标的的实际价值的保险合同。超额保险合同，是指合同约定的保险金额高于保险标的的实际价值的保险合同。

对于投保方来说，足额保险合同提供的保障比较充分，又不会过多支付保险费。在发生保险事故时，发生全损则全额赔偿，发生部分损失则按实际损失进行赔偿。《保险法》第 55 条第 3 款和第 4 款分别规定了超额保险和低额保险合同的赔付规则，即"保险金额不得超过保险价值。超过保险价值的，超过部分无效，保险人应当退还相应的保险费。保险金额低于保险价值的，除合同另有约定外，保险人按照保险金额与保险价值的比例承担赔偿保险金的责任。"关于低额保险合同和超额保险合同赔偿规则和标准的合理性的讨

---

〔1〕 参见高宇：《保险法学》，法律出版社 2021 年版，第 51 页。

论，在第七章第一节中将有详述。

七、特定危险保险合同与一切危险保险合同

依据保险人的承保范围不同，可将保险合同区分为特定危险保险合同与一切危险保险合同。

特定危险保险合同，指保险人只承保合同中列举的一种或多种特定危险的保险合同。其中，仅明确列举一种危险的，称为单一危险保险合同；明确列出承保多种危险的，称为多种危险的保险合同。在多种危险的保险合同中，不论列举的危险数量为何，均属于特定危险保险合同。

一切危险保险合同，指保险人承保除合同中所列举的一种或多种特定危险之外的其他任何危险的保险合同。此类合同中所列举的危险属于保险人的免责范围。可见，一切危险保险合同中，保险人并不一定对所有危险承保。一切危险保险合同在当下发展较快，相比特定危险保险合同，其具有如下优势：其一，为被保险人提供了相对充分的保障；其二，由于其系反向列举，故在发生保险事故时，易于判明责任承担范围，相应降低各项成本。

八、特定对象保险合同与统括保险合同

依据保险标的（或者被保险人）是否单一为标准，可将保险合同分为个别保险合同与集合保险合同。个别保险合同，是指保险标的单一，以一人或一物为保险标的而订立的保险合同。大多数保险合同都属于个别保险合同。集合保险合同，是指保险标的为复数，以多人或多物为保险标的而订立的保险合同。例如人身保险中的团体保险，即属于集合保险合同，与财产保险不同的是其被保险人为复数而非保险标的为复数。[1]有的学者把以多数人为保险标的者称为团体保险，把以多数物为保险标的者称为集团保险。[2]

上述个别保险合同与集合保险合同均属于特定对象的保险合同，即便是团体保险，作为其保险对象的众多被保险人也是特定的。与之对应的，是统括保险合同。所谓统括保险合同，又称总括保险合同或者概括保险合同或者统保单，是指无特定保险标的，仅在一定标准所限定的范围内，泛指某种保

[1] 参见李玉泉：《保险法》，法律出版社2019年版，第46页。
[2] 参见郑玉波：《保险法论》，三民书局1984年版，第46页。

险利益或者某类保险标的，而投保一定金额的保险合同。[1]例如：在太平洋财险北京分公司与段某意外伤害保险合同纠纷案中，北京拜克洛克科技有限公司（投保人）为使用其 ofo 共享单车的人员向太平洋财产保险北京分公司投保的"旅行人身意外伤害保险和附加意外伤害医疗保险（C 款）"约定：被保险人为同时符合约定条件的使用 ofo 共享单车的人员。[2]按照该条款之约定，作为保险对象的被保险人并不是特定的某人，而是符合约定条件的某一些人。总括保险的特征和成立要件均不同于团体保险，可以将其界定为：以一份保险合同为具有特定标识条件的多数不特定被保险人或者保险标的提供保险保障的保险。其既适用于财产保险，也适用于包括意外伤害保险在内的人身保险。[3]统括保险合同作为不确定保险对象的特定一类保险合同，事实上无疑已与保险法中固有的保险利益原则、死亡保险投保限制规则等发生了冲突，或已阻碍了保险在公共服务等社会治理领域发挥积极作用，因此，确实有必要在保险法中增加有关统括保险合同的特别规定。

---

〔1〕 参见李玉泉主编：《保险法学》，中国金融出版社 2020 年版，第 45 页。
〔2〕 参见韩长印：《总括意外伤害保险中的保险利益问题》，载《政法论坛》2023 年第 5 期。
〔3〕 参见韩长印：《总括意外伤害保险中的保险利益问题》，载《政法论坛》2023 年第 5 期。

第二章

保险合同的主体

保险合同的主体是指与保险合同有着直接或间接关系、享有权利或者承担义务的人。在保险合同关系中，其主体主要包括保险人、投保人、被保险人及受益人。其中，保险人和投保人为订立保险合同的当事人，被保险人和受益人享有保险金请求权，为保险合同关系人。

另外，在保险市场上，还有一种人虽然不是保险合同的主体，但却为保险合同订立和履行起到重要的辅助作用，习惯上称为保险合同的辅助人，主要是指保险代理人、保险经纪人和保险公估人，也有必要专门介绍。[1]有学者将其与保险合同当事人、关系人统称为保险合同法上的"人"。[2]本书也作如此安排，将本不属于保险合同主体的保险合同辅助人与保险合同当事人、关系人一并归入"保险合同主体"一章中，是以说明。

第一节　保险合同的当事人

一、保险人

保险人，又称承保人，是指与投保人订立保险合同，并按照合同约定承担赔偿或者给付保险金责任的保险公司。[3]

保险人具有如下法律特征：

（1）保险人是保险合同当事人；

保险人参与订立保险合同，享有保险合同项下的权利，如收取保险费、在法律规定的原因出现时或合同约定的条件成就时依法行使解除权等，也负

---

〔1〕　参见李玉泉：《保险法》，法律出版社 2003 年版，第 125 页。

〔2〕　参见樊启荣：《保险法》，北京大学出版社 2011 年版，第 39 页。

〔3〕　参见《保险法》第 10 条第 3 款。

有对被保险人或受益人承担合同约定的保险责任的义务。

（2）保险人是依法设立并被许可经营保险业务的保险公司；

各国保险业一般都存在严格的准入许可制度，非经审批设立的保险公司，一般不得经营保险业务。《保险法》第 6 条规定："保险业务由依照本法设立的保险公司以及法律、行政法规规定的其他保险组织经营，其他单位和个人不得经营保险业务。"

（3）保险公司是保险基金的组织、管理和使用人。

保险人通过收取保险费组织保险基金，控制和管理保险基金，并在发生保险事故时使用保险基金来履行对被保险人或受益人的保险赔偿或给付义务。

二、投保人

投保人，又称要保人，是指与保险人订立保险合同，并按照合同约定负有支付保险费义务的人。[1]在保险合同关系中，投保人是保险人的相对方，可以是自然人、法人或非法人组织。

投保人具有如下法律特征：（1）投保人是保险合同当事人；（2）投保人应当具有民事权利能力和行为能力；（3）投保人负有支付保险费的义务。

《保险法》第 14 条规定："保险合同成立后，投保人按照约定交付保险费，保险人按照约定的时间开始承担保险责任。"值得注意的是，投保人是否交付保险费，并不是保险合同的生效要件，但保险合同另有约定的除外。

还应注意的是，在我国海上保险中并没有投保人的概念，根据《中华人民共和国海商法》（以下简称《海商法》）第 216 条关于海上保险合同的定义，合同当事人是保险人与被保险人。《海商法》与《保险法》在保险合同主体方面规定的差异，起因于《海商法》所借鉴的英国法与《保险法》所借鉴的大陆法系的保险立法理念的差异。大陆法系区分了投保人与被保险人两种保险合同的主体，并设定不同的权利和义务；英国法则通过"代理"制度来解决订约人与被保险人的权利和义务。[2]

那么，应该如何看待和协调《海商法》与《保险法》两部法的差异？有学者认为两法在保险合同主体差异基础上形成的保险合同权利义务体系构造

---

〔1〕 参见《保险法》第 10 条第 2 款。
〔2〕 参见初北平：《海上保险法》，法律出版社 2020 年版，第 35 页。

上的差异，构成了两法最明显的差异。主要表现为：被保险人与保险人订立合同，是海上保险合同的当事人。被保险人承担了海上保险合同中保险人相对方的所有义务，包括缴纳保险费这一主给付义务以及《海商法》第222条和第223条规定的告知义务、第233条规定的预约保险的通知义务、第235条规定的保证义务、第236条规定的出险通知义务及施救义务等其他义务。同时，被保险人也享有保险赔偿请求权。而在《保险法》中，缴纳保险费是投保人的主要义务，如实告知义务的主体也是投保人，其他的附随义务或者由投保人和被保险人共同承担，或者由被保险人承担。[1]

尽管《海商法》下海上保险合同中没有"投保人"这一主体，但海上保险实务中保险人签发的保险单证中却有"投保人"栏目。在投保人与被保险人不一致的情形下，《海商法》下的被保险人的告知义务以及缴纳保险费的义务是否约束被保险人？对此，有观点认为应与《保险法》相一致地引入投保人的概念，并规定投保人与被保险人承担相同的义务；但更为主流的观点并不主张对《海商法》作出修改以引入投保人的概念，也不给予投保人在海上保险法律关系中独立的法律地位，投保人的法律地位根据具体案情参照代理的法律关系予以解决，以维持我国海上保险长期以来的习惯做法，并防止引入投保人概念后对整个海上保险合同下被保险人与投保人义务的区分所带来的进一步疑问。[2]可见，海上保险中不设有投保人概念，而由被保险人作为合同当事人的做法，可能会是一个长期存在的现象。

第二节　保险合同的关系人

一、被保险人

被保险人，是指其财产或者人身受保险合同保障，享有保险金请求权的人。[3]

被保险人具有如下法律特征：（1）被保险人是保险合同的关系人，被保险人并未直接参与保险合同的订立，不是保险合同的当事人；（2）被保险人

---

〔1〕　参见王海波：《海上保险法与保险法之协调研究》，法律出版社2019年版，第47-48页。
〔2〕　参见初北平：《海上保险法》，法律出版社2020年版，第35页。
〔3〕　参见《保险法》第12条第5款。

是受保险合同保障的人，被保险人的财产或人身受保险合同保障；（3）被保险人是享有保险金请求权的人；（4）投保人可以为被保险人。

有学者主张，责任保险的受害人是法律上受到保险保障，享有保险金请求权的人，应为实质上的被保险人。[1]笔者认为，被保险人的认定应以保险合同中注明的为准，即只认"形式上"的被保险人，不认所谓"实质上"的被保险人。至于谁事实上受到了保险保障并不重要，被保险人的认定逻辑是先有合同明确约定谁是被保险人，然后才有该被保险人依法得以行使保险金请求权。只有如此，有了明确约定的"被保险人"，保险利益原则才能得以适用。至于责任保险受害第三人的保险金请求权，与被保险人的请求权不同，其权利来源于法律对于具有特定功能类别保险的特殊规定。

被保险人不是保险合同的当事人，因此，投保人和保险人在订立保险合同时，原则上不能为被保险人约定合同上的义务。作为保险合同关系人的被保险人，并不存在承担保险合同约定义务之问题。如若需要被保险人承担某种义务，必须由法律来规定，而且，即便由法律规定被保险人的义务，也应当具有合理性且不能是过重的义务。有学者认为，作为保险合同的关系人，被保险人在享有保险合同项下的权利时，没有合同约定的义务，但依照诚实信用原则或者保险法的规定仍应当承担相应的义务。这些义务在性质上非合同或约定义务，而是法定义务。[2]笔者认为，绝大多数被保险人应该是被动成为被保险人的，投保人给其投保，往往并不需要被保险人同意，因此，被保险人可能会因为投保人为其投保的行为而被迫负担法定义务，如果该法定义务过重的话，则对被保险人显然是不合理的。

二、受益人

（一）受益人的概念及特征

保险受益人，是指人身保险合同中由被保险人或者投保人指定的享有保险金请求权的人，投保人、被保险人可以为受益人。[3]

从以上定义并结合相关规定，可以推知受益人的法律特征如下：

1. 此受益人是限定在人身保险合同中的受益人。那么，财产保险合同中

---

〔1〕 参见赵旭东主编：《商法学》，高等教育出版社 2015 年版，第 383 页。

〔2〕 参见邹海林：《保险法学的新发展》，中国社会科学出版社 2015 年版，第 121 页。

〔3〕 参见《保险法》第 18 条第 3 款。

可否设有受益人呢？实务中，财产保险合同中也有设置受益人的情形，例如按揭购房或者购车时，贷款购房购车人有时被放款的银行要求为抵押物房屋或者车辆购买财产损失保险，贷款人是投保人和被保险人，银行被指定为受益人或者第一受益人，约定当保险事故发生造成抵押物损失时，保险人向受益人或者第一受益人直接支付保险金。但是，财产保险合同中设置的这种受益人或者第一受益人，不属于《保险法》规定的人身保险受益人，也不适用《保险法》规定的有关受益人的各种规则，如保险金请求权的归属、受益人的指定和变更等，均不能直接适用。换言之，财产保险合同中受益人的所有权利和义务，均源自该保险合同的约定而非《保险法》的规定。

2. 受益人由被保险人或者投保人指定或者变更。投保人指定或者变更受益人时须经被保险人同意。

3. 受益人资格和人数原则上不受限制。被保险人或者投保人可以指定一人或者数人为受益人，并可以确定受益顺序和受益份额。《保险法》未限制受益人资格，没有保险利益方面的要求。实务中，常有丈夫买保险指定其情人为受益人，原配妻子起诉主张指定受益人无效的案子。

4. 受益人依法享有保险金请求权。受益人不需支付任何对价，仅依据被保险人或者投保人的指定，即可无偿享有受益权。

5. 投保人、被保险人可以为受益人。三者之间的关系可以为：（1）三者同为一人。例如，甲为自己购买重疾险，指定自己为受益人。（2）投保人为一人，被保险人和受益人为一人。例如，甲为其父母购买重疾险，指定其父母为受益人。（3）投保人和被保险人为一人，受益人为一人。例如，甲为自己购买死亡险，指定其妻儿为受益人。（4）投保人和受益人为一人，被保险人另一人。例如，父母为未成年子女购买意外险，指定自己为受益人。这种保险因为具有较高的道德风险，在投保资格、保险金额等方面通常会受到一定的限制。（5）三者均不为一人。例如，企业给职工购买意外险，指定职工家属为受益人。

对于上述受益人的法律特征，同时也存在相应的疑问：投保人可以指定受益人的法理基础是什么？受益人的资格为何没有限制？既然受益人享有受益权，那么，受益权的内容为何？由何而来？性质如何？如何行使及限制？与被保险人法定继承人的继承权的关系如何？由此，由受益人与受益权扭成一个难解之结，是一尚未解决的理论课题。

（二）受益人制度的法理解释

我们把保险受益人与受益权的诸多问题归一到"受益人制度"以便于表达。研究从受益人制度的产生展开，追根溯源，探究其理论上的合理解释并对现行制度进行检讨。

保险制度的本意是为被保险人提供保障，因此，被保险人当然享有保险金请求权。但在死亡保险场合，被保险人死亡是保险金给付的条件，而死者是无法行使请求权的，因此，保险金只能按被保险人的遗产来处理或者由被保险人生前指定受益人来领受保险金。因为按遗产处理往往会牵扯到诸多的继承人和繁杂的法律关系，相对而言，指定受益人领受保险金会使保险合同履行更为简单易行，所以，受益人制度便自然产生了。这也可以视为受益人制度的"原型"，是我们探究受益人及受益权性质的基础。这种情形下的受益人，在我国保险实务中，一般称为"身故受益人"，意思是在被保险人身故后享有保险金请求权，大致可以视为对于该项保险金的遗嘱继承人。"身故受益人"这种称谓对于生死两全型保险尤其具有重要意义，即在被保险人生存给付条件满足时，是由被保险人领受保险金；只有在被保险人死亡给付条件达到时，才由受益人领受保险金。

从受益人制度的"原型"出发，被保险人指定受益人行为的法律性质如何？或者说，受益人的受益权的权源为何？大致有三种定性：其一，将死亡保险的保险金视为被保险人的遗产，在法定继承人中指定的受益人相当于被保险人对特定财产指定的遗嘱继承人。如此定性，受益人的受益权即为继承权，领受保险金不能回避被保险人的生前债务和遗产税。其二，是被保险人对其享有的保险合同利益在生前进行赠与安排，其行为性质属于遗嘱赠与行为，但也难以回避被保险人的生前债务和赠与税。其三，是被保险人对其法定保险金请求权的让渡，即债权让与。但因为《保险法》规定被保险人可以随时变更受益人，所以，指定受益人并未发生债权让与的效果，与债权转让并不太符合。以上三种定性，受益人之受益权都是来自被保险人的保险金请求权，属于被保险人对其保险金请求权的预先处分，但均无法解释投保人有受益人指定权，也无法解释实务中受益人领取保险金时，往往不需考虑被保险人的生前债务以及缴纳遗产税或者赠与税的现象。

如果受益人领取的保险金不视为被保险人的遗产，而当作受益人的法定特别权利的话，则可以不按照被保险人的遗产来处理。对这种定性合理解释的思路是：死亡保险从其制度价值看，并非为被保险人本人利益而设，更多是为与被保险人有利害关系的亲属的利益而设，是为补偿他们因被保险人死亡所带来的"损失"，因此，受益人领取保险金当然不用考虑被保险人的生前债务和缴纳遗产税或赠与税的问题。但如此定性的话，则应当要求受益人与被保险人具有保险利益关系，除指定亲属以外的人为受益人应当有所限制，这与法律对受益人资格没有任何要求和限制是不符的。

（三）受益人的指定和变更

根据《保险法》第 39 条、第 40 条、第 41 条以及 2020 年修正的《最高人民法院关于适用〈中华人民共和国保险法〉若干问题的解释（三）》（以下简称《保险法司法解释（三）》）第 9 条、第 10 条的规定，人身保险的受益人由被保险人或者投保人指定或者变更。投保人指定或者变更受益人时须经被保险人同意，投保人指定或者变更受益人未经被保险人同意的，人民法院应认定其指定或者变更行为无效。

被保险人或者投保人可以指定一人或者数人为受益人。受益人为数人的，被保险人或者投保人可以确定受益顺序和受益份额；未确定受益份额的，受益人按照相等份额享有受益权。投保人为与其有劳动关系的劳动者投人身保险，不得指定被保险人及其近亲属以外的人为受益人。被保险人为无民事行为能力人或者限制民事行为能力人的，可以由其监护人指定受益人。

当事人对保险合同约定的受益人存在争议，除投保人、被保险人在保险合同之外另有约定外，按照以下情形分别处理：（1）受益人约定为"法定"或者"法定继承人"的，以《民法典》规定的法定继承人为受益人；（2）受益人仅约定为身份关系的，投保人与被保险人为同一主体时，根据保险事故发生时与被保险人的身份关系确定受益人；投保人与被保险人为不同主体时，根据保险合同成立时与被保险人的身份关系确定受益人；（3）约定的受益人包括姓名和身份关系，保险事故发生时身份关系发生变化的，认定为未指定受益人。

投保人或者被保险人可以变更受益人，当事人变更行为自变更意思表示发出时生效。保险人收到变更受益人的书面通知后，应当在保险单或者其他保险凭证上批注或者附贴批单。如果投保人或者被保险人变更受益人未通知保险人，则对保险人不发生效力。投保人或者被保险人在保险事故发生后原则上不得变更受益人。

（四）受益权及其性质

受益人依法享有受益权，其受益权源于投保人或者被保险人指定的受益人身份，因此，一般而言，保险合同约定的受益人是谁，就由谁享有和行使受益权。

学者大多主张，受益权的性质是固有权而非继受权，投保人或被保险人的债权人不能对保险金或保险金请求权实行强制执行；[1]优于继承权；期待权而非现实权。[2]我国保险实践中，大多数受益人可能并不知道自己是受益人，因此，是否构成期待权值得商榷。我国受益人制度不同于德国，德国的受益人分为可变更和不可变更的受益人，可能涉及期待权的保护问题；而我国的做法是可以随意变更受益人，在保险事故发生前，受益人的受益权几乎没有什么意义，也不涉及保护的问题。

受益权可以放弃，但在保险事故发生前一般不得转让和继承。学理上，受益人的继承人可以继承受益权的情形一般仅能发生在不可变更受益人的场合，但日本的做法是个例外[3]。日本 2008 年《保险法》第 46 条规定，生命保险的受益人于保险事故发生前死亡的，其全体继承人成为新的受益人。第 75 条规定，伤害疾病定额保险的受益人于给付事由发生前死亡的，其全体继承人成为新的受益人。[4]我国保险法没有规定在保险事故发生前受益权可以继承或者转让，但依据我国《保险法司法解释（三）》第 13 条的规定，保险事故发生后，受益人可以将与本次保险事故相对应的全部或者部分保险金请求权转让给第三人，但根据合同性质、当事人约定或者法律规定不得转让的除外。

需要注意的是，学者们关于受益权性质的讨论，大都是基于我国台湾地区保险法学者的著述和相关立法以及日本和德国相关法律的规定。而《保险法》对于受益人及受益权的规定并未完全继受日本、德国有关受益人的理论和制度，对很多问题并无规定或者并无明确的规定，因此也不宜直接拿他们的结论作"成规"。诸如：（1）受益人是否区分可变更和不可变更受益人？

---

〔1〕 参见沙银华：《日本经典保险判例评释》，法律出版社 2002 年版，第 25 页。

〔2〕 参见覃有土、樊启荣：《保险法学》，高等教育出版社 2003 年版，第 353-355 页。

〔3〕 参见沙银华：《日本经典保险判例评释》，法律出版社 2002 年版，第 31 页。

〔4〕 参见岳卫：《日本保险契约复数请求权调整理论研究：判例·学说·借鉴》，法律出版社 2009 年版，第 226 页、第 235 页。

进而受益权是否构成期待权还是只有期待利益甚至仅有"期待"？（2）受益权是固有权（原始取得）还是继受权？如果是固有权为何受益人不能处分受益权？进而是否要区分保险事故发生前和保险事故发生后？（3）受益权与被保险人继承人的继承权有何本质不同？以至于该保险金（甚至被保险人生存下的保险金给付）区别于被保险人的遗产，而置被保险人的债权人以及遗产税或赠与税或收益税〔1〕于不顾？保险金还是遗产，二者的"待遇"有着天壤之别，以至于有学者甚至提出或者从法条中解读出"法定受益人"的概念？这些问题值得追本溯源去研究，以求法理上能够逻辑自洽。笔者对于上述问题尝试解释如下：

首先，受益权不是原始取得而是继受取得的权利。《保险法》第18条第3款规定，受益人是指人身保险合同中由被保险人或者投保人指定的享有保险金请求权的人。虽然保险法规定受益人"享有保险金请求权"，好像受益人的权利来源于法律的直接规定，是原始取得的"固有的权利"，但是，受益权源于受益人的身份，而受益人身份并不是法定而是由被保险人或者投保人指定取得的。因此，受益人依法"享有保险金请求权"仅仅是受益权的"外壳"，受益权的内核是被保险人指定受益人领取保险金的意思表示，受益人享有的保险金请求权并非基于法律规定凭空产生的一项权利，而是基于被保险人的意思继受的被保险人的保险金请求权。所以，受益人领取保险金时，应当考虑被保险人生前的债务并依法缴纳相应的税款。

其次，受益权并非期待权，因为在保险事故发生前，所谓的"受益权"并非真实的权利，受益人对于该"受益权"既无法处分也无法保护，且在受益人死亡后，该"受益权"也不能被继承，所以，在保险事故发生前，所谓的"受益权"与遗嘱继承人的继承权类似，并不是一项真正的权利，仅仅是基于真正权利人的指定，未来有可能成为权利人，但目前并未受让到这项权利，随时有可能被变更。如果说期待权，被保险人的保险金请求权类似于附

---

〔1〕　笔者认为，"保险金无需纳税"的所谓成规是个"阴谋"。损失填补性质保险的保险金不应缴纳所得税是合理的，但近似于储蓄、投资的人寿保险和投资性保险与前者有本质区别。如果储蓄利息或者投资收益需要缴纳收益税，则储蓄性和投资性保险的保险金也应缴纳收益税。说其是"阴谋"，是指相关利益者以损失填补性保险无需纳税的理由，以偏概全地为储蓄、投资性保险作了"挡箭牌"，这样就使得储蓄性和投资性保险产品较之金融市场中类似的银行储蓄和基金产品具有了天然的税费优势。显然，这不具有正当性。

条件或者附期限的请求权，属于期待权。期待权在未成为现实权利之前，被保险人仍可对之进行处分性安排，如保险金信托，因此保险金请求权是一项真正的权利，与受益权不同。

最后，受益权与继承权的关系。受益权就像遗嘱继承或者遗嘱赠与一样，主要的意义在于对抗被保险人法定继承人的继承权。

（五）受益权的行使及丧失

1. 受益权的行使

根据《保险法》第 42 条以及《保险法司法解释（三）》的规定，被保险人死亡后，有下列情形之一的，保险金作为被保险人的遗产，由保险人依照《民法典》第六编的规定履行给付保险金的义务：（1）没有指定受益人，或者受益人指定不明无法确定的；（2）受益人先于被保险人死亡，没有其他受益人的；（3）受益人依法丧失受益权或者放弃受益权，没有其他受益人的。

投保人或者被保险人指定数人为受益人，部分受益人在保险事故发生前死亡、放弃受益权或者依法丧失受益权的，该受益人应得的受益份额按照保险合同的约定处理；保险合同没有约定或者约定不明的，该受益人应得的受益份额按照以下情形分别处理：（1）未约定受益顺序和受益份额的，由其他受益人平均享有；（2）未约定受益顺序但约定受益份额的，由其他受益人按照相应比例享有；（3）约定受益顺序但未约定受益份额的，由同顺序的其他受益人平均享有；同一顺序没有其他受益人的，由后一顺序的受益人平均享有；（4）约定受益顺序和受益份额的，由同顺序的其他受益人按照相应比例享有；同一顺序没有其他受益人的，由后一顺序的受益人按照相应比例享有。

《保险法》第 42 条第 2 款规定："受益人与被保险人在同一事件中死亡，且不能确定死亡先后顺序的，推定受益人死亡在先。"该条款被称为共同灾难条款，借鉴了美国 1940 年《同时死亡示范法》(The Uniform Simulaneous Death Act) 的规定，弥补了 1995 年《保险法》的空白。美国 1940 年《同时死亡示范法》规定："人寿或伤害保险的被保险人及受益人皆死亡而不能证明为同时死亡者，推定被保险人后于受益人死亡，以确定保险金的归属。但是，如果能够证明受益人的死亡时间稍后于被保险人，保险金应作为受益人的遗产，而由受益人的继承人受领。"[1] 例如，甲（父母早亡）与妻子乙分别投保了死亡险，均指定其独子丙为受益人。后丙与丁结婚。某日丙驾驶轿车送甲回家途中意外翻入山沟，车毁人亡，在无法鉴定甲和丙谁先死亡的情况下，如何处理保险金？该案中，被保险人甲与受益人丙在同一事件中死亡且不能确定死亡先后顺序，依据《保险法》第 42 条的规定，推定受益人丙死亡在先，在没有其他受益人的情况下，应当按照被保险人的遗产来处理。但本案的特别之处在于，在按照被保险人甲的遗产来分配保险金的时候，其子丙按照《民法典》第六编的规定被推定后于被继承人甲死亡，可以在继承关系中作为法定继承人参与分配保险金。

2. 受益权的丧失

因为受益权成为现实权利的前提是保险事故的发生，所以为防止道德风险的发生，《保险法》上对受益人及受益权设有双重限制。一是受益人由被保险人指定和变更，这在主观方面设置了一道"保险"，如果被保险人感觉受益人可能会有道德风险倾向，则可以及时变更受益人。二是在客观方面也设置了一道防范道德风险的"保险"，即规定了受益人丧失受益权的法定情形："受益人故意造成被保险人死亡、伤残、疾病的，或者故意杀害被保险人未遂的，该受益人丧失受益权。"[2] 需要注意的是，某个受益人依法丧失受益权，不影响其他受益人领取保险金的权利，保险人也不得以此为由拒绝赔付保险金。

第三节　保险合同的辅助人

一、保险代理人

保险代理人是指根据保险人的委托，向保险人收取佣金，并在保险人授权的范围内代为办理保险业务的机构或者个人。[3]

保险代理制度究其本质，当属于民事代理制度，故完全适用民法关于民事代理的规定。具体而言，保险代理人与被代理人的法律关系主要表现为：

---

[1] 参见张俊岩主编：《保险法热点问题讲座》，中国法制出版社 2009 年版，第 89 页；许崇苗、李利：《保险合同法理论与实务》，法律出版社 2002 年版，第 180 页。

[2] 《保险法》第 43 条第 2 款。

[3] 参见《保险法》第 117 条第 1 款。

保险人委托保险代理人代为办理保险业务的，应当与保险代理人签订委托代理协议，依法约定双方的权利和义务及其他代理事项。保险代理人根据保险人的授权代为办理保险业务的行为，由保险人承担责任。保险代理人没有代理权、超越代理权或者代理权终止后以保险人名义订立合同，使投保人有理由相信其有代理权的，该代理行为有效。保险人可以依法追究越权的保险代理人的责任。

基于理论或实践的需要，保险代理人依据不同标准可有不同分类：

1. 依据代理人的主体特征，可分为单位保险代理人和个人保险代理人。单位保险代理人一般是独立于保险公司以外的保险代理机构，广义理解，既包括专门从事保险代理业务的专业保险代理机构，也包括兼业从事某方面保险代理业务的单位。个人保险代理人，一般是指与保险公司有委托代理关系的保险营销员。按照我国保险法的规定，个人保险代理人在代为办理人寿保险业务时，不得同时接受两个以上保险人的委托。

2. 依据代理人的职业特征，可分为兼业保险代理人和专业保险代理人。兼业保险代理人是指受保险人委托，在从事自身业务之外，兼营保险代理业务的单位。兼业保险代理人可以通过代理与其主营业务相关的保险产品，方便投保人投保。我国目前常见的兼业保险代理主要有银行代理、航空铁路等特种行业代理、企业特种险种代理以及群众团体特种险种代理等形式。专业保险代理人是指受保险人委托，专职从事保险代理业务的单位，在我国一般称作保险专业代理机构。所谓保险专业代理机构是指具备保险监督管理机构规定的资格条件，取得经营保险代理业务许可证，根据保险人的委托，向保险人收取佣金，在保险人授权的范围内代为办理保险业务的机构，包括保险专业代理公司及其分支机构。

3. 依据代理人的经营职责，可分为保险展业代理人和保险理赔代理人。保险展业代理人的主要经营职责是进行保险宣传，推销保险产品。保险理赔代理人则是专门代理保险人进行现场查勘、检验、定损、赔付等理赔工作。

在我国保险市场上，保险中介人中起步较早、规模较大、业务份额较高的当属保险代理人。尤其在一些业务量较小、业务面较广的分散险种上，保险代理人发挥着独特的优势。[1]

---

〔1〕 参见赵旭东主编：《商法学》，高等教育出版社 2015 年版，第 416-417 页。

二、保险经纪人

保险经纪人是基于投保人的利益，为投保人与保险人订立保险合同提供中介服务，并依法收取佣金的机构。[1]保险经纪人在我国一般称为保险经纪机构，其法律地位与一般商业居间人大致相同。有学者认为保险经纪人对投保方负有忠诚义务和注意义务，[2]笔者认为，这混淆了保险代理人和保险经纪人的法律地位，在委托代理关系中，代理人或者受托人理当负有忠实和勤勉义务（注意义务）；但在居间关系中，居间人并不应负有忠实和勤勉义务。认为保险经纪人负有忠实和勤勉义务的观点，大致是因为我国学者基于当地的保险相关规定或者德国《保险合同法》的规定所采之"投保人代理说"或"混合说"所认为的"保险经纪人是投保人、被保险人的代理人"，[3]但《保险法》对于保险经纪人的定义是"提供中介服务"，应当界定为居间关系。在实务中，如果保险经纪公司受托代理投保人或者保险人买卖保险产品，则其行为应当认定为代理关系，在该代理关系中，保险经纪人（实为代理人）应当负有忠实和勤勉义务。

对于投保方来说，保险经纪人的专业知识和业务经验尤为重要。保险经纪人可以帮助被保险人以最低的保费获得最优承保，在保险索赔时，则有可能使被保险人在保险范围内得到最大限度的补偿。对于保险人来说，保险经纪人同样有益。现在，世界上大部分保险业务都是通过保险经纪人来完成的。

保险经纪包括直接保险经纪和再保险经纪。直接保险经纪是指保险经纪公司与投保人签订委托合同，基于投保人或被保险人的利益，为投保人与保险人订立保险合同提供中介服务，并按约定收取中介费用的经纪行为。再保险经纪是指保险经纪公司为原保险人与再保险人提供业务中介服务，并按约定收取中介费用的经纪行为。

保险经纪人从事保险经纪活动应当遵循合法、自愿、诚实信用和公平竞争原则。因保险经纪人在办理保险业务中的过错，给投保人、被保险人造成损失的，由保险经纪人承担赔偿责任。[4]

---

[2] 参见樊启荣：《保险法》，北京大学出版社2011年版，第45页。
[3] 参见樊启荣：《保险法》，北京大学出版社2011年版，第44页。
[4] 参见赵旭东主编：《商法学》，高等教育出版社2015年版，第417页。

保险经纪人与保险代理人的法律地位不同，故在责任承担上也不同。例如：某年 3 月 15 日甲公司向某保险公司投保了一年期企业财产险，保险金额为 100 万元。次年该日，某公司向保险公司代理人乙提出续保，并递交了投保单，缴纳了保险费。但乙因特殊原因，未及时向保险公司交付保险费和投保单，保险公司也没有签发保险单。一个月后甲公司发生火灾，致财物损失 80 万元。甲公司索赔，保险公司以未收到投保单和保险费以及未核保签发保险单为由抗辩拒赔。法院认为，乙是保险公司的代理人，代理人接受投保单和保险费的行为，应视为保险公司的行为，且该行为可以推定保险公司已经作出承保承诺，合同成立并生效，保险公司应当承担保险责任。

本案中，如果乙不是保险代理人而是保险经纪人，则保险公司的抗辩理由成立，保险合同未成立，保险公司无需承担保险责任。而保险经纪人乙因在办理保险业务中的过错，给投保人、被保险人造成了续保未成功、得不到保险赔偿的损失，故应承担赔偿责任。

三、保险公估人

保险公估人，是指接受委托专门从事保险标的或者保险事故的评估、勘验、鉴定、估损、估损理算等业务，并按约定收取报酬的人。保险公估人在我国一般被称作保险公估机构。

保险公估机构主要经营下列业务：（1）保险标的承保前或承保后的检验、估价及风险评估；（2）对保险标的出险后的查勘、检验、估损理算及出险保险标的残值处理；（3）风险管理咨询。保险公估机构从事保险公估业务应当遵循合法、独立、客观、公正、公平的原则，其行为后果由其自己承担。

第三章

保险合同的基本原则

关于哪些是保险合同的基本原则？如何界定？学界存在不同的观点：[1]（1）七原则说，即合法性原则、平等自愿原则、公平竞争等价有偿原则、诚实信用原则、保险利益原则、损害补偿原则、近因原则。（2）五原则说，即坚持保险与防灾防损相结合的原则、最大诚实信用原则、保险利益原则、损失补偿原则、近因原则。（3）四原则说，即最大诚实信用原则、保险利益原则、损失补偿原则、近因原则。（4）两原则说，即最大诚实信用原则和保险利益原则。《保险法》中并无关于保险合同基本原则的明文规定，关于保险合同基本原则的探讨都是在理论层面，可能都具有一定的合理性。

关于保险合同的基本原则，笔者认为有以下几点需要说明：

（1）保险合同基本原则与保险法基本原则。有的著述中将保险合同基本原则称为保险法的基本原则是不严谨的。作为商法的保险法，早期就是保险合同法，并不包含保险业法，例如大陆法系典型国家（如法国、德国、日本等）的《商法典》中只有关于保险合同的规定而无关于保险业的规定，这个时期的保险法的基本原则也就是保险合同法的基本原则。现今各国的保险法立法体例，多为保险合同法与保险业法分别立法，其中保险合同法部分直接称为"保险法"，在这种立法体例的国家，将保险合同法的基本原则称为保险法的基本原则也无不妥。但《保险法》的立法体例是包含保险合同法与保险业法的统一法典形式，保险合同法与保险业法是我国保险法的两大组成部分，因此，"保险法的基本原则"的表述应该是贯穿保险合同法和保险业法两个领域的基本原则。而保险合同法与保险业法性质截然不同，保险合同法是私法，属于民商法范畴，保险业法是公法，属于经济法或者行政法范畴，私法与公法不可能具有共同的基本原则。因此，严谨的表述应该是保险合同法基本原

---

〔1〕 参见温世扬主编：《保险法》，法律出版社 2003 年版，第 34 页。

则，或者是保险合同基本原则。

（2）保险合同基本原则与民商法基本原则。保险合同法属于民事特别法，民法的基本原则或者商法的基本原则无疑可以适用于保险合同法，但不宜延伸成为或者替代保险合同法的基本原则。保险合同法作为特别法，可以也应该有其不简单等同于民商法的、特有的基本原则。保险合同法的基本原则应产生于保险经济机制原理以及保险法的立法目的，而不是民法基本原则在保险合同领域的简单延伸，因此，如果保险合同法基本原则与民法基本原则相悖，也应以"特别法"的态度对待这些基本原则，承认其优先效力。同理，民商法中已有的基本原则，恰如民商法的一般规则，除非需要特别强调之情形，无需在保险合同法中重复。在我国这样的成文法国家，明确规定保险合同法的基本原则，对于正确解释和适用保险合同法规范具有重要意义，可以确保保险制度正常发挥其功能，把保险法的立法宗旨落到实处。

另外，需要说明的是，有学者认为保险合同的基本原则的界定标准应当是可以同时适用于财产保险合同与人身保险合同，进而在基本原则中排除了损失补偿原则和近因原则。[1]这在逻辑上似乎合理，但过于机械。因为作为其界定标准的财产保险合同与人身保险合同的分类并不绝对，损失补偿原则能否适用于某些人身保险合同也存在争议；其实，任何法的基本原则也不可能适用于该法的所有规则，因此以"贯穿"或者"全覆盖"作为界定基本原则的标准并不妥当。所以，本书主张以能否正确反映保险合同特有的经济机理和保险法的立法目的为界定标准来提炼保险合同法的基本原则，这样才能发挥应用保险合同基本原则正确解释和适用保险法规范的功能。在这个意义上，本书采"四原则说"，即最大诚实信用原则、保险利益原则、损失补偿原则、近因原则。

第一节　最大诚信原则

一、最大诚信原则概述

最大诚信原则最早产生于海上保险，在海上保险初期，因当时通讯工具

---

〔1〕　参见温世扬主编：《保险法》，法律出版社 2003 年版，第 34 页。

极为落后，在商订保险合同时，被保险的船货往往在千里之外，保险人承保与否仅凭投保人提供的有关资料，如果当事人一方以欺诈、隐瞒手段订立合同，将使得对方深受其害，所以要求当事人双方必须具有高于一般合同的诚实信用。英国 1906 年《海上保险法》首先确立了该原则。[1]该法第 17 条规定："海上保险合同是建立在最大诚信原则的基础上的合同，如果任何一方不遵守这一原则，他方可以宣告合同无效。"虽然该法中使用了"最大诚信"这一表述，但对于该表述的起源，英国学界始终无法给出确切的回答。[2]《保险法》第 5 条规定："保险活动当事人行使权利、履行义务应当遵循诚实信用原则。"并未使用"最大诚信"的表述。

最大诚信原则的基本内涵是，保险合同双方当事人在订立保险合同时及合同有效期内，应向对方提供足以影响对方作出是否订立合同及确定履约方式等决定的全部实质性重要事实，不得隐瞒或欺骗；同时绝对信守合同订立的约定与承诺。否则，一方可以此为由主张保险合同无效或不履行合同约定的义务，受到损害的，可以向对方求偿。[3]

最大诚信原则在保险法上的确立，与保险机制的原理或者说保险合同的性质有关。笔者认为，保险合同与博彩合同一样属于射幸合同，合同双方对待给付不对等，依赖于偶然事件或者碰运气是其重要的特点。射幸合同不强调对待给付上的公平而强调诚信，是其本性当然的反映。这与赌场不管个别公平只讲诚信无欺是一个道理，保险合同领域不存在个别交易的公平原则，而把诚信原则推到极致。其实，保险法的根本任务就是鼓励诚信、反对欺诈、防范道德风险，以此维护保险之本义，发挥保险应有之功能。在这个意义上，最大诚信原则是贯穿整个保险法的最为核心的基本原则，其他原则如保险利益原则、损失补偿原则、近因原则等都是诚信原则的具体化的要求和体现。

最大诚信原则最初主要是对投保方的约束，而现在也约束保险人。最大诚信原则在立法上主要体现为以下制度或者规则：投保方的如实告知义务和保险人的缔约说明义务。需要说明，在保险法理论上，对于投保方的约束还有信守保证义务，即保证条款或条件条款效力规则；对于保险人的约束还有

---

〔1〕　参见温世扬主编：《保险法》，法律出版社 2003 年版，第 39 页。

〔2〕　参见初北平：《海上保险的最大诚信：制度内涵与立法表达》，载《法学研究》2018 年第 3 期。

〔3〕　参见范健等：《保险法》，法律出版社 2017 年版，第 52 页。

弃权和禁止反言规则，因为这些制度或者规则，在我国保险法上并无明文规定，[1]司法实践上也难以适用，本书不作展开阐述。

二、投保方的如实告知义务

（一）如实告知义务的意义

如实告知义务，是指投保方在订立保险合同时，应当将有关保险标的和被保险人的信息向保险人作出如实陈述的义务。《保险法》第16条第1款规定："订立保险合同，保险人就保险标的或者被保险人的有关情况提出询问的，投保人应当如实告知。"可见，该义务不属于合同义务，而是法定的投保人的先合同义务。

如实告知义务是最大诚信原则对投保方的要求。在订立保险合同时，保险人需了解有关保险标的或者被保险人的情况来评估风险情况，以此作为承保决策的基础。但是，缔约双方当事人对保险标的的情况存在信息不对称问题，投保方无疑具有信息优势。因此，法律通过赋予投保方如实告知义务的方式，以解决对于保险标的和被保险人风险情况存在的信息不对称问题。而且，如此处理相比规定由保险人自行调查和评估风险更为经济可行，符合经济效率原则。

（二）如实告知义务的履行

1. 告知义务的主体

关于告知义务的主体，各国的保险立法不完全相同。区别在于，除了投保人之外，被保险人是否负有告知义务。理论上，被保险人对于自己的情况或者保险标的比投保人更为了解，且其享有保险金请求权，应该负有告知义务。但因其非为合同当事人，有些被保险人可能是无民事行为能力的人，或者因其他原因不便参与合同订立，因此，由其承担如实告知义务可能会增加投保方负担。同时，如果投保人、被保险人均负有如实告知义务，在告知内容的分配、告知内容出现矛盾时如何认定等技术操作方面也有诸多麻烦。因此，采用单一主义或者选择主义可能是更好的立法选择。《保险法》采用单一主义，规定仅投保人负有如实告知义务。

---

〔1〕《保险法》第16条第6款规定的是一种个别的法定弃权情形，还不能算作确立了可以在司法裁判中通用的完整的弃权规则。

2. 对告知内容和形式的要求

投保人负有如实告知义务，但应当告知哪些事项以及如何告知，各国立法也有不同。理论上讲，告知的内容应当是对保险人承保决策有影响的"重要事实"，但哪些属于"重要事实"，投保方难以判断，应由保险人事先明示。

关于投保人履行告知义务的形式，根据其是主动告知其所了解的所有信息，还是针对保险人的询问在一定范围内回答其所了解的信息，在国际上存在两种立法模式。前者为主动申告主义，又称无限告知主义，是指法律对告知的内容没有确定性的规定，只要事实上与保险标的的危险状况有关，而且被认为保险人知道或应该知道的任何重要事实，均有告知义务。这一标准较为严格，这对于投保人未免有失公平。后者为询问告知主义，又称询问回答主义，是指投保人的告知以保险人提出询问为限，提出询问的要如实回答，没有询问的，不负告知义务。这一标准较为缓和，为多数国家或地区所采用。投保人履行如实告知义务的方式，通常是填写保险人提供的书面形式的询问表。

我国采询问告知主义。除《保险法》第 16 条之规定之外，2020 年修正的《最高人民法院关于适用〈中华人民共和国保险法〉若干问题的解释（二）》（以下简称《保险法司法解释（二）》）第 6 条规定："投保人的告知义务限于保险人询问的范围和内容。当事人对询问范围及内容有争议的，保险人负举证责任。保险人以投保人违反了对投保单询问表中所列概括性条款的如实告知义务为由请求解除合同的，人民法院不予支持。但该概括性条款有具体内容的除外。"该条文含义如下：（1）投保人负有告知义务的范围和内容，取决于保险人询问的事项。保险人未询问的内容，投保人不负告知义务；（2）投保人履行告知义务的方式是对保险人询问的内容如实作答，对未询问的内容无需主动告知；（3）保险人承担对询问范围及内容的举证责任；（4）保险人的询问应当具体、明确，采用不含有具体内容的概括性条款，不产生询问的效力。例如，询问"被保险人有身体不适吗?"即为概括性询问条款，如何回答均不构成不实告知。

如实告知义务的理论基础是最大诚信原则，其对告知内容不要求客观真实，一般仅要求投保人诚信作答即可，内容也以投保人知悉或者应知为限；甚至仅以知悉为标准，不以应知为标准。根据我国《保险法司法解释（二）》第 5 条规定，保险合同订立时，投保人明知的与保险标的或者被保险人有关的情况，属于《保险法》第 16 条第 1 款规定的投保人"应当如实告知"的内容。

（三）违反如实告知义务的构成要件

违反告知义务通常有两种情形：一是告知不实，包括误告或错告；二是未予告知，包括隐瞒和遗漏。因为是最大诚信原则的要求，所以，投保人的主观心态对法律后果往往也产生影响，一般要求达到故意或者重大过失的标准，才会认定违反如实告知义务。投保人主观无过错，一般不需承担不利后果。例如，被保险人患有癌症但并不知情，投保人回答"未患有癌症"并不违反如实告知义务。

根据《保险法》第16条的规定，构成对如实告知义务的违反，应当符合两个条件：（1）投保人主观故意或者重大过失而未履行如实告知义务；（2）该行为必须重要到"足以影响保险人决定是否同意承保或者提高保险费率"，即实质影响到保险人的承保决策。投保人违反如实告知义务的，保险人可以解除保险合同。

（四）违反如实告知义务的法律后果

《保险法》第16条区分投保人故意和重大过失不同的主观状态，规定了不同的法律后果：

1. 投保人故意不履行如实告知义务的，保险人对于合同解除前发生的保险事故，不承担赔偿或者给付保险金的责任，并不退还保险费。

2. 投保人因重大过失未履行如实告知义务，对保险事故的发生有严重影响的，保险人对于合同解除前发生的保险事故，不承担赔偿或者给付保险金的责任，但应当退还保险费。在此种情形下，法律强调违反如实告知义务与保险事故发生之间应有一定的因果关系，即对保险事故的发生"有严重影响"，保险人才可解除合同并不予保险赔偿或给付。

关于不实告知与保险事故之间是否需要因果关系才构成如实告知义务的违反，各国立法倾向不一。例如，下面介绍的日本案例，争议点就在于有无因果关系。[1]

A和Y保险公司签订了以A为被保险人的生命保险合同，一年后A因患尿毒症死亡。A的受益人X向Y请求支付保险金。Y在理赔中发现A在投保

---

〔1〕 参见沙银华：《日本经典保险判例评释》，法律出版社2002年版，第35—37页。另说明：在日本判例介绍中，一般以X代表原告，Y代表被告，而诉讼外的人物则用ABC等表示。

时隐瞒了患有梅毒性脊髓炎的既往病史，违反了如实告知义务，就以此为由，解除合同，拒绝向 X 支付保险金。X 提起诉讼，提出 A 死于尿毒症而非隐瞒的梅毒性脊髓炎，认为二者无因果关系，按照《日本商法典》[1]的规定，Y 有支付保险金的义务。

一审 Y 败诉，不服上诉。最终判决认为梅毒性脊髓炎与尿毒症有因果关系（有医学证据），依据《日本商法典》第 678 条第 2 项和第 645 条第 2 项但书的规定，判决保险公司 Y 胜诉，不需给付保险金。按上述法律依据，如果证明无因果关系，保险公司 Y 则须支付保险金。

此案例告诉我们，按《日本商法典》，只有不实告知事项是保险事故发生的原因，保险公司才可以此对抗投保方。

英国的情形与日本不同，在英国完全不考虑这种因果关系，诚信本身更重要。英国有一个非常有趣的案例，投保人为男性，为自己投保寿险，保险公司询问他的婚姻情况，他填写了"单身"，而他实际上是已婚。被保险人死亡后，保险公司拒赔，受益人起诉保险公司。原告的律师主张，从保险人的角度看，这一错误陈述不能构成对重要事实的不实陈述。因为这一错误陈述恰恰对保险人有利，原因是已婚男子的平均寿命要长于单身男子，所以单身男子所交的保险费要多于已婚男子。但法庭不同意这种观点，法庭认为原告律师所说的理由并没有错，但是，对投保人婚姻状况的具体询问就使这一事实变成了重要事实，因此，保险人胜诉。[2]英国最新的《2012 年消费者保险（披露与陈述）法》［Consumer Insurance（Disclosure and Representations）Act 2012］和《2015 年保险法》（Insurance Act 2015）对此进行了修正，针对投保方违反如实告知义务对保险人承保决策产生影响的不同，规定了不同的法律后果，还规定了比例赔付的方式。

（五）对保险人解除权和抗辩权的限制

《保险法》第 16 条对于保险人解除权和抗辩权的限制有两款规定，分别为法定弃权条款和不可抗辩条款。

一是该条第 6 款规定："保险人在订立合同时已经知道投保人未如实告知的情况的，保险人不得解除合同；发生保险事故的，保险人应当承担赔偿或

---

〔1〕　日本于 2008 年颁布《保险法》，将《日本商法典》中关于保险合同的规定吸收进《保险法》中。

〔2〕　参见陈欣：《保险法》，北京大学出版社 2000 年版，第 62 页。

者给付保险金的责任。"这款规定的是保险人法定弃权的情形，即保险人在订立合同时已知投保人违反如实告知义务，而未行使相应的解除权，推定其放弃了合同解除权和抗辩权；此后发生保险事故，保险人不能再主张解除合同和抗辩。

二是该条第 3 款，该款习惯被称为"不可抗辩条款"或者"不可争条款"。

我国 2009 年修订的《保险法》中，引入了不可抗辩条款。根据该条款的规定，保险人基于投保方在投保时违反最大诚信原则、未履行如实告知义务而享有的合同解除权，自保险人知道有解除事由之日起，超过 30 日不行使而消灭。自合同成立之日起超过 2 年的，保险人也不得解除合同；发生保险事故的，保险人应当承担赔偿或者给付保险金的责任。

该条款对于限制保险人滥用权利、保护投保方的利益意义重大，也弥补了我国 2009 年《保险法》修订以前如实告知义务制度存有的缺憾。不可抗辩条款源于保险人解决保险业诚信危机的自觉行为，经历了从合同约定条款到法定化强制条款的嬗变，最终成为世界各国保险法所普遍规定的一项制度。

从历史视角看，不可抗辩条款是保险人自愿加入到保险条款中的。19 世纪初期，保险法上的告知义务为无限告知，投保人违反告知义务，即会遭受保险人的拒赔，保险公司被冠以"伟大的拒赔者"的称号。为缓和这种关系，英国伦敦信用寿险公司于 1848 年在其保单条款中加入了世界上第一个不可抗辩条款，这一条款承诺，保险公司将放弃在任何情况下进行保单抗辩的权利。到 20 世纪初期的时候，美国绝大多数寿险公司均自愿在其保单中引入不可抗辩条款，并被写进了示范条款中。美国各州纷纷采纳了该示范条款，不可抗辩条款在各州成为法律，称为"不可抗辩法则"。不可抗辩条款是保险公司为了获取公众信任和获得竞争胜利而自愿加入的保单条款，并进而被各州法律所采纳的。[1]而后，不论是英美法系还是大陆法系，绝大多数国家都以成文法形式规定了不可抗辩条款，且均为强制性规范，不因当事人的约定而排除适用。

不可抗辩条款的法理基础包括：（1）诚实信用原则；（2）对信赖利益保

---

〔1〕 参见于海纯：《保险人撤销权：保险法中的一个制度选择及其合理性追问》，载《中国法学》2020 年第 4 期。

护的原则；（3）禁止权利滥用原则，对于形成权应当规定除斥期间，以防止保险人权利滥用的道德风险。

不可抗辩条款在司法适用方面仍存在一些争议，例如：短期保险或者财产保险是否适用不可抗辩条款？规定不可抗辩条款的《保险法》第16条，位于"第二章保险合同"下"第一节一般规定"部分，从法条解释意义上看，应当既可以适用于人身保险合同，也可以适用于财产保险合同。但因财产保险通常期限较短，所以，可能不到2年的除斥期间，合同就已经到期终止。

作为特别法的保险法上的解除权与作为一般法的民法上的撤销权可否同时适用？如可同时适用，即使过了不可抗辩期间，保险人仍可以通过行使民法上的撤销权来撤销合同以达到抗辩拒赔的效果，那么是否会使不可抗辩条款的目的落空？

有学者认为，保险法上之解除权并非民法上之撤销权的特别规定，二者在立法目的、要件及法律效果方面皆不相同，在逻辑结构上属于交集状态，因此，无论是从形式上之逻辑分析，抑或是保险人与要保人或被保险人双方面在利益权衡的角度来看，保险法上之解除权与民法上之撤销权在适用之关系上，皆应是并行不悖的。[1]也有学者认为，我国保险法上关于解除权的规范是民法上关于撤销权的规范的特殊规范。依据特别法优先一般法适用的原理，应当按照"优先且排除论"，优先适用特别法，排除适用一般法，"上帝的归上帝，凯撒的归凯撒"，撤销权不再"染指"解除权的领地。[2]还有学者主张，在投保人违反如实告知义务时可能发生保险法上解除权与民法上撤销权的适用选择问题。两者之间并非特别法与一般法的关系，其构成要件部分交叉，属于两类法律制度的竞合，此时应通过体系解释与价值权衡划定各自的适用空间。[3]

行使民法上的撤销权是否会使不可抗辩条款的目的落空？这本就是一个由体系解释带来的问题，因此，选择体系解释的路径不可能获得正确的答案，用体系解释的方法来解释体系解释提出的问题，就像用勾股定理证明勾股定

---

[1] 参见江朝国：《保险法基础理论》，中国政法大学出版社2002年版，第236页。

[2] 参见于海纯：《保险人撤销权：保险法中的一个制度选择及其合理性追问》，载《中国法学》2020年第4期。

[3] 参见马宁：《保险法解除权与民法撤销权制度竞合的体系规整》，载《法学》2024年第2期。

理一样，又回到了问题的原点。所以，应该从目的解释的路径入手，来探寻问题的答案；文义解释方法可以用来解释某一特定的法如本国法的文本，以辅助目的解释。

笔者认为，从前文所述不可抗辩条款产生的历史及目的来看，其本质就是保险人的弃权——放弃抗辩权，即出险后不能拒赔，不管是解除后的拒赔还是撤销后的拒赔，重点是都不能拒赔。所以，从不可抗辩拒赔的效果出发，自然就反向限制了民法上撤销权的行使，其实也限制了各种可能产生抗辩拒赔效果的权利的行使。如果未过不可抗辩期间，则保险人既可行使保险法上的解除权，也可以选择行使民法上的撤销权；如果过了不可抗辩期间，但没有发生保险事故，则保险人不可以行使解除权，从立法目的解释看，应该也不能行使撤销权，因为撤销权与潜在的保险金请求权或者投保方的预期相矛盾，但如从体系解释或者文义解释来看，在没有抗辩效果反向限制的情况下，似乎可以行使撤销权。

从《保险法》第16条第3款的文义解释也是如此。"自合同成立之日起超过二年的，保险人不得解除合同；"和"发生保险事故的，保险人应当承担赔偿或者给付保险金的责任"两部分之间，用的是分号"；"表示的是并列关系，意思就是前半句的"不得解除"与后半句的"应当赔偿"（即"不得拒赔"）是并列关系，"解除"不是"抗辩"的前提。并非因为解除合同具有溯及力才可以拒赔，也非不解除合同就不能拒赔。[1]或者说，"不可抗辩"是基于法律的明文规定，2年的除斥期间，既是针对解除权的，也是针对抗辩权的。

超过不可抗辩期间后，保险人能否行使民法上的撤销权？对于该问题产生重大争议的一个原因是适用法解释方法上的差异；另一个内在的动因，可能是人们不愿意接受投保方明明有严重的投保欺诈行为，却在挨过了2年的抗辩期间后得到保险赔偿的好处。笔者认为，不可抗辩条款的适用前提，是

---

〔1〕《保险法司法解释（二）》第8条规定，保险人未行使合同解除权，直接以存在保险法第16条第4款、第5款规定的情形为由拒绝赔偿的，人民法院不予支持。但当事人就拒绝赔偿事宜及保险合同存续另行达成一致的情况除外。笔者注：上述第8条第一句表述，似乎解除合同是拒赔的前提，但也可以解释为：既然保险人有拒赔的理由，并未真实承担风险，则应当解除合同，免除后续继续收取保险费的可能。后一句但书则尊重当事人意思，双方认可就当前发生的保险事故拒赔，但不解除保险合同。

投保方存在违反如实告知义务的情形。"不可抗辩"效果所限制的撤销权也仅仅是基于违反如实告知义务情形的撤销权，而不限制不属于"如实告知"范畴的欺诈、胁迫等意思表示不真实情形的撤销权，比如，与医生串通伪造了体检报告，该体检报告对保险人承保决策有决定性的影响，但它不属于应当如实告知的事项或者仅属于告知的辅助事项，对于这种欺诈投保的行为，应当可以适用民法撤销权。一般而言，告知事项之外的欺诈行为，往往才是人们难以容忍的"严重投保欺诈行为"，而这些行为因为不在告知事项范畴，也就不受不可抗辩条款的限制，故而可以适用民法上的撤销权。另外，如果实在担心不可抗辩条款包庇、纵容投保方的严重欺诈行为，可以在立法理论上寻求解决办法，即给不可抗辩条款规定适用的例外情形。

其实，保险人在防范道德风险、遏制投保欺诈方面不乏手段，在不可抗辩条款的解释与适用中，不必过多考量保险人的利益。比如，对于内外勾结、带病投保的严重欺诈行为，保险人通过将投保前的疾病设置为免责事项就可以轻松达到遏制效果。

三、保险人的缔约说明义务

（一）缔约说明义务的意义

缔约说明义务，是指保险人在订立保险合同时，应当将保险合同的条款特别是免除保险人责任的条款向投保方作出明确的提示和说明的义务。《保险法》第17条规定："订立保险合同，采用保险人提供的格式条款的，保险人向投保人提供的投保单应当附格式条款，保险人应当向投保人说明合同的内容。对保险合同中免除保险人责任的条款，保险人在订立合同时应当在投保单、保险单或者其他保险凭证上作出足以引起投保人注意的提示，并对该条款的内容以书面或者口头形式向投保人作出明确说明；未作提示或者明确说明的，该条款不产生效力。"

与投保方的如实告知义务相似，保险人的缔约说明义务也不是合同义务，而是法定的保险人的先合同义务。保险人违反缔约说明义务，不会涉及违约责任，而是依法产生相应的法律后果。缔约说明义务的理论基础也是最大诚信原则。

首先，在保险合同订立场合，双方当事人信息不对称，投保方对于风险情况具有信息优势，而保险人对于保险技术以及合同条款的拟订具有信息优势。前者以如实告知义务加以平衡，后者则以缔约说明义务加以平衡。因此，作为技术优势方和合同拟订者的保险人，在订立保险合同时，应当向投保方明确说明合同条款特别是免除其责任的重要条款，以使投保方能够正确理解合同的内容以及双方具体的权利义务。

其次，保险合同是附和合同，大多采用格式条款形式。依据合同法对于格式条款规制的法理和规范，格式条款提供方在一定条件下理应向相对方就格式条款的内容履行说明义务。

（二）缔约说明义务的履行

1. 缔约说明义务的主体

缔约说明义务的主体是保险人，或者说是"保险方"，包括保险公司业务人员、保险代理人以及其他具有代理权限的人。

2. 缔约说明义务的对象

根据《保险法》第17条的规定，缔约说明义务针对的是由保险人提供格式条款的场合，如果合同内容是由双方协商拟订的，则不存在缔约说明义务。说明的对象也分为两个层次：一是对普通格式条款，负有说明合同内容的义务。二是对于免除保险人责任的条款，负有在合同及相关文本上提示并以口头或书面形式明确说明的义务。

对于前者，《保险法》并未明确规定违反该义务的法律后果，可以依据《民法典》中合同编的一般规定处理，在保险法的适用上，可能会涉及合同疑义解释原则。

对于后者，《保险法》明确规定了违反该义务的法律后果，实为缔约说明义务的核心内容。因此，哪些条款属于"免除保险人责任的条款"是适用该规则的前提性问题。从法解释学角度，"免除保险人责任的条款"不限于保险合同中的"免责条款"或者"责任免除"条款，只要客观上免除保险人应负保险责任的条款，无论其置于保险合同中何种位置，均可认定为"免除保险人责任的条款"。

根据我国《保险法司法解释（二）》第9条的规定，保险人提供的格式合同文本中的责任免除条款、免赔额、免赔率、比例赔付或者给付等免除或者减轻保险人责任的条款，可以认定为《保险法》第17条第2款规定的"免除保险人责任的条款"。保险人因投保人、被保险人违反法定或者约定义务，享有解除合同权利的条款，不属于《保险法》第17条第2款规定的"免除保险人责任的条款"。

《保险法司法解释（二）》第 10 条规定，保险人将法律、行政法规中的禁止性规定情形作为保险合同免责条款的免责事由，保险人对该条款作出提示后，投保人、被保险人或者受益人以保险人未履行明确说明义务为由主张该条款不成为合同内容的，人民法院不予支持。

另外，需要注意的是，《民法典》第 496 条规定，格式条款是当事人为了重复使用而预先拟定，并在订立合同时未与对方协商的条款。采用格式条款订立合同的，提供格式条款的一方应当遵循公平原则确定当事人之间的权利和义务，并采取合理的方式提示对方注意免除或者减轻其责任等与对方有重大利害关系的条款，按照对方的要求，对该条款予以说明。提供格式条款的一方未履行提示或者说明义务，致使对方没有注意或者理解与其有重大利害关系的条款的，对方可以主张该条款不成为合同的内容。该法条与《保险法》第 17 条在需要提示和说明的事项上并不完全相同，"免除或者减轻其责任等与对方有重大利害关系的条款"比《保险法》第 17 条中"免除保险人责任的条款"的范围似乎更为广泛，那么，与投保方有"重大利害关系"的其他条款，是否也需要依据《民法典》提示和说明？例如，在某案例中，保险条款中约定，投保人不得单独解除附加险，如果解除附加险需与主险一并解除。这一约定限制了投保人的保险合同任意解除权，[1]是否与投保人有"重大利害关系"？如果保险人在订立合同时，未对投保人提示和明确说明，那么，投保人可否依据《民法典》第 496 条主张"该条款不成为合同的内容"？对《民法典》第 496 条中"与对方有重大利害关系的条款"到底应如何理解？

3. 缔约说明义务的履行方式

对于"免除保险人责任的条款"如何做到"提示"和"明确说明"？关系到是否履行缔约说明义务的认定。根据我国《保险法司法解释（二）》第 11 条、第 12 条和第 13 条的规定，其司法认定标准如下：

（1）"提示"义务的认定标准。保险合同订立时，保险人在投保单或者保险单等其他保险凭证上，对保险合同中免除保险人责任的条款，以足以引起投保人注意的文字、字体、符号或者其他明显标志作出提示。

---

[1]《保险法》第 15 条规定："除本法另有规定或者保险合同另有约定外，保险合同成立后，投保人可以解除合同，保险人不得解除合同。"

（2）"明确说明"义务的认定标准。保险人对保险合同中有关免除保险人责任条款的概念、内容及其法律后果以书面或者口头形式向投保人作出常人能够理解的解释说明。保险人对其履行了明确说明义务负举证责任。投保人对保险人履行了符合上述要求的明确说明义务并在相关文书上签字、盖章或者以其他形式予以确认的，应当认定保险人履行了该项义务。但另有证据证明保险人未履行明确说明义务的除外。

（3）通过网络、电话等方式订立的保险合同，保险人以网页、音频、视频等形式对免除保险人责任条款予以提示和明确说明的，人民法院可以认定其履行了提示和明确说明义务。

（三）违反缔约说明义务的法律后果

对于属于上述"免除保险人责任的条款"，保险人须举证证明其做到了"提示"和"明确说明"。如果保险人不能证明其做到"提示"或者"明确说明"的，即构成保险人的缔约说明义务的违反，则该"免除保险人责任的条款"依法不发生效力或者不成为合同内容，即该条款对双方当事人没有约束力。

需要注意，"不发生效力"不同于无效，不涉及对该"免除保险人责任的条款"内容的实质审查和判定，因此，违反缔约说明义务的法律后果仅限于个案适用。

第二节　保险利益原则

一、保险利益原则的确立及其功能

（一）保险利益原则的确立

纵观保险制度之历史沿革和各国保险法的发展，保险利益原则之创设的根本目的在于防止发生道德风险，从而更好地实现保险"分散风险，补偿损失"的功能。这一点于保险理论界已为共识。如前文所述，正是风险所具有的偶然性特征，决定了保险存在的可能性，同时也决定了保险行为的射幸性，即保险的赔付依赖于特定风险的偶然发生。这和赌博极为相似。如果许可投保方以与其无任何关系的他人的财产或者人身为保险标的进行投保，且当保险标的发生保险事故时投保人可以得到保险赔偿，便会致使投保方"谋财而损财"或"谋财而害命",即诱发道德危险。18 世纪以前,英国保险法因为没有关于保险利益的规定,就出现过以他人财产投保而赌博、故意造成损失或者在损失发生时放任损失扩大、甚至为了保险赔偿而杀害被保险人的情况,造成社会的极大不安定。因此,英国在 1746 年《海上保险法》中规定:无法证明利益存在者,保险合同无效;在 1774 年《人寿保险法》中规定,人寿保险的投保人和被保险人之间必须具有保险利益,否则合同为无效。英国的保险法首次规定了保险利益原则,并为其他国家所效仿,且确立为保险合同的一项基本原则。[1]

(二)保险利益原则的功能

保险制度因其"分散风险和补偿损失"的功能而具有积极意义,并得以存续和发展,任何人均不应通过保险而获得无损失的利益或者超过损失的利益。这正是保险的本义所在,因此,保险立法及各项原则的确立均应以此为宗旨。确立保险利益原则的价值亦在于此,归纳起来,有以下三个方面的功能:

1. 防止利用保险赌博

保险和赌博在目的、效果及社会评价(包括道德和法律等角度)方面均存有差异,但最根本的区别在于保险中有保险利益原则的存在。保险利益原则不许可随便以他人的财产或人身作为保险标的投保,便有效地防止了不受损失而获利,从而保证了保险的损失补偿职能,遏制了赌博。

2. 防止发生道德风险

道德风险是保险术语,是指投保方为获保险赔偿而故意促使保险事故发生或在保险事故发生时放任损失扩大。坚持保险利益原则,无损失则不赔偿,损失多少赔偿多少,有效地防止了为获得不当利益而发生道德危险。

3. 限制保险赔偿的额度

在保险实务中,保险赔偿的最高额以保险金额为限,而保险金额是以保险利益为基础的。这体现了保险的"补偿"性。[2]

---

〔1〕　参见郭宏彬:《保险利益原则之再界定》,载《中央政法管理干部学院学报》2001 年第 3 期。

〔2〕　参见郭宏彬:《保险利益原则之再界定》,载《中央政法管理干部学院学报》2001 年第 3 期。

二、保险利益的内涵

（一）保险利益的概念

根据《保险法》的规定，保险利益是指投保人或者被保险人对保险标的具有的法律上承认的利益。

投保人或者被保险人与保险标的之间存在法律上的利害关系为保险利益的识别要素。因此，对于人身保险，投保人对自己的寿命或者身体所具有的所属关系、与他人之间所具有的亲属关系或者信赖关系，可以成立保险利益；对于财产保险，被保险人对保险标的因保险事故的发生造成保险标的的受到损害的利害关系，或者因保险事故的不发生而免受损害的利害关系，均可成立保险利益。[1]正如有的学者描述的一样，保险利益是指投保人或者被保险人在保险标的上因具有各种利益关系而享有的经济利益。这种经济利益，被保险人因保险标的发生保险事故而遭受损失，因保险事故的不发生而继续享有。[2]

（二）保险利益与保险标的之区分

对于"保险利益"，也有学者称作"可保权益"、"保险权益"[3]或者"可保利益"，这无关紧要。但关于保险利益的内涵，在现实中存在着很多争议和误解，其中有一种倾向是将保险利益等同于保险标的，将保险利益视为保险合同的客体而成为保险合同不可或缺的要素，甚至还有学者认为保险利益具有区分险种的功能。这种对于保险利益的认识因与我国保险法的规定不契合，故而给我国保险立法、司法带来混乱。

保险标的是《保险法》上的特有概念，完全不同于保险利益。任何保险合同都不能没有保险标的，欠缺保险标的，保险合同不能成立；但保险合同的成立与生效，却可以没有保险利益。保险标的与保险利益在保险合同中的地位完全不同，这也是我国保险法赋予保险利益和保险标的不同内涵的原因，绝不能将二者混同。《保险法》明确区分保险利益和保险标的这两个术语，保险利益仅仅解决被保险人（投保人）与保险标的之间的关系问题，并由此影

---

〔1〕 参见邹海林：《保险法》，社会科学文献出版社2017年版，第146页。

〔2〕 参见孙积禄：《保险法论》，中国法制出版社1997年版，第65页。

〔3〕 参见汤俊湘：《保险学》，三民书局1984年版，第65页。其著者认为"保险利益"的译法易使人误以为保险有何利益，如译成"可保权益"或"保险权益"较为妥当。

响被保险人的权利或利益，但保险合同的权利义务关系并不指向保险利益，也即保险利益的有无，对于财产保险合同，不构成其成立和生效的条件；而对于人身保险合同，投保人对被保险人应当具有保险利益仅在合同订立时具有意义，合同成立后，保险利益的有无并不影响合同的效力和被保险人的权利。所以，保险利益不能也不可能构成保险合同的要素，故不能成为保险合同的客体。[1]

三、保险利益的认定

对于是否具有保险利益的认定，应区分财产保险和人身保险分别来考察。

（一）财产保险利益的认定

对于如何构成财产保险的保险利益，按照多数学者的观点，应从以下几个方面来认识：

1. 保险利益必须是合法的利益

不合法的利益不能作为保险利益为保险合同或保险法所保障。如对盗窃、抢劫之财物的占有利益，走私、贩毒的经济利益，劫匪对劫持的飞机或者人质的期待利益等，均不能构成保险利益。保险利益的合法性要求，是基于保险的社会公益性的需要，保险合同当事人不能以合同的约定来排除或限制保险利益原则的适用。没有保险利益，不论保险人是否引证，保险合同绝对不具有约束力，法院在审理保险合同纠纷案件时，可以当事人缺乏保险利益为由，判决保险合同无效。[2] 保险利益的合法性和公益性，实际上可以概括为保险利益的两个特征。狭义的合法性是指保险利益的构成不能违反法律的规定，公益性要求不能违反社会公共秩序和善良风俗，不能以当事人的合意来对抗法律对保险利益的要求，而广义的合法性则包含狭义的合法性和公益性。保险利益的公益性，体现了保险的本义，限制了保险人的赔偿及其程度。

2. 保险利益应为经济上的利益

所谓"经济上的利益"，是指可以体现为货币形式的利益或称为"金钱利益"，保险是以补偿损失为目的，以支付货币为补偿方式的制度，若损失不是经济上的利益，就不能用金钱来计算，则损失无法补偿。保险是一种补偿性

---

[1]　参见邹海林：《保险法》，社会科学文献出版社 2017 年版，第 148 页。
[2]　参见王卫耻：《实用保险法》，文笙书局 1981 年版，第 113 页。

的合同行为，其目的在于补偿被保险人的利益损失，如无经济上的利益的损失，则不存在补偿问题，因此保险利益必须和可以货币衡量的损害联系起来。

3. 保险利益是可以确定的利益

惟有保险利益这种经济利益是确定的利益，在实践上才具有可操作性，在保险标的发生损失时，保险人才可以据此进行补偿。所谓可以确定的利益，是指被保险人对保险标的的现有利益或者因现有利益而产生的将来预期利益可以确定。对于人身保险而言，可以确定的利益也可以分为法律规定和合同约定的利益。

对于上述之保险利益认定之要件，可能并不准确，尤其对"合法性"的解释，尚有可以讨论的空间。根据英国早期的保险判例，对于什么是保险利益的法理基础存在着不同的看法，归纳起来大致有三种理论：法定关系理论、实际利益理论和存在合法关系的实际利益理论。第三种理论也被称作"双重验证理论"，是前两种理论的折衷，似乎更为合理。该理论认为，保险利益应该是"法定关系"和"实际利益"的统一，两者缺一不可。如果一个人对保险标的具有严格的法定权利关系，而这种法定关系却永远不具有价值，那么，合理的结论就应该是不存在保险利益，因为缺乏实际利益。[1]另一方面，如果一个人虽有实际利益却缺乏法定权利，那么他也不具有保险利益。例如，某甲每天需经过武汉长江大桥上下班，如果大桥不能通行，甲会遭受损失，因为他需要乘船绕行，既费时间又增加费用。甲虽有"实际利益"，但对大桥却没有"法定关系"，因此他对大桥不具有保险利益。[2]可见，"合法性"不宜简单解读为不违法，而是存在法定关系或者具有法定权利。

总之，作为财产保险之保险利益的具体认定，核心在于被保险人对保险标的是否具有"法律上承认的利益"，可以解释为"法定权利或关系"和"经济利益"两个要素。其中，"法定权利或关系"主要包括：所有权、合法占有权、合同权利、法律责任、真实期待利益等。

（二）人身保险利益的认定

《保险法》第 31 条第 1 款、第 2 款规定，投保人对下列人员具有保险利

---

〔1〕 例如，某乙 90 岁对某甲的财产具有法定的继承权，如果甲无子嗣，乙既有法定关系又有实际利益；但是，如果甲有 10 个已经成年的儿女和 15 个孙子女，乙虽有严格的法定权利却永远无法实现其价值，乙不具有保险利益。

〔2〕 参见陈欣：《保险法》，北京大学出版社 2000 年版，第 35—37 页。

益：（1）本人；（2）配偶、子女、父母；（3）前项以外与投保人有抚养、赡养或者扶养关系的家庭其他成员、近亲属；（4）与投保人有劳动关系的劳动者。除前款规定外，被保险人同意投保人为其订立合同的，视为投保人对被保险人具有保险利益。

《保险法》对人身保险的保险利益采用列举的方式，规定了四种法定具有保险利益的情形。除此之外，以"被保险人同意"作为认定是否具有保险利益的一般规定，即遵循"同意原则"，只要被保险人同意投保人为其投保，则即认定投保人对被保险人具有保险利益。

国外立法或判例对于家庭关系、婚姻关系、血缘关系之外的具有一定经济利益关系的人之间是否具有保险利益往往也有比较明确的规定，例如，澳大利亚保险法规定，雇主与雇员相互之间具有保险利益，公司对其管理人员和雇员具有保险利益。有些商务关系也被认定为具有保险利益，例如债权人对于债务人的生命具有保险利益，合伙人对于其他合伙人的生命具有保险利益等。

笔者认为，因为《保险法》上对投保人、被保险人法律地位和权利义务的定位，投保人不具有保险金请求权，因此，也就不存在投保人以他人生命或身体投保而获利的可能；不要求投保人对被保险人具有保险利益，并不会导致道德风险。所以，从保险利益原则制度功能角度来判断，人身保险根本没有适用保险利益原则的必要。被保险人对于受益人指定和变更以及保险合同质押和转让的"同意权"，基本可以在主观方面控制住道德风险的发生。

四、违反保险利益原则的法律后果

《保险法》对于人身保险和财产保险之保险利益规定有不同的时间要求，对于没有保险利益的，也分别规定了不同的法律后果：

（一）人身保险

人身保险的投保人在保险合同订立时，对被保险人应当具有保险利益。订立合同时，投保人对被保险人不具有保险利益的，合同无效。

（二）财产保险

财产保险的被保险人在保险事故发生时，对保险标的应当具有保险利益。保险事故发生时，被保险人对保险标的不具有保险利益的，不得向保险人请求赔偿保险金。

第三节　损失补偿原则

一、损失补偿原则的意义

学界通常认为，损失补偿原则也称损失填补原则，是指当保险合同约定的保险事故发生并造成保险标的损失时，保险人在保险责任范围内就保险标的因保险风险造成的实际损失依约进行赔偿。[1]

笔者认为上述定义的表述没有突出该原则的实质内涵，损失补偿原则的实质在于"补偿"或"填补"，是限制保险赔偿金额的基本原则。因此，损失补偿原则，是指保险损失发生后，保险人的赔偿金额不能超过被保险人的实际损失。或者说，投保方不得通过保险获得超过其实际损失的利益。

将损失补偿原则作为保险合同的基本原则之一，具有如下意义：

其一，损失补偿原则符合保险本义，是保险基本功能的体现。保险机制的实质是风险损失的社会化分担，而非公共大赌场，因此，投保方通过保险机制只能获得对损失的填补而不能在损失之外获得利益，否则就使保险机制失去了正当性基础。这也正是保险分散风险、组织经济补偿之功能的体现。概言之，损失补偿原则使保险成为保险，而非赌博。

其二，损失补偿原则可以防止诱发道德风险。道德风险是保险的副产品，也是最大的敌人，保险法的基本使命就是防范道德风险。如果被保险人可以通过保险谋取利益，就极有可能诱发道德风险。损失补偿原则限制保险赔偿的金额，使被保险人不能通过保险谋取超过其实际损失的利益，从而能够消除被保险人逆向选择的动因，控制道德风险的发生。概言之，损失补偿原则使保险不走向其反面。

显然，损失补偿原则与保险利益原则在功能上有相通之处，都是强调不能通过保险谋取不当利益，以防范赌博和道德风险。在财产保险合同场合，保险利益原则强调的是"有损失，才有赔偿"，而损失补偿原则强调的是"损失多少，赔偿多少"，前者是定性要求，后者是定量要求。不难看出，在财产保险领域，损失补偿原则是可以吸收并替代保险利益原则的。而在人身保险

---

〔1〕 参见范健等：《保险法》，法律出版社 2017 年版，88-89 页；贾林青：《保险法》，中国人民大学出版社 2020 年版，第 87 页。

领域，只要坚持投保人没有保险金请求权，保险利益原则就是多余的。总之，结合本书前文所述，保险利益原则的功能在《保险法》中已被"被保险人的保险金请求权"无意中替代了，保险利益原则仅剩下画蛇添足的意义，徒增理论和实践困扰罢了。

二、损失补偿原则的适用

（一）损失补偿原则的适用范围

损失补偿原则是保险合同法上诸多制度的基石，保险法上许多规则和制度，如超额保险的赔偿规则、重复保险的赔偿规则、保险代位求偿权制度等，都是由它派生出来的。[1] 在理论上，损失补偿原则适用于以损失为基础的补偿性保险。

保险可分为补偿性保险和给付性保险，补偿性保险以财产保险为代表，给付性保险以人寿保险为代表。在人身保险中，定额给付性保险和投资性变额保险属于保险的变异，并不以损失为基础，因此，不能适用损失补偿原则。死亡保险、意外伤害保险和疾病保险，虽然作为给付条件的人之死亡、伤残和疾病也可以看作是一种损失，但由于该种损失难以做定量化衡量，所以也难以适用损失补偿原则。因此，在《保险法》中，损失补偿原则及其派生制度规定于第二章之第三节"财产保险合同"项下，只适用于财产保险合同而不适用于人身保险合同。

对此，也有学者持有不同意见，认为损失补偿原则不适用于人身保险或只能适用于部分人身保险的观点违背了一个基本事实——人身损失也是损失，且混淆了人的生命价值在道德层面与现实层面之不同语境下的不同含义。民商事损害赔偿范围由财产向人身的扩张趋势决定了损失补偿原则适用于人身保险的必然性。民商事损害赔偿的范围包括财产损失与人身损失两个方面，保险损失补偿作为民商事损害赔偿的一个分支或延伸，其补偿范围自然也应包括财产损失与人身损失两个方面。《民法典》关于人身损害赔偿的计算标准完全可以准用于人身保险合同中的人身损害赔偿。应该修改《保险法》，明确人身保险具有损失补偿性。[2]

---

[1] 参见樊启荣：《保险法诸问题与新展望》，北京大学出版社 2015 年版，第 144 页。

[2] 参见任自力：《保险损失补偿原则适用范围思考》，载《中国法学》2019 年第 5 期。

另外，在财产保险合同中，现代的责任保险并非对被保险人承担法律责任后的损失进行补偿，而是替代被保险人对第三人进行赔偿。笔者认为，责任保险是替代责任，不同于财产损失保险的补偿责任，不应适用损失补偿原则；责任保险是限额责任，也难以适用损失补偿原则。损失补偿原则下的各种具体规则应该也不适用于责任保险，例如，因为责任保险是限额责任，不存在超额和低额的情形，所以，超额保险赔付规则、低额保险赔付规则以及重复保险赔付规则，在责任保险中均无适用空间。因为责任保险标的是被保险人对第三人的法律责任，属于无形利益，因此，物上代位如委付制度也不能适用于责任保险。责任保险是否适用保险代位求偿制度？笔者认为，因为责任保险是替代被保险人赔偿第三人，并非赔偿被保险人后代位被保险人向第三人追偿，与保险代位求偿权的适用场景和功能都不尽相同，因此，也不能适用保险代位求偿制度。在被保险人与他人共同侵权承担连带责任的场景，保险人在向第三人全部赔偿后，可以向共同侵权的他人追偿应由他人负担的部分。这个追偿形式上有点像保险代位求偿权，但其实质应该是民法上的垫付后追偿，应当适用相应的民法追偿规则，而不应适用保险代位追偿制度。

另外，在责任保险承保的法律责任与第三人的法律责任竞合时，保险人替代被保险人赔偿受害人后，能否向第三人行使保险代位求偿权？例如，某旅行社投保旅行社责任险，游客在旅游中因第三方运输公司过错受到损害，保险公司替代旅行社赔偿游客后，可否行使保险代位求偿权向第三方运输公司追偿？如果可以追偿，这属于责任保险可以行使保险代位求偿权的实例吗？

（二）损失补偿的方式

损失补偿的方式主要有两种：一是金钱赔付，二是修复或者替换。其中，金钱赔付是损失补偿的主要方法，主要针对那些保险标的在保险事故中全部或者部分损毁或者灭失的情形。在发生保险损失后，保险人一般应按照合同约定向被保险人支付保险金，以填补被保险人的实际损失。而对于有些保险标的，诸如机动车、船舶、航空器等交通工具或者房屋等地上建筑物，行业习惯是修复或者替换，以恢复保险标的之原状及使用功能。例如，机动车损失保险，对于受损的机动车辆一般采用修理或者更换零件的方式赔偿，这种保险保障的是恢复车辆外观和性能等，而并不仅仅是购买受损零件的价值，还应包括维修工时费等相关服务费用，因此，车损险的保险费主要对应的是车辆修理费用，而不是车辆本身，或者说，车损险的保险费计算不是简单地依据车辆价值的比例或者零部件的价值，而是车辆的修理费用发生的相关数据。而房屋保险，也大多采用修复的方式，因为房屋价值中有相当部分是土地使用权，土地使用权在保险事故中是很难受损的。

（三）损失补偿数额的计算标准

因为损失补偿原则的精髓在于限制赔偿额度，也即投保方不得通过保险获得超过其实际损失的利益。因此，损失补偿数额的计算标准是落实损失补偿原则的关键所在。概言之，损失补偿数额受被保险人的实际损失和保险金额的限制。

首先，损失补偿金额不得超过被保险人的实际损失。一是强调"被保险人的"损失，这暗含保险利益原则的要求，也即如果保险标的受损，但被保险人没有利益损失，则被保险人不能主张保险赔偿，例如投保的机动车转让后发生损失，原合同中所列的被保险人并没有利益受损，也就不能再主张赔偿。二是强调"实际损失"，比较客观的标准应该是损失发生时保险标的之价值损失，以当时当地的市场价格衡量。按照实际损失赔付，也是实务中保险人在保险事故发生后才对保险标的评估核损的原因所在。

需要说明，定值保险算是例外，因为定值保险往往用于海上运输中的货物以及一些价值不易确定的艺术品等财产，按照保险事故发生的当时当地的市场价评估其"实际损失"比较困难，也易生争议，因此在投保时即评估或协商确定其价值，以此作为保险事故发生后确定"实际损失"的基础。

其次，损失补偿金额以保险合同约定的保险金额为限。《保险法》第18条第4款规定，保险金额是指保险人承担赔偿或者给付保险金责任的最高限额。[1]保险金额也是保险费计算的基础，保险费金额通常以保险金额乘以保险费率得出。投保方以缴纳保险费为对价，换得保险人承担其特定风险。为了限制保险人所承担的风险额度，也兼顾与其所收取的保险费的对价平衡，所以，以保险金额作为保险人承担赔偿责任的上限。

质言之，投保方购买保险的"保障数量"，就是保险金额所限定的额度，在该额度内的保险损失，保险人承担赔偿责任；而超过该额度的损失，不在保险人承担损失的范围之内，保险人不用承担赔偿责任。

---

〔1〕保险实务中，有些综合性人身保险合同将"保险金额"作为保险给付的一种基数标准对待，例如约定因疾病死亡给付3倍保险金额，因意外伤害死亡给付5倍保险金额等，无疑已经突破了保险金额作为给付最高限额之法定含义的上限。

第四节　近因原则

一、近因原则的意义

所谓近因，一般是指造成保险标的损失的最直接、最有效的原因。其中的"近"，并非指在时间或空间上的接近，而是在风险与损失之间因果关系上的接近。

近因原则，也称作近因规则，是判断保险人是否承担保险责任的规则。也即只有造成保险标的损失的"近因"属于保险合同约定承保的保险风险或者保险事故，保险人才承担保险责任。例如，保险合同约定承担房屋单一火灾损失，则水灾造成该房屋的损失，保险人不应予以赔偿，因为造成保险标的房屋发生损失的"近因"水灾，并非该保险合同承保的风险。这看起来很简单，但现实生活往往复杂精彩，如果水灾又导致了房屋起火，那么，损失到底由哪个原因导致？近因原则便显得重要起来。

近因原则源自英美保险法的理论与实务，近因原则所要解决的基本问题，是保险人对被保险人承担保险责任的正当性问题，即保险事故的发生与保险标的之损失之间存在因果关系。[1]虽然，在严格意义上，近因理论只是因果关系各种理论中的一种，[2]但我们习惯将"近因原则"指代保险法上的因果关系。应该说，任何保险产品，均不承保所有的风险损失，总会规定有"除外责任"，即使称作"一切险"的保险，也只是承保除了"除外责任"以外的所有风险造成的损失。因此，保险合同约定的承保风险或者承保事故，是精算保险费率的基础条件，没有约定于保险合同中的风险损失，就不是保险人应当承担的保险责任。因此，近因原则也是限制保险赔偿的原则，与保险利益原则、损失补偿原则相关联。近因原则是从保险人的视角或者保险合同解释的视角，解决"要不要赔偿"的问题，而保险利益原则是从被保险人的视角解决"要不要赔偿"的问题，损失补偿原则也是从被保险人的视角解决

---

〔1〕　参见邹海林：《保险法》，社会科学文献出版社 2017 年版，第 198 页。
〔2〕　近因或相当因果关系理论是国外侵权法中因果关系的两大代表性理论，当前在我国保险司法实践中也有深远的影响。参见初北平：《我国保险法因果关系判断路径与规则》，载《中国法学》2020 年第 5 期。

"要赔偿多少"的问题。因果关系理论发展中出现的"比例因果关系"理论,似乎可以补缺保险人视角下"要赔偿多少"的问题。

在我国保险法中,没有使用"近因"或"近因原则"的术语,但并不意味着我国保险法中没有因果关系的理论和原则,我们习惯用"直接原因"、"有效原因"或者"实质作用原因"来表述,其对应的就是因果关系原则。有学者认为,我国现有保险法因果关系理论应属大陆法与普通法的融合,并且又与侵权法的因果关系相互借鉴,其法律技术背后的价值理念以及法学方法论中所需求的概念表达的一致性都表现出模糊性和复杂性。从我国法院保险案例判决文书的统计来看,涉及因果关系和不指明因果关系理论的阐述大致分为近因、相当因果关系、比例因果关系和不指明因果关系理论四种情形。保险实务界和司法界共同期待归纳出一套便于理解和操作的因果关系范式判断规则,使业界从相继型因果关系、独立作用型因果关系和协同作用型因果关系的复杂类型化区分中解脱出来。[1]因此,单一原因造成损失和多种原因同时发生或者连续发生造成损失的情形下,近因原则如何适用是需要进一步讨论的问题。

二、近因原则的适用

(一) 单一原因造成损失

若保险标的损失系由单一原因导致,则该原因即为近因。若此原因属于保险合同约定的保险人应承担保险责任的风险,则保险人对此损失应予以赔付。否则,保险人对此原因导致的保险标的损失不承担保险责任,不予赔付。例如,若合同约定的风险为水渍险,但保险标的损失系因淡水雨淋而导致,则对此损失保险公司不予赔付。

(二) 多种原因造成损失

1. 若多种原因同时发生,即众原因同时导致损害结果,无时间先后之分或无法辨明各原因发生的时间顺序,此种情况下,若众原因均对损害结果的发生有直接和实质的影响,则众原因均属于近因。对于保险人承担保险责任的具体情形,应结合具体情况分别讨论:

(1) 若同时导致损害结果的众原因均属于保险合同约定的风险范围,则

---

〔1〕　参见初北平:《我国保险法因果关系判断路径与规则》,载《中国法学》2020年第5期。

保险人应对全部损害结果承担保险责任，均予赔付。

（2）若众原因中仅有部分属于保险合同约定的风险范围，另有部分原因不属于，则保险人只需承担属于保险风险的原因所致损失范围内的保险责任。若无法明确划分各原因所致损失范围，则由保险合同双方当事人协商确定。

（3）若众原因均不属于保险合同约定的风险范围，则保险人无须承担保险责任。

2. 若多种原因连续发生，即众原因依次发生，且彼此之间因果关系并未中断，此种情况下，最先发生的原因为近因。对于保险人承担保险责任的具体情形，应结合具体情况分别讨论：

（1）若连续发生的众原因均属于保险合同约定的风险范围，则保险人应对全部损害结果承担保险责任，均予赔付。

（2）若连续发生的众原因中，部分属于保险合同约定的风险范围，另有部分原因不属于，则应再度分情况处理：若前因系保险风险，后因非保险风险，且前后因之间具有因果关系，后因系前因的必然结果，则保险人应对全部损害结果承担保险责任，均予赔付。若前因非保险风险，后因系保险风险，且前后因之间具有因果关系，后因系前因的必然结果，则保险人无须承担保险责任。

（3）若众原因均不属于保险合同约定的风险范围，则保险人无须承担保险责任。

3. 若多种原因间断发生，即众原因虽在时间上存在先后顺序，但存在某一介入因素，使众原因之间的因果关系链条断裂，并最终导致损害结果，此种情况下，该介入因素为近因。若此原因属于保险合同约定的保险人应承担保险责任的风险，则保险人对此损失应予以赔付。否则，保险人对此原因导致的保险标的损失不承担保险责任，不予赔付。

虽然英美法系国家的保险法都将近因原则作为保险法的基本原则确立下来，但对于近因原则的解释及其适用却存在着相当大的分歧。正如美国学者普鲁塞（Prosser）所言，近因仍然是一团乱麻和一堆荆棘，是一个令人眼花缭乱、扑朔迷离的领域。[1]近因原则的适用在实务上颇难把握，举例分析如下：

---

[1] 参见孙宏涛：《保险法原论》，北京大学出版社 2021 年版，第 37 页。

案例：某年寒冬，甲公司购买乙公司一批柑橘，共计 5000 筐，价值 10 万元。由铁路运输至哈尔滨市，共装两节车厢。托运人通过铁路承运部门投保了货物运输综合险。结果，货物到达目的地以后，收货人发现：一节车厢门被撬开，保温棉被掀开 2 米，货物丢失 200 筐，冻坏变质 400 筐。直接损失 12 000 元。当时气温为零下 20 度。乙公司向保险公司索赔，保险公司同意赔偿丢失的货物 200 筐，拒绝赔偿被冻坏的 400 筐。认为造成该 400 筐损失的原因是天气寒冷，不在货物运输综合险的保险责任范围内。法院认为：造成保险标的被冻坏的直接、有效的原因是盗窃，而不是天气寒冷，判决保险公司赔偿 600 筐的全部损失。

案例：夏某为丈夫汪某投保一年期意外伤害险，保险金额为 30 万元，受益人为夏某。某日，汪某在散步时突然跌倒，送医院抢救无效死亡。医院诊断为"脑溢血死亡"。事后，夏某向保险公司提出给付 30 万元保险金的请求，理由是汪某意外跌倒，导致脑溢血死亡。保险公司抗辩：汪某一直患严重的高血压，被保险人是由于高血压引起突发脑溢血死亡，不属于意外伤害保险的承保范围，保险公司不应承担给付保险金的责任。夏某诉至法院，本案争议的焦点：被保险人是意外跌倒引起脑溢血死亡，还是脑溢血引起死亡？即被保险人死亡的近因为何？法院最后认为，原告不能提供任何证明被保险人发生了意外伤害的证据，故驳回原告的诉讼请求。

三、"比例因果关系"理论

为了更加合理地解决各种不同原因力在保险事故中发挥作用的判定标准，比例因果关系理论应运而生。一般来讲，对于保险合同纠纷，从合同法角度法官只会判定保险公司应否赔偿，而不会判定合同履行的比例。但保险赔偿确实有些承担比例责任更为合理的情形，诸如海上运输货物保险，出现多因一果的情形，一部分原因属于保险责任，一部分原因不属于保险责任，我们会在整个损失中区分哪些是属于保险责任造成的而只对这部分损失予以赔偿。这个道理应该同样也可适用于不大可分的保险标的受损的场合。

日本的做法或许可以给我们一些启示。日本不采用英美法系的近因原则，而是以"传统的因果关系理论"和"比例因果关系理论"为主要的理论。传统的因果关系理论主张对因果关系进行判定，只有两种可能，就是"有"因果关系，还是"没有"因果关系。而比例因果关系理论则主张对因果关系不能采用"有"还是"没有"的做法，而是根据事实关系判断在具体的事件中，因果关系占有多大的比例，从而根据比例来定性。[1]

选择一个案例来说明因果关系理论在日本的司法适用情况：A 在交通事故中身受重伤，引起急性肾功能衰竭，大腿肌肉坏死。大腿肌肉坏死引起感染无法控制，被迫截肢保命。由于事故前，A 患有严重的肝功能不全的疾病，因此，遇车祸后，原病各项指标急速上升。一年后，A 原病并发而亡。A 的家属 X 向事故责任者 Y1 的保险公司 Y2 主张赔偿请求，Y2 以 A 死于肝病，与交通事故无直接因果关系为由拒赔。X 起诉，裁判所运用"比例因果关系理论"，对 X 的大部分请求（80%）予以认可。[2]

我国《保险法司法解释（三）》尝试在人身保险合同关系中引入了比例因果关系理论，其第 25 条规定："被保险人的损失系由承保事故或者非承保事故、免责事由造成难以确定，当事人请求保险人给付保险金的，人民法院可以按照相应比例予以支持。"对该条文进行文义解释时，基于对适用条件之"难以确定"的不同理解，可能会产生一个疑问："相应比例"指的是证据证明力的比例还是原因参与度的比例？

比例因果关系主要被用于意外险，主要考量自身疾病或既往伤情对意外伤残或者死亡的"参与度"。司法实践中的比例因果关系和比例责任的适用条件是因果关系难以区分，损失由承保事故与非承保因素或免责事由共同导致。多数案件需依赖医学或技术鉴定确定"参与度"，通常由保险公司证明非承保因素的存在及影响程度，或由人民法院委托第三方司法鉴定机构进行鉴定，出具《损伤参与度鉴定意见书》。

关于引入"比例因果关系"的利弊，有学者不无担心地认为，"比例因果关系"规则的适用从效果上看，是对"全有或全无"的赔偿认定模式两难境地的折中，对于法院而言往往不失为化解社会矛盾一个相对软化的方案。但其也有不足：第一，在我国当前的司法裁判或仲裁中，法官或仲裁员可能过度地依赖司法鉴定报告或者评估报告，以确保其判决或裁决中事实认定的准确率。这其实并不符合法律因果关系与科学和哲学因果关系相区分的前提。

---

〔1〕 参见沙银华：《日本经典保险判例评释》，法律出版社 2002 年版，第 101 页。
〔2〕 参见沙银华：《日本经典保险判例评释》，法律出版社 2002 年版，第 111—114 页。

第二，法官不依赖鉴定报告就确定原因比例，也让案件面临更大的不确定性。第三，由于每一项对于事故结果有影响的原因都将被计算在内并影响保险人的赔付比例，这使得任何复杂一些的保险事故针对原因的评估或鉴定都应穷尽所有的原因才算精确，这再次证明，"比例因果关系"很可能带来更多的是"不确定性"，而非"确定性"。就个案而言，比例因果关系似乎更加精确，对双方当事人似乎都容易接受，但其对未来社会保险理赔中的诚实互信造成潜在的破坏，以及对鉴定评估机构的过度依赖，都显示对其引入保持审慎态度的必要性。[1]

---

〔1〕　参见初北平：《我国保险法因果关系判断路径与规则》，载《中国法学》2020 年第 5 期。

第四章

保险合同的订立与效力

第一节　保险合同的形式与内容

一、保险合同的法定形式

（一）口头合同与书面合同

合同的形式有口头合同和书面合同之分。现代法以承认口头合同的效力为原则，以要求必须采用书面形式为例外。一般而言，合同的法定形式与其性质密切相关，履行期限特别长、技术性特别强或者特别重要的合同往往需要采用书面形式订立。保险合同的保障性、射幸性、附和性等性质无疑说明保险合同是一种重要的合同。例如英国 1906 年《海上保险法》规定，口头保险合同不能作为诉讼证据。美国纽约州和加利福尼亚州的保险法规定，按照合同条款规定承诺人生存期间不能履行的合同必须采用书面形式。在死亡保险中，保险人在被保险人死亡之后才履行给付保险金的义务，这类人寿保险合同就必须采用书面形式。[1]笔者认为，一般性合同可以承认口头合同的效力，而"重要"的合同宜采用书面形式订立。在保险合同中，长期的人寿保险合同以及双方协商、不采用格式条款而订立的保险合同应当定位为要式合同，以明确双方的权利义务，避免扯不清的纠纷。

（二）口头保险合同的证明

《保险法》第 13 条第 1 款明确规定："投保人提出保险要求，经保险人同意承保，保险合同成立。保险人应当及时向投保人签发保险单或者其他保险凭证。"由此可见，《保险法》规定保险合同为不要式合同，承认口头保险合同的效力。也就是说，在保险人签发保险单或者其他保险凭证等书面保险合

---

〔1〕　参见陈欣：《保险法》，北京大学出版社 2000 年版，第 17 页。

同之前，存在口头保险合同。存在口头保险合同的认定标准应当是能够证明双方已就合同的必备条款达成了协议，而不是双方仅仅具有签订合同的意向。因此，证明口头保险合同成立，往往需要证明双方已经就保险公司拟订好的某款特定的保险商品做出了要约和承诺的意思表示，而该款保险商品的内容就是合同的具体内容，是明确的。有时保险公司或其代理人收取保险费的行为，也可以推定保险公司具有同意承保的意思。

当口头保险合同与之后出具的保险单或者其他保险凭证等书面保险合同内容不一致时，应该如何确定其效力？参照英美合同法中的"口头证据原则"，在一般情况下，双方一旦达成了书面保险合同，在此之前的一切口头合同或口头承诺均告失效，不能再作为诉讼的依据，除非以口头合同或口头承诺抗辩的一方能够证明对方违反口头合同或口头承诺是出于欺诈。[1]但如此，显然对投保方不利。投保方应当及时研读正式保险单，必要时可以行使法定合同解除权进行救济。

二、保险单证

因保险业发展的需要与国家干预，保险合同呈现标准化态势。保险单证，是保险合同的书面凭证，或与保险合同订立、变更有关的书面凭证。保险单证主要包括：

（一）投保单

投保单是投保人用以向保险人表达要约的书面申请。同时，投保单也是投保人了解保险合同主要内容的资料。某些附带有询问表的投保单，填写投保单中的询问表，是投保人履行如实告知义务的主要方式。

（二）保险单

保险单是保险人向投保人签发的记载保险合同内容的正式书面凭证，是合同双方履约的依据。在某些场合，保险单也称保险证券，是投保方的权利凭证。

（三）保险凭证

保险凭证，又称小保单，是保险人向投保方签发的证明保险合同成立或者保险单已经签发的凭证。保险凭证是简化保单，与保险单具有相同的法律

---

〔1〕　参见陈欣：《保险法》，北京大学出版社 2000 年版，第 18 页。

效力，通常用于团体险和机动车责任险等场合，便于投保方携带。

（四）暂保单

暂保单又称临时保单，是在正式保险单签发之前短期使用的保险合同，通常适用于财产保险，人寿保险也有使用。其保障内容与正式保险单可以相同也可以不同，特点在于有效期短。例如，美国惯用临时保险合同（印于寿险首期保费收据背面）为人寿保险合同审核期内的预期被保险人提供临时的意外伤害保险，以解决收取首期保险费至正式承保前"保险空白期"的保障问题。

（五）预约保险合同

预约保险合同，类似于保险合同的"批处理"，通常适用于货运保险和再保险。

（六）批单

批单实为变更保险合同的凭证，其效力优于保险单。后发的批单效力优于先发的批单。

（七）其他书面协议形式

除上述保险单证之外，保险合同双方可以通过协商专门订立保险合同，而不采用保险人提供的格式条款。现今网上电子签名保险单和卡式网上激活保险单等电子保险单，也可视为保险合同的"其他书面形式"。

三、保险合同的内容

（一）保险合同的基本条款

《保险法》第 18 条第 1 款规定，保险合同应当包括下列事项：

（1）保险人的名称和住所；

（2）投保人、被保险人的姓名或者名称、住所，以及人身保险的受益人的姓名或者名称、住所；

（3）保险标的；

（4）保险责任和责任免除；

（5）保险期间和保险责任开始时间；

（6）保险金额；

（7）保险费以及支付办法；

（8）保险金赔偿或者给付办法；

（9）违约责任和争议处理；

（10）订立合同的年、月、日。

除此之外，投保人和保险人可以在保险合同中约定与保险有关的其他事项。

（二）保险合同的特约条款

保险合同的特约条款一般包括附加条款、保证条款、协会条款等。

附加条款通常是对基本条款的补充或者变更，用以扩大或者限制基本条款中所规定的权利和义务。附加险一般被认为是基本险的附加条款。

保证条款是保险合同中投保方承诺某种事实状态存不存在或者做或不做某种行为的条款。保证条款被认为是保险合同存在的重要基础，被要求严格遵守。一旦投保方违反承诺，则会影响合同的效力。

协会条款，一般特指由伦敦保险人协会拟订的有关船舶和货运保险条款的总称，常被国际市场上海上保险者选用，其优点是内容成熟通用，不易产生歧义。

第二节　保险合同的效力

一、保险合同的成立和生效

（一）保险合同的成立

保险合同的订立，是指投保人与保险人就双方权利义务关系意思表示一致的法律行为。保险人向投保人宣传、推销保险的行为，属于要约邀请。保险人填写投保单并将其交给保险人或者其代理人的行为，即为要约。保险人向投保人表示接受要约的意思表示行为，即为承诺。通常情形，经投保人要约，保险人承诺，保险合同成立。

保险合同是诺成合同，非为实践合同，不以投保人交纳保险费为合同成立要件，交纳保险费是投保人最为主要的合同义务。

保险合同是不要式合同，不以保险人签发保险单为成立要件，保险单是记载合同内容的载体，是证明保险合同存在的书面文件。例如，甲购买一辆轿车并向某保险公司营业部投保，营业部收取了保险费，开具了保费收据和保险单，保险单记载保险期间自次日零时开始。但因故未在保险单上加盖

"保险单专用章"。结果次日下午，甲的车出险全损，报案索赔。保险公司以尚未签发保险单，保险合同没有成立为由拒赔。法院认为，签发保险单并非保险合同成立的要件，保险公司营业部收取保险费及开具保险单的行为可以推定保险公司已经承保，未盖"保险单专用章"的保险单上记载的内容即为合同内容，保险期间已经从出险当日的零时开始，保险公司应当承担保险责任。

（二）保险合同的生效

保险合同的生效，是指已经成立的保险合同对合同当事人或者关系人产生法律约束力的状态。依据合同法的原理，一般情况下，合同成立即生效。如果合同约定了生效条件或者生效期限，则以生效条件成就或者生效期限到达时合同生效。

需要注意的是，保险合同生效与保险责任起始时间不一定一致，这也是保险合同的特殊之处。一般合同有两个时点，即成立时间和生效时间。而保险合同有三个时点，即成立时间、生效时间和保险责任起始时间。

保险合同的生效时间是指保险合同的法律拘束力产生的时间。而保险责任的起始时间是指保险人开始承担保险责任的时间。保险责任期间与保险合同效力期间往往不同，例如简易人寿保险或健康保险，通常在合同中规定一个观察期条款，保险合同生效后，需等观察期到期后，保险人才开始承担保险责任；对于观察期内出现的保险事故，保险人不需承担保险责任。保险责任期间与保险合同存续期间也可以不同，例如早期的海上保险，承认追溯保险的效力，保险责任起始时间通常可以追溯到合同订立之前的某个时点。而现今的某些"事故发生型"责任保险，因为第三人索赔迟延，会出现"大尾巴责任"的现象，保险合同已经期限届满终止了，但保险人仍需对保险期间内发生的事故承担保险责任。

二、"承诺前事故"的责任承担

所谓"承诺前事故"，是日本保险理论和司法实践中对于人身保险合同已经收取了"充当首期保险费的金额"，但还未正式承保之前发生的保险事故的称谓。日本大量的判例认为，只要在投保人缴纳了充当首期保险费的金额之后，不论保险人是否承诺（承保），均视为保险合同成立，保险责任已经开始。在日本的保险法理论上，将这种现象称为"保险责任的追溯效果"。[1]
日本 2008 年《保险法》在损害保险、生命保险和伤害疾病定额保险中均规定
了溯及保险，可以约定对承诺前事故进行赔偿或者给付。[2]

　　那么，人身保险"承诺前事故"是否应该赔付？下面是我国发生的一个
比较有影响的案例，即孙笑诉信诚人寿保险公司案。[3]2001 年 10 月 5 日，谢
某向信诚人寿保险公司申请投保人寿险 100 万元，附加长期意外伤害保险 200
万元，填写了投保书。10 月 6 日信诚人寿向谢某提交了盖有其总经理印章的
《信诚运筹建议书》，谢某按信诚的要求及该建议书的规定，缴纳了首期保险
费共计 11 944 元。信诚人寿审核谢某的投保资料时发现，谢某投保高达 300
万的保险金额，却没有提供相应的财务状况证明。10 月 10 日信诚人寿向谢某
发出照会通知书，要求谢某 10 天内补充提供有关财务状况的证明，并按核保
程序要求进行身体检查，否则视为取消投保申请，将向其退回预交保费。10
月 17 日，谢某到信诚人寿公司进行了身体检查，但仍未提交财务状况证明。
10 月 18 日凌晨谢某在其女友家中被其女友前男友刺杀致死。10 月 18 日上午
8 时，信诚人寿接到医院的体检结果，因谢某身体问题，需增加一点保险费，
才能承保。信诚人寿再次发出书面照会，通知谢某需增加保费，提交财务证
明，才能承保，请谢某决定是否接受以新的保费条件投保。谢某家人称谢某
已经出国，无法联络。

---

　　[1]　参见沙银华：《日本经典保险判例评释》，法律出版社 2002 年版，第 13-14 页。
　　[2]　日本 2008 年《保险法》第 5 条规定："约定填补由损害保险契约缔结前发生的保险事故
（损害保险契约所约定的使该损害保险契约所填补的损害发生的偶然事故。以下本章中相同）所造成
的损害的，在投保人对该损害保险契约提出要约或承诺时，投保人或被保险人知道保险事故已经发生
的，该约定无效。约定填补由损害保险契约要约前发生的保险事故所造成的损害的，在保险人或投保
人对该损害保险契约提出要约时，保险人知道保险事故没有发生的，该约定无效。"第 39 条规定：
"约定就死亡保险契约缔结前发生的保险事故支付保险给付的，在投保人就该死亡保险契约表示要约
或承诺时，该投保人或保险金受领人知道保险事故已经发生的，该约定无效。约定就死亡保险契约缔
结前发生的保险事故支付保险给付的，在保险人或投保人就该死亡保险契约表示要约时，该保险人知
道保险事故未发生的，该约定无效。"第 68 条规定："约定基于伤害疾病定额保险契约缔结前发生的
给付事由而支付保险给付的，在投保人就该伤害疾病定额保险契约表示要约或承诺时，若该投保人、
被保险人或保险金受领人知道给付事由已发生的，该约定无效。约定基于伤害疾病定额保险契约投保
前发生的给付事由而支付保险给付的，在保险人或投保人就该伤害疾病定额保险契约表示要约时，该
保险人知道给付事由并未发生的，该约定无效。"参见岳卫：《日本保险契约复数请求权调整理论研
究：判例·学说·借鉴》，法律出版社 2009 年版，第 213 页、第 224 页、第 233 页。
　　[3]　本案参见国家法官学院、中国人民大学法学院编：《中国审判案例要览》（2005 年商事审判
案例卷），人民法院出版社、中国人民大学出版社 2006 年版，第 351-360 页。

2001 年 11 月 13 日谢某的母亲孙笑向信诚人寿方面告知保险事故并提出索赔申请。2002 年 1 月 14 日信诚人寿保险公司经调查后在理赔答复中称，根据主合同第 22 条的规定（主要内容为：投保人在保险公司签发保险单前先缴付相当于第一期保险费，且投保人及被保险人已签署投保书，履行如实告知义务并符合本公司承保要求时，若被保险人因意外伤害事故死亡，保险公司将负保险责任），同意通融赔付主合同的保险金 100 万元；同时根据"附加长期意外伤害保险"条款第 5 条的规定（主要内容为：保险公司对本附加合同应付的保险责任，自投保人缴付首期保险费且保险公司同意承保后开始），认为被保险人死亡时，保险公司尚未出具保险单，保险合同没有成立，故拒付附加险赔偿金 200 万元。

2002 年 1 月 15 日孙笑拿到信诚人寿声称按"通融赔付"支付的 100 万元。2002 年 7 月 16 日孙笑将信诚人寿诉至广州市天河区法院，请求判决信诚人寿支付"信诚附加长期意外伤害保险"保险金 200 万元，以及延迟理赔上述金额所致的利息。2003 年 5 月 20 日，广州市天河区法院作出一审判决：交付了首期保费的投保人谢某，在核保程序未完成的情况下被害，法院判决保险人信诚人寿应该在按主合同赔付 100 万元之后再追加赔付附加合同的 200 万元。保险公司不服上诉。

该案诉讼持续数年，不同观点争论激烈，引起广泛关注。按照合同法原理，保险公司没有承诺，合同尚未成立，更未生效，保险公司当然不需要按照合同约定承担保险责任。但从投保方角度来看，缴纳保险费是合同主要义务，投保人已经缴纳了首期保险费，相当于履行了该合同主要义务，且保险公司已经接受履行，说明该合同已经成立生效并履行，保险公司应当承担责任。如果按照预收款性质来解释首期保险费，说这是保险行业之国际惯例，那么，为什么不能按照国际惯例对"承诺前事故"进行赔偿呢？即便存在被保险人体检不符合承保条件，保险人不予承保而退回预收保险费的可能，但对于退回预收保险费之前的占用款孳息，保险人也不应无偿占有。所以，让保险人承担责任，也有一定的合理性。

2013 年我国《保险法司法解释（二）》颁行，很有可能受上述案件的影响，其第 4 条规定："保险人接受了投保人提交的投保单并收取了保险费，尚未作出是否承保的意思表示，发生保险事故，被保险人或者受益人请求保险人按照保险合同承担赔偿或者给付保险金责任，符合承保条件的，人民法院应予支持；不符合承保条件的，保险人不承担保险责任，但应当退还已经收取的保险费。保险人主张不符合承保条件的，应承担举证责任。"说明我国在司法层面已经认可保险公司对"承诺前事故"附条件地承担保险责任。

三、保险合同的无效

一般而言，一个有效的保险合同应当符合这样的条件：主体合格、内容合法、意思真实。相反，主体不合格的合同通常效力待定或者无效，内容不合法的合同无效，而意思不真实的合同为可撤销合同。但保险合同的效力判断有所不同，通常优先适用保险法中的相关规定，保险法没有规定的，可以适用民法中的规定。《保险法》中没有关于撤销权的规定，对于欺诈等意思表示不真实的情况，均以解除权处理，在没有解除权规定的或者解除权受限的情况下，能否援引民法中的撤销权，学界存在争议。

所谓无效保险合同，是指不符合法律规定，不具有法律约束力，双方权利和义务不受法律保护的合同。合同无效可分为全部无效和部分无效，保险合同条款一般不存在效力问题，即使法律规定为无效的情形，通常也仅是部分无效，不涉及合同整体的效力。

（一）主体不合格的情形

保险人方面主体不合格的情形主要包括：保险人没有经营保险业务资格或者超范围经营，或者代理人没有代理权或者超越代理权而订立合同的情形。保险人不具备依法设立的合法资格，因为违反行业特许强制性规定，签订的合同应认定为无效。超越经营范围而订立保险合同，如果投保人是善意的，应当认定为合同有效。保险代理人无权代理或越权代理而订立的合同，依据民事代理原理和规则处理。

投保人方面主体不合格的情形主要包括：投保人无完全行为能力以及人身保险的投保人对被保险人无保险利益两种情况，前者适用民法规定，后者《保险法》明确规定合同无效。

（二）内容不合法的情形

保险合同内容不合法主要包括以下情形：

1. 保险标的违法，例如以走私的货物、毒品、军火等为保险标的投保，保险合同无效。

2. 重复保险或超额保险中的超额部分，《保险法》不区分善意或恶意，一概规定为"无效"，以坚持损失补偿原则，防范道德风险。

3. 死亡保险容易引发道德风险的情形。

《保险法》第33条规定："投保人不得为无民事行为能力人投保以死亡为给付保险金条件的人身保险，保险人也不得承保。父母为其未成年子女投保的人身保险，不受前款规定限制。但是，因被保险人死亡给付的保险金总和不得超过国务院保险监督管理机构规定的限额。"

《保险法》第34条规定："以死亡为给付保险金条件的合同，未经被保险人同意并认可保险金额的，合同无效。按照以死亡为给付保险金条件的合同所签发的保险单，未经被保险人书面同意，不得转让或者质押。父母为其未成年子女投保的人身保险，不受本条第一款规定限制。"

（三）意思不真实的情形

保险人提供的格式条款显失公平的，该条款无效。《保险法》第19条规定，采用保险人提供的格式条款订立的保险合同中的下列条款无效：（1）免除保险人依法应承担的义务或者加重投保人、被保险人责任的；（2）排除投保人、被保险人或者受益人依法享有的权利的。该条与《民法典》第497条[1]相关，其立法意图主要是对显失公平的格式条款进行矫正。一般而言，如果保险人利用其优势地位在格式条款中规定使双方权利义务显失公平的内容，则可以适用《保险法》第19条认定该条款无效。但需注意，《保险法》第19条主要起宣示作用，在司法实践中须谨慎适用，非显失公平的情形通常不适用该法条。

四、死亡保险与道德风险

一般认为，死亡保险容易诱发道德风险，因此，《保险法》第34条规定，以死亡为给付保险金条件的合同，未经被保险人同意并认可保险金额的，合同无效。与人身保险合同要求投保人对被保险人具有保险利益一样，投保人并不享有保险金请求权，如何会诱发道德风险呢？其实，受益人享有保险金请求权，其有道德风险的动机，但《保险法》却没有任何关于受益人资格或限制的规定。

---

〔1〕《民法典》第497条规定："有下列情形之一的，该格式条款无效：（一）具有本法第一编第六章第三节和本法第五百零六条规定的无效情形；（二）提供格式条款一方不合理地免除或者减轻其责任、加重对方责任、限制对方主要权利；（三）提供格式条款一方排除对方主要权利。"

在道德风险行为后果方面，《保险法》第 43 条规定："投保人故意造成被保险人死亡、伤残或者疾病的，保险人不承担给付保险金的责任。投保人已交足二年以上保险费的，保险人应当按照合同约定向其他权利人退还保险单的现金价值。受益人故意造成被保险人死亡、伤残、疾病的，或者故意杀害被保险人未遂的，该受益人丧失受益权。"从该条规定来看，投保人故意造成保险事故的，保险人可因此不承担保险责任；而受益人故意造成保险事故的，仅该受益人丧失受益权，保险合同并不能因此无效，保险人也不能因此不承担保险责任。该规定在投保人和受益人道德风险行为的法律后果方面的上述差异，其内在法理逻辑难以理解。

以泰国杀妻骗保案为例，在案发前数月内，丈夫曾以自己和妻子的名义，为妻子在 10 余家不同的保险公司购买大额保单，首期缴纳保险费共 20 多万元，总保险金额 2600 多万元，受益人均指定为丈夫。丈夫归案后，承认有些保险是伪造妻子签名买的，但他表示，妻子对此事知情，并称买保险是为了孩子，系投资理财，并否认"杀妻为骗保"的指控。问题：（1）死亡保险合同未经被保险人同意是否有效？（2）丈夫既是投保人，又是受益人，其杀害了被保险人，保险人拒赔合理吗？（3）如果被保险人的近亲属主张保险公司赔偿，其请求权基础是什么？（4）本案中，真正促使丈夫杀妻的动因是什么？

笔者认为，因为被保险人享有保险金请求权，所以，《保险法》规定在订立人身保险合同时，投保人必须对被保险人具有保险利益；以及要求死亡保险须经被保险人同意并认可保险金额等规定，在控制道德风险的逻辑上均不能成立。而对于保险金事实上的或者潜在的受益人，例如法定继承人、继承人的监护人、保险受益人等，他们的道德风险又难以真正识别和控制。因此，立法应当从根源上控制产生道德风险的动机，即限制死亡保险的保险金额，质言之，不允许订立高额死亡保险，就不会发生道德风险问题。我们应当认识到，高额死亡保险的社会基础已经发生变化，现在社会基本上已经没有单靠一个人养全家人的情形，任何人死亡都不会导致其全家人无法生存的后果，况且国家已经建立健全社会保障制度，高额死亡保险可能在诱发道德风险方面更有"价值"。

第三节 保险合同格式条款的效力规制

一、关于保险合同格式条款效力的规定

保险合同的效力问题，因为涉及金融行业产品的广泛影响，对其评判和认定需要考量的因素比较复杂，所以，正确理解和适用相关的法律条文尤其具有重要意义。《保险法》第 17 条、第 19 条、第 30 条均是基于格式条款对保险合同条款效力或者解释规则的规定，其与原《合同法》第 39 条、第 40 条、第 41 条即现《民法典》第 496 条、第 497 条、第 498 条一脉相承。

《民法典》第 496 条第 1 款规定，"格式条款是当事人为了重复使用而预先拟定，并在订立合同时未与对方协商的条款。"保险合同条款绝大多数属于格式条款，即便是投保人可以自由选择的附加条款，只要不是双方对内容进行协商而特别约定的，通常也属于格式条款。格式条款具有预先拟定性、重复使用性、未经协商性，格式条款提供方因其拟定合同条款的优势地位而应负担公平设定双方权利义务、并对涉及对方重大利害关系的条款进行提示和说明的义务，且在疑义条款的解释上，作不利于格式条款提供方的解释。在商法领域规制格式条款的效力，其法理基础除契约自由和契约正义原则之外，也有消费者保护的价值理念。"格式条款"是适用《保险法》第 17 条、第 19 条以及第 30 条的前提条件，保险合同双方经协商特别约定的条款，不适用上述法条的规定。

《保险法》第 17 条和第 19 条的法理意旨和适用条件经常被误解和混淆，正如有的学者在实证考察后所言，《保险法》第 19 条规定了保险格式条款的内容控制规则，该规则在实践中存在滥用、误用、漏用等乱象，各地法院裁判标准也存在冲突。该规则如何适用日渐成为保险合同法中的重要问题之一，其也是《保险法》司法解释起草过程中争议最大的问题。[1]笔者认为，回归《民法典》的原规定，可能是正确理解这三个法条背后法理意旨的切入点，也是正确适用这三个规则的出发点。《保险法》第 19 条与《民法典》第 497 条的原理一样，旨在矫正显失公平，依据该条款的规定，如果保险人拟定的保

---

[1] 参见王静：《我国〈保险法〉第 19 条司法适用研究——基于保险格式条款裁判的实证分析》，载《政治与法律》2014 年第 11 期。

险合同条款所设定的双方权利义务显失公平，则该条款无效。这也就是学者所言的"内容控制规则"，它不同于《保险法》第17条规定的保险人缔约说明义务。第17条并不要求考察保险合同的实质内容是否公平合理，仅在形式上要求保险人在订立合同时对"免除保险人责任的条款"进行提示和明确说明，否则该条款不发生效力。

《保险法》第19条旨在矫正合同条款内容显失公平，但在保险合同场合，主要是宣示性条款，很难适用也应谨慎适用。因为，保险合同是射幸性合同，双方对待给付并不要求对等。如果非要强调公平和对价平衡，则只能是要求保费与保险公司承担风险的概率对等，也即保费合理[1]。而在保险合同场合，保费是否合理，既无法定标准，也很难举证证明。具体而言，在保险条款中，涉及对投保方显失公平的情形主要是对价不对等，例如保险的价格即保险费率过高，或者保险公司只收保险费而不承担风险。因为任何保险条款都是承保部分特定的风险而不可能承保所有的风险，而保险费率的确定不仅是基于科学的精算制度，还要经受政府职能机构的监管程序，所以，投保方对此难以提出有效的质疑。因此，《保险法》第19条几乎没有多少适用空间，只有在非常特殊的情形下才可以适用。例如，曾有一家外资保险公司推出一款重疾险产品，但经专业机构证明，按照该款产品规定的保险金给付条件，被保险人的身体指标甚至到死都难以达到，也就是说，保险公司收了保费却没有真正地承担风险，因此，该条款因显失公平而被判定无效。

二、保险合同格式条款效力规制的典型案例分析

车损险中"无责免赔"条款的效力问题，一直是学界和司法裁判的争议要点，直到2020年全国车险改革将此条款删除。但对涉及该条款效力的案例分析仍具有方法论意义，本书下文以一个典型案例的分析为线索，探讨对于保险合同格式条款效力的评判方法以及《保险法》第17条、第19条、第30条的解释和适用。[2]

---

〔1〕笔者注：保险条款和保险费率，即保险产品和价格，通常是保险监管的内容之一。保费定价是否合理，可以是保险监管考察的对象，但在保险合同范畴，更多是尊重市场与合同自由。

〔2〕参见郭宏彬、张丽佳：《车损险"无责免赔"条款的法律效力》，载谢宪、李友根主编：《保险判例百选》，法律出版社2012年版，第449页。

（一）基本案情

原告为其所有的轿车向被告保险公司投保了机动车损失保险（简称"车损险"）、第三者责任险等，其中，车损险的保险金额为 122 000 元，第三者责任险的保险金额为 200 000 元。双方在保险条款中约定：【第4条】被保险人或其允许的合法驾驶人因下列原因造成被保险机动车的损失，保险人负责赔偿：（一）碰撞、倾覆、坠落；……。【第20条】因第三方对被保险机动车的损害而造成保险事故的，保险人自向被保险人赔偿保险金之日起，在赔偿金额范围内代位行使对第三方请求赔偿的权利。【第25条】保险人依据被保险机动车驾驶人在事故中所负的事故责任比例，承担相应的赔偿责任。公安交通管理部门处理事故时未确定事故责任比例且出险地的相关法律法规对事故责任比例没有明确规定的，保险人按照下列规定承担赔偿责任：保险机动车一方负全部（主要/同等/次要）事故责任的，保险人按100%（70%/50%/30%）事故责任比例计算赔偿；保险机动车一方无事故责任或无过错的，保险人不承担赔偿责任。

2009 年 9 月 1 日（保险期间内），原告驾驶的被保险机动车与一辆货车相撞，经交通管理局调查认定原告在事故中无责，对方全责。随后，原告向被告保险公司索赔，被告拒绝赔付。原告遂诉至法院，请求依法判令被告赔付原告车辆损失 8700 元，并承担诉讼费用。

被告保险公司抗辩：虽然原告与被告订有保险合同，且已发生保险事故，但因原告在此次交通事故中无责任，依据保险条款第25条，被告不应承担赔偿责任，原告的损失应由侵权第三方赔偿。

（二）法院判决要旨

法院判决结果：支持原告的诉讼请求。

判决理由如下：

（1）原告与被告之间签订的保险合同合法有效，双方均应依约履行各自的义务。原告发生的交通事故属于保险责任，被告应按保险合同约定承担赔偿责任。（2）虽然侵权第三方应承担赔偿责任，但其是否有足够的赔偿能力尚不确定。为了更好保护被保险人的利益，根据《保险法》第60条第1款，因第三者对保险标的的损害而造成保险事故的，保险人自向被保险人赔偿保险金之日起，在赔偿金额范围内代位行使被保险人对第三者请求赔偿的权利。以及保险条款第20条，被保险人有权选择向保险公司索赔，而保险公司在理赔后可以行使代位求偿权向侵权第三方追偿。（3）根据被告抗辩所依据的保险条款第 25 条，被保险人在交通事故中无责任，则保险公司不赔付，与鼓励机动车驾驶者遵守交通法规的社会正面导向相背离，既不符合缔约目的，也有违公平原则，故本案应该适用上述保险条款第 20 条的约定。

（三）　本案焦点问题和分析路径

本案的焦点是保险合同中"无责免赔"条款〔1〕（保险条款第 25 条）的法律效力问题。虽然本案判决理由并未明确否定"无责免赔"条款的效力，但支持判决结果的基础是对"无责免赔"条款效力的认定。笔者认为本案判决结果正确，但对理由的说明并不充分。

"无责免赔"条款被社会大众和新闻媒体指责为"霸王条款"，更有律师向国家保险监管机构提出质询并要求废除该条款，而法院对于大量有关"无责免赔"条款效力争议案件的判决并不一致，虽然认定该条款无效的判决居多，但判决理由多缺乏说服力。因此，本案具有典型性，有深入研究之必要。

从本案判决结果出发，否定"无责免赔"条款对当事人的效力有两大路径：一是认定该条款本身合理合法，但对当事人未产生效力；二是认定该条款本身即不合理或不合法，为无效条款。两种路径在效果上截然不同，前者仅对个案，而后者"影响一片"。因为在我国，保险监管的内容包括保险条款和保险费率，保险公司拟订的保险条款依法由国家保险监管机构审批或备案。一方面，在国家保险监管机构的"指引"下，各保险公司的同类条款大致相同；另一方面，这也意味着通用的保险条款是由专家审查或论证过的，一般不会存在不合理或不合法的内容。因此，法院判定保险条款本身无效需特别谨慎，否则就极有可能触动保险业内所有相关的保险条款的法律效力。本文拟区分两个路径在法律适用层面对本案及其所涉及的问题进行分析探讨。

（四）　"无责免赔"条款不产生效力的判决理由

如果假定"无责免赔"条款本身合法有效，则否定其对当事人产生效力的理由有两个：

其一，保险人违反缔约说明义务。依据《保险法》第 17 条，保险人在订立保险合同时对免除保险人责任的条款未向投保人作出提示或者明确说明的，

---

〔1〕　此为大众和媒体对类似本案中保险条款第 25 条的习惯称谓，也有称为"按责任赔付""无责不赔"条款的，指代相同。

该条款不产生效力。结合本案，若要适用《保险法》第17条，需要说明或证明两点：（1）"无责免赔"条款是不是"免除保险人责任的条款"？在法解释视角，第17条中规定的"免除保险人责任的条款"是实质要求，应不限于保险合同中的"责任免除"条款部分，只要该条款客观上免除了保险人的某些责任，均应属于"免除保险人责任的条款"。结合车损险条款第4条规定的保险责任来看，"碰撞"损失属于保险责任，该"碰撞"既包括单方事故，也包括双方事故，并未涉及双方事故责任的比例。而"无责免赔"条款无疑在客观上免除了保险人按照"保险责任"一般条款规定的部分保险责任，当属"免除保险人责任的条款"，而非"赔偿处理"条款的应有内容。质言之，在具体保险条款性质的界定上，但凡规定"保险责任"条款例外情形的条款，无论其置于保险合同的哪个部分，均应认定其为"免除保险人责任的条款"。（2）保险人是否就此向投保人作出了提示或者明确说明？从本案看，保险公司并未举证证明其履行了缔约说明义务。由此，可认定本案"无责免赔"条款不产生效力。

其二，适用疑义解释规则。所谓"疑义解释规则"，即《保险法》第30条所规定的，采用格式条款的保险合同的双方对合同条款发生争议，按通常理解有两种以上解释的，应作出有利于投保方的解释。这与原《合同法》第41条（现《民法典》第498条）对格式条款的司法规制一脉相承。本案若要适用《保险法》第30条，须存在合理的疑义。"无责免赔"条款本身的意思是明确的，即只承保双方交通事故中因己方责任造成的己方车损，而不承保因对方责任造成的己方车损，换言之，因第三人责任造成的己方车损不视为保险损失，但这与合同第20条规定的"代位求偿权"条款相冲突。保险公司行使代位求偿权的前提之一就是第三人对保险事故负有责任，按照"无责免赔"条款，第三人负全责时保险公司不赔，自然不能取得代位求偿权；而第三人负有部分责任时，保险公司不赔偿第三人应负责任部分，向第三人追偿也无合理性基础。因此，若适用"无责免赔"条款，就不可能适用"代位求偿权"条款，反之亦然。那么，保险公司在合同中规定"代位求偿权"条款的动机就值得怀疑，除了使投保人产生"保险公司负责赔偿第三人造成的保险损失"的合理期待或是美丽误解之外，还会是什么呢？由此，两个条款的冲突便产生了合理的疑义，法官有理由选择对投保方有利的"代位求偿权"条款适用。

（五）"无责免赔"条款本身的法律效力

围绕"无责免赔"条款，产生了太多的争议和纠纷，因此，分析和探讨"无责免赔"条款本身的合法性与合理性，不仅有助于法官断案，也有助于保险业完善保险条款。如果上文所阐述的否定"无责免赔"条款对当事人产生效力的理由不复存在，也即保险人对于该条款尽到了明确说明义务且在合同中删除了"代位求偿权"条款，能否从该条款本身找到否定其效力的根据？

1. "无责免赔"条款的合法性分析

需要说明，此处所谓"合法性"是狭义的，是对"无责免赔"条款是否违反某些具体法条的认定，不涉及对违反法律一般原则的判断。同时，不违反某些法条在逻辑上并不能充分说明其合法性。所以，本文此处的分析不是定性分析。

《保险法》明文规定保险条款部分无效的情形与"无责免赔"条款有关的仅有第19条，即保险人通过格式条款免除保险人依法应承担的义务或者加重投保方责任、排除投保方依法享有的权利的，该条款无效。实践中很多法院也是根据此条判定"无责免赔"条款无效。该条源自原《合同法》第40条（现《民法典》第497条），其立法意图主要是对显失公平的格式条款进行矫正。一般而言，如果保险人利用其优势地位在格式条款中规定使双方权利义务显失公平的内容，则可以适用《保险法》第19条宣告该条款无效。但需注意，《保险法》第19条主要起宣示作用，在司法实践中须谨慎适用，非显失公平的情形通常不适用该法条。

在保险条款中，涉及对投保方显失公平的情形主要是对价不对等，例如保险的价格（保险费率）过高，或者保险公司只收保险费而不承担风险。那么，"无责免赔"条款是否构成显失公平呢？这显然难以成立。理由是：（1）在理论上，保险费率的确定不仅是基于科学的精算制度，而且还要经过政府职能机构的监管程序，所以投保方对此难以提出有效的质疑。（2）"无责免赔"条款并不构成《保险法》第19条规定的"免除保险人依法应承担的义务"。任何保险条款都是承保部分特定的风险而不可能承保所有的风险，"无责免赔"条款并非该赔不赔，其实质是"无责未保"，是对保险公司承担保险责任的划分，即保险公司只承保因投保方责任造成的己方车损，而不承保因对方责任造成的己方车损。换言之，后者并非保险公司承保的风险，保险公司自然不必对此承担保险责任。相应地，保险公司收取的保险费，也是承保相应风险的对价，故亦不存在只收保险费而不承担风险的显失公平的情形。因此，"无责免赔"条款本身并不构成对《保险法》第19条的违反。

2. "无责免赔"条款的合理性分析

"无责免赔"条款具有一定的合理性，该条款的设计初衷是通过险种和保险责任的细化，解决机动车双方事故中的重复赔偿问题并简化理赔程序，符合保险法上的损失补偿原则以及制度设计所应遵循的经济效益原则。在假定机动车事故双方均有车损险和第三者责任险的情况下，任一投保方因己方责任造成的己方车损，可获得己方车损险的赔偿，因对方责任造成的己方车损，可获得对方第三者责任险的赔偿。即便对方的第三者责任险不足以弥补对方责任给己方造成的损失，己方仍可依据侵权法向对方主张赔偿。如此，投保方不会因既有保险又存在侵权第三方而获得双重赔偿，保险公司也不必费时费力地行使代位求偿权或与侵权方的保险公司协调保险金的分担问题。相反，如果对于事故责任比例不加区分完全纳入保险责任范围，则事故任一方均将获得己方车损险与对方第三者责任险或对方基于侵权责任的双重赔偿，这将有违保险法损失补偿原则。相应地，必须依靠双方的保险公司分别行使代位求偿权来加以矫正。如此必将增大保险公司的理赔成本，也将带动保险费的增加，不符合经济效益原则。另外，"代位求偿权"条款主要针对非交通事故场合因第三人责任造成被保险机动车损失的情形，与"无责免赔"条款应属于并行关系，分别适用于不同场合。例如，楼上住户扔下花盆砸坏被保险机动车，保险人在赔偿被保险人后，可以行使代位求偿权向责任人追偿，此时不适用"无责免赔"条款。

对"无责免赔"条款精巧的制度设计在技术层面为我们勾画出一幅近乎完美的蓝图，但判断保险条款合理性的最为重要的标准是在价值层面看其是否会诱发道德风险，此为必要条件，但凡可能诱发道德风险的条款即为不合理条款，可视为违反民法公序良俗原则。当然，经济效益原则也是判断保险条款合理性的一个标准，但不应是保险公司的经济效益而应是投保方的经济效益。"无责免赔"条款的不合理之处在于：（1）容易诱发道德风险；（2）不能满足保险需求，有违经济效益原则。

"无责免赔"条款的设计是基于一个假定，即"因对方责任造成的己方车损"投保方可以通过对方的第三者责任险或者向对方追究侵权责任得到赔偿，但问题的关键在于，这个假定有时并不成立。由于对方第三者责任险的保险金额不足或者对方的侵权赔偿能力不足等因素都可能导致投保方不能得到充分的赔偿，同时向对方索赔往往也会有高昂的成本，因此，未被己方保险纳入承保范围的"因对方责任造成的己方车损"最终能否获得对方充分的赔偿是不确定的，在此情形下，理性的投保方会偏好确定的利益而选择将对方责任的事故变为己方责任的事故，进而确定地从己方保险公司获得比较充分的赔偿，这无疑会诱发投保方的逆向选择。同时，"无责免赔"条款激励了违法行为，因为违法应负全责的投保方得到了最确定的保险保障，而守法无责的投保方却要不确定地依赖对方的赔偿能力。在这个意义上，该条款构成了道德风险，违反了民法公序良俗原则，应当认定为无效。

"无责免赔"条款将"因对方责任造成的己方车损"排除在保险责任之外，就从客观上排除了己方为这部分车损主动投保的可能，该部分车损能否最终获得充分的赔偿，要被动地取决于对方是否有足够金额的第三者责任险或者有足够的赔偿能力，这显然忽视了投保方对保险的期待和需求，影响了保险社会职能的发挥。至于"无责免赔"条款所要解决的双重赔偿问题不足为虑，通过代位求偿权制度即可解决。而保险公司行使代位求偿权带来的成本增加，在保险行业协会或保险监管机构的协调下会得到合理的控制，并经保险费率的适当调整而由保险公司与投保方在整体上实现合理分担；相应地，投保方向责任方追偿的成本则会大大降低，更符合经济效益原则。

总体上看，"无责免赔"条款因其容易诱发道德风险、激励违法行为而在价值层面不具有合理性，也违反公序良俗原则，法院应当判定其无效。但更好的处理方式是通过保险监管机构行使职能来完善或停用该条款，以更好地保障投保方的利益。2020年全国车险改革，保险行业协会在新的车险示范条款中已经删除了"无责免赔"条款。

第五章

保险合同的履行与解释

第一节　投保方的义务

投保方作为保险合同的缔约当事人，应当按照法律规定或合同约定履行其义务。一般认为，投保方的义务主要包括交纳保险费、出险通知、预防危险、危险增加的通知及出险施救的义务。其中，后三项为财产保险合同中特有的义务。

一、交纳保险费义务

（一）交纳保险费的意义

保险费，又称保费，是投保人将保险风险转移给保险人所支付的对价，也是保险人承担保险责任之保险基金的来源。通常情形下，保险费由纯保险费和附加保险费两部分构成。纯保险费主要用于保险赔付支出；附加保险费主要用于保险业务的各项营业支出，包括税费、代理手续费、企业管理费、工资及工资附加费、固定资产折旧费以及企业合理利润等。[1]保险费的计算公式：保险金额乘以保险费率，其中，保险费率也被称为保险价格，通常以每百元或每千元的保险金额应缴的保险费来表示。交纳保险费不是保险合同成立的条件，而是投保人的最主要的合同义务。只有投保人交纳保险费，保险制度方得以运转，在保险事故发生时，保险人才有资金向被保险人进行赔付。

（二）保险费交纳的方式

《保险法》第 14 条规定："保险合同成立后，投保人按照约定交付保险

---

〔1〕　参见张洪涛、郑功成主编：《保险学》，中国人民大学出版社 2000 年版，第 120 页。

费，保险人按照约定的时间开始承担保险责任。"《保险法》第 35 条规定："投保人可以按照合同约定向保险人一次支付全部保险费或者分期支付保险费。"保险费的交纳方式和时间主要依据合同约定，可一次性支付，也可分期支付。

（三）违反交纳保险费义务的法律后果

就财产保险合同而言，一般一次付清保险费，当事人也可约定分期交付。

若投保人未在期限内交付保险费，保险人可采用以下方式以维护自身权益：其一，可向投保人催告，限期交纳保费及迟延利息；其二，可诉请投保人交纳保费；其三，在合同约定的情况下，保险人也可以解除合同。[1]

就人身保险合同而言，一般要求分期交纳保险费。但《保险法》规定，保险公司不能诉请投保人支付人寿保险的保险费。[2]意外伤害保险和健康保险的保险费保险公司可以诉请交纳。

在合同约定分期支付保险费的人身保险合同中，投保人在支付首期保险费后，对其以后的交费享有一定的宽限期，该宽限期为保险人催告后 30 日或超过约定期限 60 日。[3]在交费宽限期内发生保险事故的，保险人应当按照约定承担保险责任，但可以扣减欠交的保险费。

（四）人身保险合同效力中止与复效制度

若投保人超过法定或约定的宽限期仍未支付当期保险费，保险人有权中止保险合同或约定减少保险金额。以后，如果投保人补交保险费及利息后，经保险人同意，保险合同的效力可以得到恢复。[4]

保险合同效力中止需满足以下条件：其一，保险合同系经当事人约定的分期支付保险费的人身保险合同。其二，投保人已支付首期保险费。其三，投保人超过宽限期仍未支付当期保险费。

保险合同复效需满足以下条件：其一，保险人与投保人协商并达成协议，即经过保险人同意。对此，我国《保险法司法解释（三）》第 8 条规定，若投保人提出恢复效力申请并同意补交保险费的，除被保险人的危险程度在中止期间显著增加外，保险人应当同意恢复效力。保险人在收到恢复效力申请

---

〔1〕 参见《保险法》第 36 条、第 37 条。
〔2〕 参见《保险法》第 38 条。
〔3〕 参见《保险法》第 36 条。
〔4〕 参见《保险法》第 36 条、第 37 条。

后，30 日内未明确拒绝的，应认定为同意恢复效力。其二，投保人补交了保险费。保险合同自投保人补交保险费之日起恢复效力，保险人可以要求投保人补交相应利息。

需要注意的是，保险合同双方在合同效力中止之日 2 年内达成复效协议，已中止的保险合同复效，此不必多言。然若逾期未达成复效协议的，保险人有权解除合同。若保险人解除合同，则此保险合同效力终止，自此无法复效；若保险人未解除合同，则合同的效力仍处于中止状态。

二、出险通知义务

（一）出险通知的意义

出险通知，即对保险事故发生的通知。《保险法》第 21 条规定，投保人、被保险人或者受益人知道保险事故发生后，应当及时通知保险人。由此可见，出险通知义务的义务人包括投保人、被保险人或者受益人，三者是或然关系，其中任何一人履行出险通知义务即可。

要求投保人、被保险人或者受益人在知道保险事故发生后及时通知保险人，可以使保险人及时采取措施，防止损失进一步扩大，同时尽快保全证据，确定保险事故的性质及造成损失的原因。此外，保险人及时获知保险事故的发生，还可以使保险人尽快核定损失程度，尽快理赔，使被保险人或受益人尽快得到补偿。

（二）出险通知的方式和期限

我国法律并未明文规定出险通知义务人履行出险通知义务的方式，一般而言，书面或口头方式通知均可。

投保人、被保险人或者受益人在获知保险事故发生后，应及时通知保险人。所谓及时，就是尽可能地快。在我国保险实务中，关于"及时"之认定通常由双方当事人进一步约定具体的通知期限。有约定的，应从其约定；若无约定，则应在合理期间内通知。

（三）违反出险通知义务的法律后果

若投保人、被保险人或者受益人知道保险事故发生后，故意或者因重大过失未及时通知保险人，致使保险事故的性质、原因、损失程度等难以确定的，保险人对无法确定的部分，不承担赔偿或者给付保险金的责任。但保险人通过其他途径已经及时知道或者应当及时知道保险事故发生的除外。

三、维护保险标的安全义务

所谓"维护保险标的安全义务"，是学者们在著述中对《保险法》第51条所规定的内容的概括表述。[1]近年来，学者们关于《保险法》第51条的讨论也颇多，提出了诸多值得关注和思考的问题。[2]例如，"法定义务的契约化"，被保险人违反维护保险标的安全义务，保险人可否拒赔？核心问题就是对于《保险法》第51条的正确解读，文义解释和目的解释仍是解读法条最为主要的方法，本书解读如下：

（一）维护保险标的安全义务的内容

《保险法》第51条第1款规定："被保险人应当遵守国家有关消防、安全、生产操作、劳动保护等方面的规定，维护保险标的的安全。"

上述条款中，"应当"可以解读为义务，维护保险标的安全义务的义务人是被保险人，投保人不负有此义务。被保险人是合同关系人，不是合同当事人，依据民法原理，投保人与保险人订立合同，不能给被保险人设定义务。如果确实需要被保险人承担义务，只能由法律直接规定，但即使是法律为被保险人设定义务，也应当具有正当性且不宜太重，以免使得被保险人因投保人为其投保而被动地负担过重的义务。

在财产保险中，被保险人的风险依据保险合同移转给保险人，此时保险标的虽仍处于被保险人控制之下，但由于保险风险已得到保障，被保险人的注意程度可能会有所降低，从而在一定程度上间接提高保险标的发生损失的可能性。为了敦促被保险人防范风险、减少无谓损失，《保险法》为被保险人设立预防风险、维护标的安全的义务，该义务的具体内容为"遵守国家有关消防、安全、生产操作、劳动保护等方面的规定"。虽然，《保险法》没有

---

〔1〕 参见李玉泉：《保险法》，法律出版社2019年版，第179页；温世扬主编：《保险法》，法律出版社2016年版，第153页；范健等：《保险法》，法律出版社2017年版，第147页；樊启荣：《保险法》，北京大学出版社2011年版，第88页。

〔2〕 参见曹兴权：《被保险人安全维护法定义务的契约化——评〈保险法〉第51条》，载《社会科学研究》2019年第3期。张虹：《保险相对人安全防范义务研究——以〈保险法〉第51条第3款的解释和适用为中心》，载《法学家》2014年第4期。姚军、李方：《论保险法中的安全维护义务》，载《中国青年政治学院学报》2013年第3期。马宁：《保险法安全维护义务的体系定位与规则重塑》，载《法学研究》2021年第6期。李飞：《论被保险人维护保险标的的安全义务》，载《学术界》2021年第9期等。

"权力"要求被保险人遵守上述与安全有关的规定，但遵守这些规定对于预防和控制风险是有利的，也是通常情况下被保险人要做的，因此，该义务的内容具有正当性且并未过于加重被保险人的负担。

（二）维护保险标的安全义务的履行

《保险法》第51条第2款规定："保险人可以按照合同约定对保险标的的安全状况进行检查，及时向投保人、被保险人提出消除不安全因素和隐患的书面建议。"第4款规定："保险人为维护保险标的的安全，经被保险人同意，可以采取安全预防措施。"

维护保险标的安全义务对被保险人的要求主要体现在两个方面：一是应当遵守国家有关消防、安全、生产操作、劳动保护等方面的规定；二是配合保险人为维护保险标的安全所采取的措施或者行动。

保险风险移转带来的另一结果，即是保险人对保险标的的注意程度提升。由于其无法直接控制保险标的，保险人会希望对保险标的采取一定的安全措施，以保障其安全，从而减少保险人可能的赔付负担。这些防灾防损的行为如同"保证事项"一样，往往是保险合同成立和维续的基础条件，且对社会整体效益而言也是有益的。

《保险法》第51条第2款和第4款，与其说是被保险人的义务，毋宁说是规定了保险人对保险标的相关状况的检查权、建议权。这会涉及对被保险人私权领域的"介入"，因此，法律为其设定了限制，即"介入"要依据合同约定；"介入"对象只能是第51条第1款所规定的与安全状况相关的范畴；"介入"的形式只能是"看"和"说"，即检查权和建议权；如果想"动手"，采取安全预防措施，须经被保险人同意。对于保险人的上述合理行为，被保险人应予以配合。

（三）违反维护保险标的安全义务的法律后果

《保险法》第51条第3款规定："投保人、被保险人未按照约定履行其对保险标的的安全应尽责任的，保险人有权要求增加保险费或者解除合同。"

该款表述的前提条件是被保险人"未按照约定履行其对保险标的的安全应尽责任的"，因此，违反合同中约定的具体的安全维护义务是重点，该义务以《保险法》第51条第1款所规定的内容范畴为限，合同约定可以限缩但不能扩大。违反该义务的后果也受第3款规定所限，只能要求增加保险费或者解除合同。

那么，保险人解除合同有无溯及力？可否在合同中直接约定拒赔？

从第 51 条的立法目的考虑，应该解释为：保险人解除合同不具有溯及力，对于合同解除前发生的保险损失，合同中不能够约定保险人有权拒赔。

《保险法》第 51 条与第 52 条同属控制危险性质，具有可比性。从第 52 条规定的危险增加通知义务的法律后果来看，保险人解除合同不具有溯及力。另外，与第 52 条不同的是，对于第 51 条规定的违反维护保险标的安全义务所致危险状况之变动，投保方不负有通知义务，而需要保险人依约检查发现，这样自然就不会产生拒赔的后果。保险人经检查发现被保险人违反约定义务，或者选择解除合同，或者选择默认（视为弃权）。这样有利于督促保险人行使检查权，主动防控风险。如果保险人可以对合同解除前的保险损失拒赔，则会使保险人失去主动行使检查权的动力，而使该条款成为免责的借口。这样就会背离该条促使双方共同管理风险的目的。另外，从价值判断看，投保方没有遵守第 1 款规定的那些有关规定（并非法律法规），本就不属于保险法的评价范畴，不宜当然产生拒赔的后果。诸如车损险、机动车第三者责任险都承保被保险人违法违章而造成的事故损失，仅排除故意事故损失，并不拒赔重大过失造成的损失。因此，将第 51 条第 3 款解释为限制保险人约定拒赔更为合理，即保险人能且只能按照规定要求增加保险费或者解除合同。

《保险法》第 51 条与第 52 条规定的危险增加通知义务原理一样，都是在保险合同存续期间，控制风险水平，以维持保险人承保的条件，这与保证制度如出一辙。其法理基础就是合同法上情势变更原则，承保的条件改变了，结果就是或者增加保险费，或者保险人有权解除合同。第 51 条第 1 款规定的那些"国家有关消防、安全、生产操作、劳动保护等方面的规定"，经保险合同具体约定，即成为保险公司承保的条件，违反这些规定，承保的条件就发生了变化，保险人即可提出变更或者解除合同。在这个意义上，第 51 条和第 52 条也属于法定的合同变更或者解除事由条款。所谓"法定义务的契约化"，[1]并非一项需要被契约具体化的法定义务，而是在大陆法系区分投保人、被保险人主体关系的背景下，不得不将本应约定的义务法定化，即投保人和保险人订立合同不能为被保险人设定义务，但又需要被保险人承担义务，只好借

---

〔1〕 参见曹兴权：《被保险人安全维护法定义务的契约化——评〈保险法〉第 51 条》，载《社会科学研究》2019 年第 3 期。

助法定义务来解决，实为"契约义务的法定化"。

四、危险增加通知义务

(一) 危险增加通知的意义

《保险法》第 52 条第 1 款规定："在合同有效期内，保险标的的危险程度显著增加的，被保险人应当按照合同约定及时通知保险人，保险人可以按照合同约定增加保险费或者解除合同。保险人解除合同的，应当将已收取的保险费，按照合同约定扣除自保险责任开始之日起至合同解除之日止应收的部分后，退还投保人。"由此可见，危险增加通知义务的义务人为被保险人。需要说明，此处之"危险"即为本书所采"风险"，二者含义相同。

危险程度的大小是确定保费的重要依据，也是保险合同订立和存续的基础条件。可以说，保险合同是由双方当事人在对危险程度进行衡量与评估的基础上，由投保人支付对价、保险人承担风险的合同。因此，危险程度是双方当事人订立合同时所必须考虑的关键因素。然而，保险合同是继续性合同，虽然在订立合同时，双方当事人可以对危险程度进行充分考量，但随着时间发展和情势变更，危险情况可能发生变化，导致保险人承保条件也发生变化，相应地，保险合同也应该变更或者解除，这与保证制度的法理相同，这既是合同法上情势变更原则的体现，也是最大诚信原则的要求。

考虑到投保方（被保险人）对保险标的的控制，其通常在保险人之前知道保险标的的危险情况是否发生以及发生了怎样的变化。所以，法律通常要求投保方在知悉危险增加后通知保险人，以便保险人重新评估风险、增加保险费或者解除合同。可见，危险增加的"通知义务"，与如实告知义务一样，也是最大诚信原则对投保方的要求。

(二) 危险增加通知义务的履行

1. "危险增加"的认定

危险增加，也称危险程度显著增加，是指在订立保险合同确定保险费时未予以考量和评估的有关保险标的的危险因素及危险程度的增加。

危险增加（法条表述为"危险程度显著增加"）是《保险法》第 52 条适用的前提和基础，但该条对于危险增加的认定标准并没有明确的规定，可能会导致该法条适用不当。因此，司法解释对"危险程度显著增加"的构成要素进行了细化的规定。依据我国《最高人民法院关于适用〈中华人民共和国保险法〉若干问题的解释（四）》（以下简称《保险法司法解释（四）》）第 4 条的规定，人民法院认定保险标的是否构成《保险法》第 49 条、第 52 条规定的"危险程度显著增加"时，应当综合考虑以下因素：（1）保险标的用途的改变；（2）保险标的使用范围的改变；（3）保险标的所处环境的变化；（4）保险标的因改装等原因引起的变化；（5）保险标的使用人或者管理人的改变；（6）危险程度增加持续的时间；（7）其他可能导致危险程度显著增加的因素。保险标的危险程度虽然增加，但增加的危险属于保险合同订立时保险人预见或者应当预见的保险合同承保范围的，不构成危险程度显著增加。据此，司法实务中认定构成危险增加需综合考虑上述因素，例如，家庭自用车辆转为网约车运营，普通车辆非法改装、加装设备导致安全隐患等被认定为危险增加。[1]

学者著述中一般将危险增加的构成要件概括为：显著性（或者重要性）、持续性和未预见性（或者未被评价性、未曾估计性）。显著性是指危险增加程度须达到明显超过缔约时保险人承保范围的标准，即足以影响保险人决定是否继续承保或者提高保险费率。如果危险有所增加，但程度轻微，对于保险人承保负担影响很小，则不属于应当通知的"危险增加"之情形。持续性是指危险增加需持续一定时间，短暂或偶发的风险变化不构成显著增加。未预见性是指危险增加超出保险人在订立合同时预见或应当预见的承保范围，且未体现在原保险费率的计算中。[2] 需要注意的是，上述构成要件中的"未预见性"以及司法解释中采用的"预见或者应当预见"的表述，用词不准确，容易使人产生误解。所谓"未预见性"或者"不可预见性"并不是指合同订立前保险人或者合同双方没有预见到新增加这个风险，而是指保险人在厘定保险费时未将该风险情况纳入考量和评估范围，因此，表述为"未经评估性"更为准确。

笔者认为，危险增加通知义务与维护保险标的安全义务一样，都是保险

---

〔1〕 参见武亦文、赵亚宁：《网约车情境下危险增加通知义务的法律适用》，载《湖北社会科学》2019 年第 6 期。张力毅：《被保险人危险增加通知义务司法适用之检讨——基于 277 个案例的裁判文书之分析》，载《政治与法律》2019 年第 6 期。贺剑：《网约车保险的私法规制——以危险增加通知义务和平台涉保险义务为中心》，载《中国法律评论》2021 年第 2 期。

〔2〕 参见温世扬主编：《保险法》，法律出版社 2016 年版，第 144-145 页。樊启荣：《保险法》，北京大学出版社 2011 年版，第 90-91 页。范健等：《保险法》，法律出版社 2017 年版，第 134-135 页。初北平：《海上保险法》，法律出版社 2020 年版，第 262 页。

法上保证制度原理的体现。正如有的学者所认识到的，保证制度和危险增加通知制度具有相同的立法目的，即通过具体制度来控制保险期间的风险，使保险合同的交易基础（合同订立时估测的风险与以此为基础计算出的保险费率的平衡）不致破坏，以及在对价遭到破坏时给予保险人一定的救济权利。[1]从保证制度的视角来看，危险增加通知义务的制度价值，就在于保证在保险合同存续期间承保条件不发生大于承保预期的变化，如果危险状况的变化超过了承保预期，则变更合同增加保险费或者解除合同。所以，"危险增加"构成要件中最为核心的就是"未被评估性"，即所谓的"新增危险"超出了厘定保险费时所考量评估的承保风险程度的预期，就破坏了预定的承保条件。**显著性和持续性并非核心考量因素**，比如，开家庭自用轿车去西藏自驾游比开网约车的客观风险量肯定更为显著，但通常情况下，西藏自驾游属于已被车损险评估的风险，不被认定为"危险增加"。再如，开网约车并非持续性的行为，但在运营时间段却被认定为"危险增加"。

既然"未被评估性"是判断"危险增加"的核心要素，那就面临一个矛盾的问题：被保险人如何知道哪些风险没被评估？所以，笔者认为，应当在保险合同中明确、具体地约定被保险人需要履行通知义务的"危险增加"情形，约定之外的事由一般不应被认定为"危险增加"，不需要履行通知义务。除非属于显而易见的"危险增加"，例如投保家庭财产险的家庭用房被用作存放易燃易爆的工业危险品的仓库。理由简述如下：

第一，**既然判断**"危险增加"不在于是否显著而在于是否被评估，在设计保险条款时评估了哪些风险，哪些"危险增加"对于承保决策最为重要，**保险人最为清楚**，所以，可以借鉴如实告知义务中的询问告知主义，由保险人将需要通知的"危险增加"预先写入保险合同，未写进保险合同的都属于不重要的事项，不构成"危险增加"。

第二，违反危险增加通知义务的法律后果是，新增危险造成的损失，保险人不承担责任。从保险人"不承担责任"（即免责）的后果来看，保险人应当将作为免责前提的"危险增加"事项列入保险合同，并对投保人进行提示和明确说明。其实，对于所有的"危险增加"，保险人都可以将其规定为免责条款。但对于"免除保险人责任的条款"，依据《保险法》第17条的规定，

---

〔1〕 **参见王海波：**《海上保险法与保险法之协调研究》，法律出版社2019年版，第297页。

保险人在缔约时应当提示并明确说明，否则该条款不发生效力，**即保险人不得依据该条款免责**。如果保险人对于"危险增加"不需提示和说明，**就可以**达到免责条款的效果，这种做法与保险人缔约说明义务是相悖的。

第三，有学者主张，对于保险人恶意不当理赔行为，应当适用**惩罚性赔偿**。[1]假设这个建议被采纳，那么，认定保险人存在恶意不当理赔行为**就成**为适用惩罚性赔偿的前提。如果"危险增加"事项不需要写入合同，**那么**，保险人就可以随意地以被保险人违反危险增加通知义务进行拒赔，**对于该拒**赔或者不当理赔行为，就没有标准认定为"恶意"。

2. 危险增加通知的方式和期限

《保险法》对于危险增加通知的方式没有规定，可以口头通知也可书面通知，只要使得保险人得到危险增加的信息即可。

对于通知的期限要求，以"及时"为判断标准，即尽可能快。导致保险标的危险增加的原因可大致分为两类：其一是由投保方实施的某种行为引起的；其二是因投保方行为之外的某种客观情况引起。根据危险增加的原因不同，通知时限亦有所不同。若系人为原因所导致，则被保险人应在行为实施前通知；若系客观情况所导致，则被保险人应在知晓危险增加后及时通知。合同如有对于通知期限的约定，从其约定。

3. 危险增加通知后保险人的选择

根据《保险法》第52条第1款之规定，在被保险人通知**危险增加之情况**后，保险人可以按照合同约定增加保险费或者解除合同。保险人解除合同的，应当将已收取的保险费，按照合同约定扣除自保险责任开始之日起至合同解除之日止应收的部分后，退还投保人。

保险人在接到危险增加通知后，如果未及时作出解除**合同或者增加保险**费的意思表示，可以推定其放弃合同解除权和抗辩权。

（三）违反危险增加通知义务的构成要件

被保险人违反危险增加通知义务的构成要件：（1）**有危险显著增加的事**实。（2）被保险人明知或应知危险增加的事实。若被保险人**不知危险增加事**实，且没有知悉该事实之义务，则其未通知保险人该事项属**合理情形，不违**

---

〔1〕　参见黄丽娟等：《保险人恶意不当理赔情境下惩罚性赔偿制度的适用——**基于司法判决文书**的实证研究》，载《保险研究》2021年第2期。

反危险增加通知义务。(3) 被保险人未及时通知保险人关于危险增加的事实。

(四) 违反危险增加通知义务的法律后果

根据《保险法》第 52 条第 2 款规定，被保险人未履行前款规定的通知义务的，因保险标的的危险程度显著增加而发生的保险事故，保险人不承担赔偿保险金的责任。

需要注意的是，被保险人违反危险增加通知义务，保险人对新增危险所造成的损失不承担赔偿责任。如果所发生的保险事故与新增加的危险没有因果关系，保险人不得免除责任。

例如，甲新建楼房后为该楼房投保家庭财产保险，后将该楼房出租给乙，乙用该楼房贮存易燃化学药品，甲知情但未将此情况通知保险公司。再后，化学药品起火，该楼房全部烧毁，保险公司应否赔偿？

本案涉及被保险人危险增加通知义务。在本案中，(1) 被保险人甲将其投保家庭财产保险的楼房出租给乙用于贮存易燃化学药品，明显超出家庭用房的使用范畴，保险标的之危险程度显著增加。(2) 甲知悉或应知悉该事实而未及时通知保险人，有重大过失，违反了危险增加通知义务。(3) 作为保险事故的火灾是由新增危险即易燃化学药品造成的，新增危险与保险事故发生有直接因果关系。(4) 保险人事先对此并不知情亦无过错，不属于弃权不得免责情形。所以，依据《保险法》第 52 条之规定，保险人对此不承担赔偿责任。

另外，理论上一般认为，存在以下情形保险人不能依据被保险人违反危险增加通知义务而免责：(1) 危险增加系保险人通过其他途径已经知道或应当知道，即使义务人没有通知危险增加情形，保险人也不得免除责任。(2) 投保方为履行法定救助义务或为保险人利益所致危险增加，保险人不免除责任。

五、出险施救义务

(一) 出险施救的意义

《保险法》第 57 条第 1 款规定："保险事故发生时，被保险人应当尽力采取必要的措施，防止或者减少损失。"所谓出险施救，是指在保险事故发生后，被保险人应积极采取措施抢救财产，以减少损失。出险施救义务，又称防止损失扩大义务，其义务人为被保险人。

　　保险事故发生后，善意的被保险人通常会及时采取施救措施，设法防止损失扩大。但也有被保险人由于自己已经投保，故而对保险事故的发生及保险标的损失持消极态度，放弃施救或者纵容损失扩大。这样的行为不仅不利于保险人，同样也不利于保险共同体的整体利益。因此，出险施救义务的最大意义在于促使投保方注意管理财产，不要放纵损失扩大，从而在一定程度上维护保险人及保险共同体的利益。

　　（二）出险施救义务的履行

　　出险施救义务是合同法上"减轻损失规则"在保险法上的具体运用，具有法定性，因此，当事人不能通过约定加以变更或者排除其适用。[1]笔者认为，施救行为可能会给施救人带来人身风险，例如火灾发生后的灭火及抢救财产行为，就极有可能造成施救人的伤亡，专业的事情应该由专业的人员去做，对于被保险人来说，及时报警就已经算是尽到了施救义务，而不能要求被保险人像消防员一样参与灭火活动或者冲入火海抢救保险财产，因此，不宜过于强调施救义务，在司法上也应针对具体情形采用宽松的标准来判定施救义务是否履行。

　　另外，出险施救往往需要付出代价，因为施救行为可以减少保险损失，直接减轻了保险人的赔偿负担，保险人是直接受益者，因此，各国保险立法对被保险人的施救行为加以鼓励的同时，也将施救费用直接规定由受益者保险人承担。《保险法》第 57 条第 2 款也如此规定："保险事故发生后，被保险人为防止或者减少保险标的的损失所支付的必要的、合理的费用，由保险人承担；保险人所承担的费用数额在保险标的的损失赔偿金额以外另行计算，最高不超过保险金额的数额。"在司法实践中，施救费用是否"必要""合理"的判断标准均应从宽，以鼓励出险施救；但也不能不考虑经济效率原则，避免因挥霍性施救而过度增加保险人的施救费用负担，所以《保险法》限定施救费用以保险金额为限。

　　（三）违反出险施救义务的法律后果

　　正如本书前面指出的那样，不宜过于强调施救义务，施救义务应定性为弱义务，故对于被保险人违反施救义务后的法律后果，《保险法》并未明确规定，也就是说，即便被保险人违反了施救义务，也没有什么不利的法定后果。

————————————

　　[1]　参见温世扬主编：《保险法》，法律出版社 2016 年版，第 159 页。

在实践中，保险合同当事人通常约定，被保险人违反施救义务导致损失扩大，就扩大部分保险人不予赔付。

第二节　保险人的义务

保险人作为保险合同的缔约当事人，应当按照法律规定或合同约定履行其义务。保险人的义务主要包括签发保险单证的义务、承担风险（保险责任）的义务、承担法定费用的义务、依法降低保险费的义务等，其中承担风险的义务是其最为主要的义务。

一、签发保险单证的义务

根据《保险法》第13条第1款之规定，投保人提出保险要求，经保险人同意承保，保险合同成立。保险人应当及时向投保人签发保险单或者其他保险凭证。可见，保险合同属不要式合同，其成立不以保险人签发保险单等保险凭证为要件。保险人及时向投保人签发保险单或者其他保险凭证，是保险合同中保险人承担的义务。

保险单证是保险合同的证明文件，是双方履约的重要依据，也是解决保险合同纠纷的重要证据。保险单或者其他保险凭证应当载明当事人双方约定的合同内容。当事人也可以约定采用其他书面形式载明合同内容。

二、承担风险的义务

（一）承担风险的意义

投保人交纳保险费的对价是保险人承担被保险人的风险损失，因此，承担保险风险是保险人的主要义务，也即投保方花钱买保险，买的就是保险人对约定风险的承担。

在理论上，承担风险既是收取保险费的事实基础，也是赔偿或者给付保险金的事实基础。具体而言，保险人诉请投保人交纳保险费，支持其诉讼请求的事实基础是保险人承担了投保方的风险；被保险人请求保险金，支持其诉讼请求的事实基础也是保险人承担着投保方的风险。

因为各种著述中对于保险风险、保险事故、保险损失、保险事件、保险责任等概念界定不清，导致各种表述含义不明，容易产生概念的混淆。因此，此处需要首先界定几个概念，以便后面能够表意清晰。

1. 保险风险与保险事故

按照风险管理学和保险学的理论，保险风险是指保险承保的风险因素，例如火灾、意外事故等，风险因素的范围需要保险合同或者学理上的明确界定。保险风险是客观存在的，但是否发生具有不确定性，保险风险一旦发生，我们称为发生了保险事故，或者说，保险事故即为已经发生之保险风险。

2. 保险损失和保险事件

发生保险事故不一定造成保险标的损失或者给被保险人带来损害，这里还需要考虑保险事故与损失或者损害之间的因果关系即是否存在近因。我们把因保险事故造成财产保险标的的损失称为保险损失，把因保险事故造成人身保险合同约定的情形，诸如被保险人死亡、伤残、疾病，或者达到合同约定的年龄、期限等，统称为保险事件。正如《保险法》第 2 条对于保险的描述性定义所区分的那样，保险损失，是指财产保险赔偿保险金的条件，即"合同约定的可能发生的事故因其发生所造成的财产损失"。此条件成就，保险人即应承担赔偿保险金的责任。保险事件，是指人身保险给付保险金的条件，即"被保险人死亡、伤残、疾病或者达到合同约定的年龄、期限等条件"。此条件成就，保险人即应承担给付保险金责任。

3. 承担保险责任和承担风险

当发生保险损失或者出现保险事件时，保险人应当赔偿或者给付保险金，我们称为承担保险责任。而无论是否发生保险损失或者出现保险事件，保险人是否实际承担保险责任，保险人均属于风险承担者，即对不确定的结果负责，尽到风险承担义务。

具体而言，保险合同作为射幸合同，可能会有两种情形：一是在保险期间内，没有发生保险合同约定的保险损失或者保险事件，则保险人无需赔偿或者给付保险金。二是在保险期间内，发生了保险合同约定的保险损失或者保险事件，则保险人应按照约定赔偿或者给付保险金。在第一种情形，虽然没有发生保险损失或者出现保险事件，保险公司也未赔偿或者给付保险金，但保险公司也承担了保险风险，尽到了其主要义务，投保方不能以保险公司未尽合同义务为由主张保险公司违约责任或退还保险费。此种情形，因为"波澜不惊"，无展开说明的必要。在第二种情形，发生了保险损失或者出现了保险事件，保险公司须依约承担保险责任。所谓承担保险责任，是指保险损失或者保险事故发生后，保险人依保险合同之约定所承担的向被保险人或受益人进行保险赔偿或者保险给付的责任。此种情形，因为涉及被保险人或者受益人行使保险金请求权，进而需要判断保险责任是否构成、保险责任的范围以及赔偿或者给付的方式和期限等问题，这些问题有进一步探讨的必要。

（二）保险责任的构成要件

被保险人或者受益人行使保险金请求权的前提条件之一，是保险公司应当承担保险责任。保险人承担保险责任需要满足其构成要件，财产保险与人身保险的保险责任构成要件略有不同。财产保险的保险责任构成需要满足以下三点：

（1）须有保险事故发生。保险合同所承保的保险事故须发生，否则无从产生保险责任。若未发生保险事故，或所发生的事故不属于保险合同约定的保险事故，则保险人不承担保险责任。例如，单一险的火灾保险需有火灾发生才构成保险事故。

（2）须保险标的发生损失。保险事故发生了，但未造成保险标的的损失，则保险人也无需承担保险责任。

（3）保险标的的损失与保险事故的发生有直接因果关系，即满足近因原则之要求。只有保险事故的发生与损失事实的形成之间存在直接的因果关系，保险人才进行保险赔偿。

上述三点均具备，也即发生保险损失，保险人应承担保险责任。

人身保险的保险责任构成要件简单一些，一般讲，只需出现保险合同约定的保险事件，保险人就应承担保险责任。如果合同约定的保险事件未出现，则保险人不承担保险责任。

如前所述，保险人承担保险责任的前提条件是保险损失的发生或者保险事件的出现。保险损失发生是指财产保险中保险事故发生造成保险标的的损失；保险事件出现是指人身保险中保险事故发生造成被保险人死亡、伤残、疾病或者保险合同约定的作为保险给付条件的事件出现。

（三）保险责任的范围

保险人所承担的保险责任之范围，依保险合同的类型不同而有所区别。

对于损失填补性保险而言，保险人所需赔偿的保险金以实际损失为限，以合同约定的保险金额为限，保险金的总额不能超过保险金额。首先，保险人赔偿的保险金不得超过被保险人的实际损失，这也正是损失补偿原则的含义。为满足这一要求，在计算及核定赔偿金额时，应以当时市价计算，同时应考虑标的物的折旧费、保险标的的剩余价值等。其次，保险人赔付的最大限度是保险金额。保险金额是保险合同约定的保险人承担赔偿或者给付保险金责任的最高限额，也就是说，即使被保险人所受实际损失超过保险金额，对超出部分保险人也不负赔偿责任。这是由于在保险关系中，保险人承担的保险责任与保险费具有正相关性，保险人所承担的责任不能无限大，所以需在保险合同中约定与保险费相适应的保险金额，作为赔偿或者给付保险金的最高限额。

对于定额给付型保险而言，保险人应严格按照保险合同约定的保险金额给付保险金。定额给付性保险通常是指人寿保险、意外伤害保险和健康保险，其保险给付标准有三种考量：一是以投保方交付保费的多少、时间的长短以及年龄阶段来确定保险金，具有储蓄性。二是以特定灾害事故导致被保险人丧失劳动能力的程度来确定保险金，具有保障性。三是以预料之外的疾病给被保险人所带来的大额医疗费及相关费用来确定保险金。

三、承担法定费用的义务

保险人不仅需要承担保险责任，还需承担法定费用，包括三项费用：

（一）施救减损费用

《保险法》第 57 条第 2 款规定："保险事故发生后，被保险人为防止或者减少保险标的的损失所支付的必要的、合理的费用，由保险人承担；保险人所承担的费用数额在保险标的损失赔偿金额以外另行计算，最高不超过保险金额的数额。"可见，施救费用由保险人承担，其与直接损失分别计算，以不超过保险金额为限。

属于不足额投保按比例赔偿的保险财产，其施救费用是否也按比例计算？对此，法律规定不明，学界也有不同观点。《海商法》第 240 条规定："被保险人为防止或者减少根据合同可以得到赔偿的损失而支出的必要的合理费用，为确定保险事故的性质、程度而支出的检验、估价的合理费用，以及为执行保险人的特别通知而支出的费用，应当由保险人在保险标的损失赔偿之外另行支付。保险人对前款规定的费用的支付，以相当于保险金额的数额为限。保险金额低于保险价值的，除合同另有约定外，保险人应当按照保险金额与保险价值的比例，支付本条规定的费用。"可见，《海商法》对于不足额保险的施救减损费用，规定按照保险金额与保险价值的比例承担。

对于《保险法》与《海商法》的不同规定，可以有两种截然相反的理解，与理论上的争议也相对应，即：（1）对于不足额保险的施救费用，不按照比例，完全由保险公司承担，可以鼓励被保险人积极施救。（2）按照比例承担，保险人只承担承保财产对应比例的施救费用，则比较公平合理。

（二）勘损费用

《保险法》第64条规定："保险人、被保险人为查明和确定保险事故的性质、原因和保险标的的损失程度所支付的必要的、合理的费用，由保险人承担。"可见勘损费用由保险人承担。对于不足额保险的勘损费用，不考虑比例，由保险人全部承担，这个没有争议。

（三）责任保险的仲裁、诉讼费用以及其他必要合理的费用

《保险法》第66条规定："责任保险的被保险人因给第三者造成损害的保险事故而被提起仲裁或者诉讼的，被保险人支付的仲裁或者诉讼费用以及其他必要的、合理的费用，除合同另有约定外，由保险人承担。"可见，除合同另有约定情形之外，责任保险的仲裁、诉讼费用以及其他必要合理的费用由保险人承担。实务中，保险合同中大都约定该费用由被保险人承担。

四、依法降低保险费的义务

在保险合同中，双方当事人对危险的诸多因素进行考量，确定投保人所需支付的保险费，并由保险人在保险金额范围内承担风险。同时，由于保险合同是继续性合同，危险情况的变化势必导致当事人之间权利义务平衡发生变化，保险费作为保险人承担风险的对价，应与风险情况的变化保持一致。因此，与投保方的危险增加通知义务对应，法律规定，保险人也负有在一定情形下降低保险费的义务，以维护当事人之间的对价平衡。

根据《保险法》第53条的规定，除非合同另有约定，当据以确定保险费率的有关情况发生变化，保险标的的危险程度明显减少时，或保险标的的保险价值明显减少时，保险人应当降低保险费，并按日计算退还相应的保险费。

第三节　保险索赔与理赔

一、索赔

（一）索赔的定义

索赔，是指在保险标的因保险事故而遭受损失或约定的保险事件出现后，被保险人或受益人按照保险合同的约定，请求保险人给予经济补偿或给付保险金的行为。

（二）索赔的时效

被保险人或受益人应在法定的索赔时效期间内进行索赔。

《保险法》第 26 条规定："人寿保险以外的其他保险的被保险人或者受益人，向保险人请求赔偿或者给付保险金的诉讼时效期间为二年，自其知道或者应当知道保险事故发生之日起计算。人寿保险的被保险人或者受益人向保险人请求给付保险金的诉讼时效期间为五年，自其知道或者应当知道保险事故发生之日起计算。"

《民法典》颁行后，对于非人寿保险的诉讼时效期间到底采 2 年还是 3 年，也有一些争议。本书坚持应按照特别规定优于一般规定的效力原则，[1] 仍以 2 年为诉讼时效期间。

（三）索赔的程序

1. 索赔请求的提出

保险损失或者保险事故发生后，投保方应当及时通知保险人。同时，被保险人或者受益人可以向保险人做出请求保险赔偿或给付的意思表示。

2. 提供索赔单证

为使保险人可以及时对保险事故进行调查与核定，保险事故发生后，按照保险合同请求保险人赔偿或者给付保险金时，投保方应当向保险人提供其所能提供的与确认保险事故的性质、原因、损失程度等有关的证明和资料。保险人按照合同的约定，认为有关的证明和资料不完整的，应当及时一次性

---

〔1〕《立法法》第 103 条规定："同一机关制定的法律、行政法规、地方性法规、自治条例和单行条例、规章，特别规定与一般规定不一致的，适用特别规定；新的规定与旧的规定不一致的，适用新的规定。"

通知投保人、被保险人或者受益人补充提供。

3. 领取保险金

当保险人支付保险金时，被保险人或者受益人可以受领保险金。

如果保险事故涉及第三人赔偿责任，被保险人获得赔付的保险金后，应开具权益转让书并协助保险人向第三人追偿，使保险人可以顺利行使代位求偿权。尽管我国采当然代位主义，保险人在赔付保险金后自动取得代位求偿权，不以权益转让书为取得权利的要件，但在实务中往往仍需出具权益转让书，从而更好地确认代位求偿权的各项内容。

二、理赔

（一）理赔的定义

理赔是指保险人应索赔请求人的请求，根据保险合同的规定，审核保险责任并处理保险赔偿的行为。理赔程序是保险人履行合同义务的主要方式之一，也是投保方利益得以实现的关键程序。

（二）理赔的程序

1. 立案检查

保险人收到索赔请求后，在初步核对后，无论是否属于保险责任，均应及时立案，并在立案后派遣专员进行现场勘查，了解事故原因和损失程度，并采取必要措施以防止损失进一步扩大。

2. 责任核定

保险人应根据现场勘查结果和相关单证内容，对保险事故的性质进行审核，并确定保险责任。根据《保险法》第 23 条和第 24 条的规定，保险人收到被保险人或者受益人的赔偿或者给付保险金的请求后，应当及时作出核定。对于情形复杂的保险事故，应当在 30 日内作出核定，但合同另有约定的除外。作出核定后，保险人应当将核定结果通知被保险人或者受益人。若经过核定，认为不属于保险责任的，应当自作出核定之日起 3 日内向被保险人或者受益人发出拒绝赔偿或者拒绝给付保险金通知书，并说明理由。

3. 赔偿或者给付保险金

保险人应在责任核定结果基础上，依据保险合同约定的赔偿责任和赔偿范围，计算赔偿或者给付金额，确定支付形式。

通常情况下，对于保险责任明确的案件，保险人应及时履行赔偿或给付保险金的义务。经过核定认为属于保险责任的，保险人应当在与被保险人或者受益人达成赔偿或者给付保险金的协议后 10 日内，履行赔偿或者给付保险金义务。保险合同对赔偿或者给付保险金的期限有约定的，保险人应当按照约定履行赔偿或者给付保险金义务。如果保险人未及时履行前款规定义务，除支付保险金外，还应当赔偿被保险人或者受益人因此受到的损失。

保险损失或保险事件发生后，被保险人或者受益人通常急于得到保险救济，而保险责任和保险损失的核定有时会需要很长时间，以致保险金不能及时赔偿或给付，给被保险人或受益人带来不利影响。为此，设置保险金先予支付制度就很有必要，《保险法》第 25 条规定："保险人自收到赔偿或者给付保险金的请求和有关证明、资料之日起六十日内，对其赔偿或者给付保险金的数额不能确定的，应当根据已有证明和资料可以确定的数额先予支付；保险人最终确定赔偿或者给付保险金的数额后，应当支付相应的差额。"

4. 代位追偿或者余损处理

代位追偿或者余损处理并非必要程序。在保险人有代位求偿权的情形，保险人赔付保险金后，可以向第三人代位追偿。在推定全损并全额赔付的情形下，保险人依法取得受损保险标的的全部权利或者部分权利，可以自行对余损进行处理。

第四节　保险合同的解释原则

一、保险合同解释原则的意义

理论上，对保险合同的条款内容或者条款使用的语言文字的内容进行释明的活动，称为保险合同的解释。[1]如果保险合同的条款内容或者文字表达不够明确甚至存在矛盾，则会使双方当事人在理解和履行合同时发生分歧，甚至引发诉讼。可以说，合同解释是解决合同纠纷的关键环节，因此，法院或者仲裁机构对保险合同应如何进行解释以及遵循什么原则解释就显得尤为重要。

关于保险合同"解释原则"这个表述，不同著述有所不同，有表述为

---

〔1〕　参见邹海林：《保险法学的新发展》，中国社会科学出版社 2015 年版，第 321 页。

"解释规则"的,有表述为"解释方法"的,主要源于大陆法系合同法理论对此问题的习惯表述。笔者认为,"解释原则"的表述外延更为宽泛一些,可以不限于成文法的规定。保险合同解释原则的问题,主要包括合同解释目的、合同解释对象、与合同解释一般原则的关系、保险合同的特殊解释原则等。

对保险合同进行解释的基本目的是要确认缔约双方的真实意图,明确合同双方的权利和义务。如果合同的含义模糊,则会使合同无法履行,甚至导致诉讼。按照美国著名合同法学者方斯沃斯(Farnsworth)的说法,合同含义的模糊包括三个方面:第一,合同语言不明确(imprecise language);第二,合同结构不清晰(ambiguous organization);第三,合同以外的信息造成合同含义模糊(ambiguity created by extrinsic information)。[1]一般而言,保险合同解释的对象,就是保险合同中意思不明确之内容。保险合同的解释不以当事人之间发生争议为必要,仅以保险合同的内容不明确为必要。而保险合同的内容不明确,或为保险合同的条款表述的内容不明确,或为保险合同使用的文字表述的内容不明确。[2]换言之,保险合同的解释对象不限于文字表述的模糊不清,也包括条款设计的缺陷或冲突,例如除外责任条款与承保责任条款相距太远以致造成投保方对于承保责任范围的误解,还包括合同以外信息造成合同含义的模糊,例如投保单、宣传册、广告等与书面保险单不一致甚至相互矛盾。

二、保险合同的一般解释原则

《民法典》第 466 条规定:"当事人对合同条款的理解有争议的,应当依据本法第一百四十二条第一款的规定,确定争议条款的含义。合同文本采用两种以上文字订立并约定具有同等效力的,对各文本使用的词句推定具有相同含义。各文本使用的词句不一致的,应当根据合同的相关条款、性质、目的以及诚信原则等予以解释。"《民法典》第 142 条第 1 款规定:"有相对人的意思表示的解释,应当按照所使用的词句,结合相关条款、行为的性质和目的、习惯以及诚信原则,确定意思表示的含义。"

在我国,合同解释的一般原则为意图解释原则。而合同解释的一般方法,

---

〔1〕 参见陈欣:《保险法》,北京大学出版社 2000 年版,第 26 页。

〔2〕 参见邹海林:《保险法学的新发展》,中国社会科学出版社 2015 年版,第 322 页。

如文义解释、上下文**解释**、补充解释等，都是为了贯彻意图解释原则。[1]

保险合同属于特殊合同，是合同之一种，因此，普遍适用于所有类型合同的一般解释原则同样适用于保险合同。对于保险合同条款和文字表述内容的解释，应当适用合同解释的一般原则或方法，主要包括：

1. 文义解释，又称语义解释，要求对合同的解释应尊重文字含义，不得对合同任意推测和曲解，不可脱离合同所使用的文字所能表达的含义，应符合常人对原合同文本的基本理解。

2. 目的解释，又称意图解释，是指解释合同时应根据当事人订约目的来确定合同所表达的当事人双方的真实意思。目的解释可最大程度地使双方当事人订立合同的目的得以实现。

3. 整体解释，又称体系解释，是指在解释合同时需考虑合同整体内容及各部分之间的逻辑关系等对相关条款进行解释。

4. 习惯解释，是指依据双方以往的交易习惯或者行业惯例进行解释，即在合同条款或者文字表述存在歧义或者疏漏时，依据交易习惯或者行业惯例进行补充解释。

5. 诚信解释，是指依据诚实信用原则客观公正地解释，兼顾双方利益，确保解释结果公平、合理。

三、保险合同的特殊解释原则

在某种意义上，保险合同的特殊解释原则，实际上是合同法的解释原则以及解释方法在保险法领域内的具体适用，因为，虽然保险合同相对于一般合同有其复杂性和技术性的一面，但除了海上保险合同承认一些国际通行的惯例之外，一般的保险合同并未形成行业特有的解释原则。因此，所谓保险合同的特殊解释原则，往往只是《保险法》及其司法解释明文规定的保险合同的解释原则，而这些原则，都可以在合同法中找到依据或原型。

（一）效力优先判定原则

当保险合同中不同形式的条款或者文字表述内容出现冲突时，根据其所含的表示缔约双方当事人的真实意思表示的可能性程度不同，效力亦有所不同，最为接近当事人真实意图的条款或者文字表述内容具有优先效力。

---

[1] 参见邹海林：《保险法》，社会科学文献出版社 2017 年版，第 226 页。

根据《保险法司法解释（二）》第14条的规定，保险合同中记载的内容不一致的，按照下列规则认定：（1）投保单与保险单或者其他保险凭证不一致的，以投保单为准。但不一致的情形系经保险人说明并经投保人同意的，以投保人签收的保险单或者其他保险凭证载明的内容为准；（2）非格式条款与格式条款不一致的，以非格式条款为准；（3）保险凭证记载的时间不同的，以形成时间在后的为准；（4）保险凭证存在手写和打印两种方式的，以双方签字、盖章的手写部分的内容为准。

上述判定原则，对保险合同订立场景中常见的各种意思冲突情形如何认定哪个优先的规则作以明文规定，其意义在于非常具有可操作性地为法院或者仲裁机构提供了确认合同双方当事人真实意图的裁判规则。

这些判定原则或规则，与各种著述中归纳和阐述的效力判定原则基本相同，法理也相通，是合同法意图解释原则的具体化。通常的规则诸如：（1）书面约定优于口头约定；（2）手写的优于打印的条款；（3）特约条款优于一般条款；（4）批注优于正文；（5）后加的批注优于先加的批注等。简单概括就是，后面的文件优先于前面的文件，因为后面的文件更接近于真实意思。但学理上一般认为后发的保险单优于先发的投保单，这个与我国规定有所不同。我国如此规定的原因可能是基于我国投保的实际情况：投保人首先看到投保单（法律规定附有保险单格式条款），然后在缔约签字时，大都没有耐心再核对保险单是否与投保单一致，投保单更能体现投保人的真实意思。

（二）疑义解释原则

疑义解释原则，又称不利解释原则，是指若双方当事人对保险合同条款存有疑义，应当作出对被保险人或者受益人有利的解释。保险合同是附和合同，通常采用保险人所提供的格式条款，投保人只能选择接受与否。保险人事先拟订的格式合同，自然会充分地反映保险人的各种设想和设计，而鲜能体现投保方的意志和利益。同时，相对于保险人的专业地位而言，绝大部分投保人属于对保险业相关知识并不了解的普通人。因此，在订立保险合同时，投保方处于不利的地位。为了保障投保方的利益不被损害，各国法律通常规定，在保险合同存在疑义时，应作有利于被保险人和受益人的解释。

疑义解释原则在保险法领域的确立源于一则英国判例：[1]理查德·马丁

---

〔1〕 参见范健等：《保险法》，法律出版社2017年版，第170页。

将他的业务从海上保险扩大到人身保险，并在 1536 年 6 月 18 日为其一个嗜酒的朋友威廉·吉朋承保人寿保险，保险金额 2000 英镑，保险期限 12 个月，保险费 80 英镑。被保险人于 1537 年 5 月 29 日死亡，受益人请求保险金。但马丁声称吉朋所保的 12 个月，是以英国农历每月 28 天计算的，不是指公历上的 12 个月，因而保险期限已于公历 1537 年 5 月 20 日届满，故无须支付保险金。但受益人认为应按公历计算，保险事故发生于合同有效期内，保险人应如数给付保险金。最后，法院判决，应作有利于被保险人和受益人的解释，马丁有义务给付保险金。法院判决的依据即是参照了罗马法"不利于契约起草人"的解释规则。

《保险法》第 30 条规定："采用保险人提供的格式条款订立的保险合同，保险人与投保人、被保险人或者受益人对合同条款有争议的，应当按照通常理解予以解释。对合同条款有两种以上解释的，人民法院或者仲裁机构应当作出有利于被保险人和受益人的解释。"

疑义解释原则的法理基础是对保险合同关系中弱势投保方的特别保护，也与民法上对格式条款加以规制的做法一脉相承，是《民法典》第 498 条[1]在《保险法》中的体现。

但需注意，疑义解释原则不宜滥用，只有保险合同条款存在合理的疑义，致使合同所表达的当事人意图不明时方可适用。若仅是当事人双方存有争议，但合同条款本身内容并无疑义，则应按照合同条款本身所表达的内容进行解释，不能适用疑义解释原则。

---

[1]《民法典》第 498 条规定："对格式条款的理解发生争议的，应当按照通常理解予以解释。对格式条款有两种以上解释的，应当作出不利于提供格式条款一方的解释。格式条款和非格式条款不一致的，应当采用非格式条款。"

第六章

保险合同的变动

第一节　保险合同的变更

一、保险合同变更的概念

（一）保险合同变更的定义

保险合同的变更包括广义与狭义的概念，广义的保险合同的变更包括保险合同内容的变更与主体的变更，狭义的保险合同的变更仅包括保险合同内容的变更。本书所指保险合同的变更系狭义概念，仅指保险合同内容的变更。保险合同主体的变更则称为保险合同的转让。

所谓保险合同变更，是指在保险合同存续期内，经当事人双方协商一致，以法定的形式，对除保险标的更替以外的保险合同的内容所作的修改或补充。例如增减保额和保费、延长或缩减保险期间、修改保险责任范围等。

（二）保险合同变更的特征

1. 保险合同变更以合法存续的保险合同为前提

保险合同合法存续，指在保险合同成立以后至全部履行完毕之前。当事人变更保险合同，需在此期间完成。否则，在保险合同成立之前或全部履行完毕之后，保险合同关系不存在，保险合同亦无从变更。

2. 保险合同变更基于当事人双方的合意或法律的规定

通常情况下，双方当事人应就保险合同变更的事项协商一致。《保险法》第 20 条第 1 款规定："投保人和保险人可以协商变更合同内容。"特殊情况下，基于法律规定以及合同的预先约定，一方当事人也可以变更保险合同，例如，《保险法》第 52 条规定，保险标的的危险程度显著增加的，被保险人应当按照合同约定及时通知保险人，保险人可以按照合同约定增加保险费或者解除合同。"增加保险费"即属于合同变更，这种情况下，保险人可以单方变更保险合同。

3. 保险合同变更只可涉及部分合同的内容

首先，保险合同的变更不包括主体的变更，此系狭义的保险合同变更的本来含义。其次，保险合同变更的内容只是对合同部分内容所作的修改或补充。若保险合同的全部内容均发生变化，则双方权利义务内容均已发生实质性改变，无异于订立了一份新的合同。最后，保险标的本身不可作为变更对象，即保险合同的变更不可替换保险标的，因为保险标的是保险合同保障的对象，是保险合同权利义务指向的核心，若替换保险标的，则必然会导致当事人权利义务关系发生根本性变化。因此，保险合同的变更不包括变更保险标的。

二、保险合同变更的形式

《保险法》第20条第2款规定："变更保险合同的，应当由保险人在保险单或者其他保险凭证上批注或者附贴批单，或者由投保人和保险人订立变更的书面协议。"

可见，保险合同变更的形式包括批注、批单或书面协议等法定形式。法条表述中使用的"应当"以及"书面协议"，似乎可以将保险合同变更解读为要式法律行为。但保险合同属于不要式合同，合同成立不以保险单等书面形式为要件，那么，为什么变更保险合同却需要书面形式呢？该法条规定不太明确的是：对于一份已经存在书面形式的保险合同，口头变更合意能否发生合同变更的法律效力？例如，因为保险标的市场价格升高，投保人与保险人电话商定将保险金额由原来的20万元提高到30万元，但尚未出具书面批单，就发生了保险事故，损失30万元。这种情况下，保险人应按照保险单记载的保险金额20万元赔偿，还是按照电话商定的30万元赔偿？

笔者认为，保险合同变更是否为要式行为，不能一概而论。从口头合同证据规则的法理来看，对于尚未出具保险单的口头保险合同，可以口头形式变更；对于已经存在书面形式的保险合同，应该以书面形式变更。上述案例中，双方虽然在电话中商定达成提高保险金额的合意，但因为在出险时尚未出具批单，从证据角度看保险合同并未发生变更。

三、保险合同变更的法律效力

保险合同的变更无溯及力，在时间上，保险合同变更仅指向将来，已履行的部分不因保险合同变更而发生变化；在范围上，变更范围之外的合同内容不受影响。

第二节　保险合同的转让

一、保险合同转让的概念

（一）保险合同转让的定义

保险合同的转让，是指保险合同所规定的权利义务被全部或部分地让与他人。

（二）保险合同转让的特征

1. 保险合同当事人或关系人发生变化

保险合同转让使得第三人取代原当事人或者关系人的法律地位，相应地，原来保险合同所约定的权利义务主体发生变化。

2. 保险合同的具体内容不变

保险合同转让前后，保险合同的内容具有同一性。

二、财产保险合同的转让

（一）财产保险合同转让的内涵

所谓"财产保险合同的转让"，一般因保险标的之转让而引起，这并不是说财产保险标的之转让当然带来保险合同的转让，而是当财产保险标的转让后，转让人订立的原保险合同对财产受让人是否继续发生效力的问题。如果对受让人继续有效，受让人可以承继原被保险人的合同权利和义务，即发生了保险合同上权利义务主体更替或者权利义务概括转移的客观效果，我们称为"财产保险合同的转让"。

因此，"财产保险合同转让"是一个让人困扰的表述，它表达的并非保险合同"所有人"处分保险合同的主动行为，而仅仅表示保险合同上权利义务主体发生更替的一种客观法律事实。

"财产保险合同转让"这个表述，让人困扰的问题如下：

1. 投保人是保险单的"所有人"，可以主动"转让"，但无需求

从保险单上的权利来看，投保人享有退保后的"剩余保险费"请求权。因为"剩余保险费"属于消耗性的"财产"，且数额一般不大，基本不具有转让的"使用价值"。

2. 被保险人的权利有被"转让"的需求，但被保险人无权处分

合同载明的被保险人是法定的保险金请求权人，享有未来可能会有的"保险金请求权"或者说是"被保障权"，这个权利具有债权属性，有转让的意义，但因为被保险人不具有保险单"所有人"的地位，无权处分保险单，不能对外转让。

3. 投保人与被保险人可以合意"转让"，但受法律限制

当投保人和被保险人二者身份或意思合一，貌似可以对外转让"被保障权"，但又受到保险法的限制。根据保险法的规定，合同记名的被保险人才享有保险金请求权，且请求权人须在保险事故发生时对保险标的具有保险利益。因此，该"转让"若要实现，需要解决两个障碍：一是合同记载的被保险人更名，使合同受让人具有法律上的请求权；二是须使新被保险人与保险标的产生保险利益关系。

如此条件下，主动"转让"财产保险合同几乎没有实用空间，实践中一定是因保险标的之转让才被动引发保险合同"被转让"的需求，而"转让"的权利内容主要是未来可期的"保险金请求权"。

保险标的之转让原因的不同，对保险合同效力的影响可能也不同。

从比较法视角看，英美法系对于保险标的之转让后果，区分法定转让和意定转让而有所不同。法定原因是指因被保险人死亡或破产，从而导致保险标的之所有权之必然改变。意定原因是指被保险人通过合意或者单方意思表示转让保险标的，例如买卖或赠与。保险标的因法定原因转让的，对转让后果采取绝对继受主义，即保险合同当然随之转让。对于保险标的因意定原因而转让的，则遵循保险合同对人性原则，除了共有人和合伙人承受共有或者合伙财产的部分转让以及海上保险外，保险标的的转让，未经保险人同意的，原保险合同对受让人不产生效力。大陆法系虽然区分保险标的的转让原因，但并不因此进一步区分保险标的转让的后果，均采用相对继受主义，即保险合同当然发生转让，但又附加一定条件，诸如通知义务、风险增加的合同解

除权等，使保险人得以重新评估风险。[1]

（二）关于财产保险合同转让的立法变化及评价

关于财产保险标的转让对保险合同效力影响的问题，我国学界曾有过激烈争议，立法上也有巨大的变化，这从我国 2002 年《保险法》第 34 条修订为 2009 年《保险法》第 49 条的变化上可见一斑。

我国 2002 年《保险法》第 34 条规定："保险标的的转让应当通知保险人，经保险人同意继续承保后，依法变更合同。但是，货物运输保险合同和另有约定的合同除外。"

可见，在 2002 年《保险法》中，财产保险标的转让并不当然导致保险合同的转让，而需以保险人同意继续承保作为要件，质言之，该法条是把财产保险标的之转让，视为保险合同的变更来处理的。合同变更自然需要双方当事人合意，因此，转让保险标的需要通知保险人并经其同意，似乎理所当然。

但在实务中，保险标的的转让时，被保险人（出让人）或受让人未通知保险人的情形时有发生，如汽车转让、房屋转让等，一旦发生保险事故，保险人出于自身利益的考虑，可能援引 2002 年《保险法》第 34 条的规定，以保险标的的转让未经批改保单为由拒赔乃至解除保险合同，进而引发争议。在这类案件中，被保险人因为已经转让了保险标的，对保险标的丧失了保险利益，因此不能主张保险赔偿。而受让人虽然有利益损失，但并非保险合同的关系人，无权请求保险金。但让投保方或者受让人感觉不公平的是，保险费已经交纳，但没有获得保险的保障。而批改保险单，往往需要费时费事的过程，在批改过程中还会出现一段不受保障的"保险空白期"。

因此，如何完善 2002 年《保险法》第 34 条的规定，使得受让人可以不经保险人同意当然享有保险金请求权，以合理配置当事人的权利义务，充分保护被保险人合法权益，防范、化解实务中因保险标的的转让引发的保险纠纷，成为讨论的焦点问题。

反对修改的意见主要有：

（1）财产保险标的之转让，涉及被保险人的改变，属于合同变更，应征得保险人同意，变更合同后，才对新被保险人即受让人发生效力。

（2）保险合同属于对人合同，保险人对被保险人有选择权。

---

[1] 参见温世扬主编：《保险法》，法律出版社 2003 年版，第 150-152 页。

（3）变更被保险人可能使得保险标的的风险增加，需要保险人重新做承保决策。

（4）受让人不是保险合同当事人或关系人，依据合同相对性原则，其不具有保险金请求权。如欲让其有保险金请求权，必须在合同中变更被保险人方得实现。

支持修改的意见（也是本书的意见）主要有：

（1）保险单随财产保险标的转让而转让，属于债权转让，而非合同变更，因此无须保险人同意。投保人交纳保险费后，主要合同义务已经履行完毕，而保险人的对价是在保险期间提供持续的保险保障，因此，投保方交纳保险费"买保险"后，在保险合同上仅存在债权。因而，将保险单转给受让人，即新的保险利益者，其性质属于债权让与。依据债法原理，债权让与不须债务人同意，通知即对其发生效力。其实，从 2002 年《保险法》第 34 条的但书"货物运输保险合同和另有约定的合同除外"可以简单推论：既然货物运输保险合同可以不需"通知"和"同意"，那么，其他的保险合同也应可以。

（2）在保险产生早期，保险合同属于对人合同有其道理。而随着保险的发展，大量格式化保险产品的出现，在投保时对每个投保方进行评估和考察已不可能，现代保险合同的趋势是对物合同而非对人合同，对不同人的风险差异的控制，改用"风险增加通知义务""除外责任""合同解除权"等制度性因素控制被保险人的行为来实现，或者说，现代保险的风险评估是"不看人品，只看行动"的客观方式，风险控制也是靠制度而非经验。

（3）变更被保险人确有可能使得保险标的风险增加，但保险法上已经规定了投保方的"风险增加通知义务"，在保险标的转让环节没有必要重新规定。

（4）至于合同相对性原则，保险合同从性质上本就具有利他合同属性，利他合同是可以突破合同相对性的。但在具体的技术环节，受让人请求保险金确有障碍，根据保险法的规定，合同约定的被保险人才享有保险金请求权，不在合同上将受让人改为"被保险人"，其保险金请求权难以行使。因此，如果欲让受让人享有保险金请求权，而又不需修改保险合同中的"被保险人"，唯有法律直接规定方可。当然，这个问题并非应然层面的问题，仅为技术问题，或者通俗讲，这个问题不是"要不要改"的问题，是"怎样改"的问题。

（5）应然问题：客观地讲，反对意见中所强调的"合同变更""风险增加"等理由并非全无道理，也有其合理性的一面。在合同场合更多是考量利益平衡和商事效率，这是该争议的核心所在。思考这个问题的一个简单的切入点是：如果把"必须保险公司同意"改为不需要，对保险公司的利益有何影响？对投保方的利益有何影响？答案显而易见，对保险公司的合理利益没有任何影响，但对投保方却提供了大大的便利，也更公平。保险公司在这个合同关系中，并未因为"保险标的发生转让"而比"保险标的没有发生转让"为投保方提供了更多的保障。如果有，无非是在"保险空白期"少"占了点便宜"而已。因此，无论从效率角度还是从公平角度来看，修改都具有正当性。

（6）技术问题：如何改？对此，可以借鉴国外立法经验。通过对德国、日本、韩国相关立法考察，[1]我们可以发现：首先，几乎没有哪个国家相关法律是规定保险标的转让情形下，须经保险人同意并变更合同后，保险单才对受让人发生效力的。这也强化了修改的理由。其次，受让人的请求权问题，由法律直接规定来解决。再次，是否需要通知保险人以及如何通知等，各国规定有所不同，但均承认在合理的通知期限内，保险人在时间上不间断地承担保险责任，不留"保险空白期"。最后，风险增加的问题或有所考量，但如

---

〔1〕 国外立法例：

（一）《德国保险契约法》：

第69条第1款 要保人将保险标的转让者，受让人取得让与人在拥有所有权期间内、基于保险契约关系所生要保人权利及义务之地位。

第70条 保险人有权于一个月的期间经过后，对受让人终止保险契约关系。若保险人未于知悉转让之时起一个月内行使者，该终止权消灭。

受让人有权终止保险契约关系，该终止可以立即生效或于该保险年度届满时生效。受让人于受让后一个月内不行使者，该终止权消灭；若受让人不知有保险存在，该终止权于受让人知悉保险之时起一个月内仍继续有效。

第71条 保险标的的转让应立即通知保险人。受让人或让与人未立即为该通知者，若保险事故于该通知应送达于保险人之时起一个月后发生，保险人不负给付的义务。

在转移通知应被送达期间内，保险人知悉转移事实者，保险人仍负给付的责任。于保险事故发生时，保险人的终止权已届满而终止不生效力者，也适用。

（二）《日本商法典》：

第650条 （保险标的的转让）

被保险人将保险标的转让他人时，推定其同时转让保险契约权利。

于前款情形，保险标的的转让显著变更或增加危险时，保险契约即丧失效力。

（三）《韩国商法典》：

第679条 被保险人转让保险标的时，推定为受让人承继保险合同的权利与义务。

在第一款之情形下，保险标的的转让人或者受让人应毫不迟延地将该事实通知给保险人。

风险不变则对保险人承担责任无影响。

（7）笔者进一步的观点：在某种意义上，保险单就是权利凭证，可作"保险证券"来对待。除非特殊之情形，原则上可以依证券转让规则处理，如背书转让，甚至交付即可。这样，"保单持有人"的概念也就顺理成章了，而且更加与时俱进，更有效率。

我国2009年《保险法》第49条规定："保险标的转让的，保险标的的受让人承继被保险人的权利和义务。保险标的转让的，被保险人或者受让人应当及时通知保险人，但货物运输保险合同和另有约定的合同除外。因保险标的转让导致危险程度显著增加的，保险人自收到前款规定的通知之日起三十日内，可以按照合同约定增加保险费或者解除合同。保险人解除合同的，应当将已收取的保险费，按照合同约定扣除自保险责任开始之日起至合同解除之日止应收的部分后，退还投保人。被保险人、受让人未履行本条第二款规定的通知义务的，因转让导致保险标的危险程度显著增加而发生的保险事故，保险人不承担赔偿保险金的责任。"

2009年修订之后的《保险法》直接规定，财产保险标的转让的，保险标的的受让人承继被保险人的权利和义务。这基本采纳了支持修订的意见，但因"照顾"反对修订的顾虑，也同时规定了"通知"义务和"风险增加"等内容。简言之，修订结果还不尽如人意，存在如下问题：

（1）第49条第1款中所用"转让"一词不准确。民法上"转让"的概念是指所有权转移，但我国不动产转让以变更登记为准，因此存在风险已经转移但所有权并未转移的情形，此时上述条款难以适用。例如，房主为其所有的房屋投保财产保险，后出售该房屋，已与受让人签订房屋买卖合同，且钱物两讫，但未办理变更登记，此时发生保险事故应如何处理？因此，该条款中的"转让"，合理的解释应指风险转移，但如此就出现了法律条文中一词多义、用语不统一的问题。

《保险法司法解释（四）》对此进行弥补，其第1条规定："保险标的已交付受让人，但尚未依法办理所有权变更登记，承担保险标的的毁损灭失风险的受让人，依照保险法第四十八条、第四十九条的规定主张行使被保险人权利的，人民法院应予支持。"

（2）"通知"义务未规定法律后果，混同"危险增加通知"义务，形同虚设。

（3）"危险增加通知"义务的规定，与《保险法》第 52 条的规定完全重复。

三、人身保险合同的转让

（一）人身保险合同转让的内涵

一般而言，除了统括保险和团体保险涉及的特殊情形，财产保险合同的保险标的不可改变，人身保险合同的被保险人不可改变，否则就相当于订立了新的合同，而非合同变更或者转让问题。人身保险合同的转让，一般涉及的是除了被保险人之外的合同当事人或者关系人的改变，相应地，也就产生保险合同上权利义务的转移。

有学者对人身保险合同的可转让性持有谨慎怀疑态度，认为作为分散风险的人身保险合同，是否可以转让以及在何种程度上发生合同转让的效果，在相当程度上要取决于法律的规定。[1]也有学者基于我国保险法的相应规定，认为人身保险合同转让的情形主要有：因人寿保险单的转让而引起的人寿保险合同债权的让与；因保险人资格的消灭而引起的人寿保险合同权利义务的概括承受。[2]本书下面针对这两种法律涉及的人身保险合同的转让情形，分而述之。

（二）人身保险单的转让

虽然《保险法》对于人身保险单的"转让"以及"质押"有规定[3]，但何为转让、如何转让以及转让内容均不明确，以至于各种著述中对于"保险合同转让"难以描述清楚。笔者试做如下分析：

1. 何为人身保险单的转让？

首先，保险合同的书面载体保险单作为一种记名的权利凭证，类似于记名证券，转让其"所有权"是没有法律意义的，在没有相关的登记机制情况下，只能转移保险单的占有而不能转移保险合同上的权利义务。因此，所谓人身保险单的转让应是指保险合同上的权利义务的全部或者部分转让。

其次，保险合同上的权利义务的转让，须经更替或者改变合同当事人或

---

[1] 参见邹海林：《保险法学的新发展》，中国社会科学出版社 2015 年版，第 287-291 页。

[2] 参见温世扬主编：《保险法》，法律出版社 2003 年版，第 153 页。

[3] 见《保险法》第 34 条第 2 款："按照以死亡为给付保险金条件的合同所签发的保险单，未经被保险人书面同意，不得转让或者质押。"

者关系人来实现，别无他法。人身保险合同的当事人和关系人，包括保险人、投保人、被保险人和受益人。如前所述，人身保险合同的被保险人一般是不能改变的，变更被保险人不是转让合同，而是订立新合同，因此，被保险人不能更替改变。保险人的改变情形，不在本问题的考虑范围内，后文将专门阐述。

受益人变更，实质是债权转让。按照《保险法》的规定，受益人享有保险金请求权，即受益权。虽然受益权成就为现实的权利，尚需要满足合同约定的条件，中间变数重重。但相对于保险人，仍可认为受益人具有债权人的地位。受益人由被保险人或者投保人指定或者变更，变更受益人，相对于保险人即为债权转让。但是，指定和变更受益人行为的性质是被保险人对其保险金请求权的预先处分，不宜认定为保险合同的转让。因为理论上，被保险人不被认为是保险单的"所有人"，其无权处分保险单；且其可以无限次地变更受益人，即其可以反复地"转让"保险合同上的权利，这不符合"转让"的原理。因此，变更受益人虽然涉及保险合同上权利的变动，但不能视为保险合同的转让。

投保人变更，实质是债权债务的概括移转。人身保险合同通常为长期的保险合同，交纳保险费多采取分期缴纳的方式。而投保人的法定义务是交纳保险费，因此，从交纳保险费的角度看，投保人相对于保险人处于债务人的地位。但需注意，因为法律规定，保险公司对于人寿保险合同的保费不能诉请投保人支付，因此，投保人交纳保险费的债务属于不具强制性的债务。在人身保险合同存续期间，若投保人死亡、下落不明、无法取得联系或者丧失支付能力等，一般需要变更投保人以继续承担缴纳保险费的义务。

但同时，很多人身保险合同因附加储蓄或者投资功能而具有现金价值，一般认为，在保险事故发生之前或者保险事件出现之前，保险单的现金价值归属于投保人。即使没有现金价值的保险合同，诸如意外伤害保险等，投保人退保也可请求返还剩余保险费。也即，如果投保人退保，则其享有对保险人的保单现金价值返还请求权或者剩余保险费返还请求权，在这个意义上，投保人是债权人。

因此，只有作为保险单"所有人"的投保人，才可以对保险单进行处分，可以转让或者质押保险单。

2. 人身保险单转让的内容为何？

人身保险单转让或者质押，一般只会涉及保险单上的权利，而不涉及义务。保险单上的权利，一种是被保险人或者受益人的保险金请求权[1]，该权利因为具有人身专属性，不宜转让；如果非要转让，只能通过变更受益人来实现，而正如前文所述，变更受益人不能发生转让的效果。一种是投保人退保后所享有的剩余保险费或者保险单现金价值的返还请求权。而被认为属于保险单"所有者"的投保人，对退保后所享有的剩余保险费或者保险单现金价值的返还请求权，才有可能进行转让或者质押。其中，剩余保险费因为具有消耗性而不适合质押，所以，法条所指的保险单的转让和质押的标的，只能是投保人对保险单现金价值的返还请求权。

如此理解的话，《保险法》第 34 条第 2 款所规定的"按照以死亡为给付保险金条件的合同所签发的保险单，未经被保险人书面同意，不得转让或者质押"就缺乏理论基础了。因为，转让或者质押的保险单的现金价值，只有在退保时才能变现，不会诱发道德风险。所以，要求必须"经被保险人书面同意"方得转让或者质押，没有道理。

3. 人身保险单如何转让？

保险单上的两种请求权的权利主体均在保险单中记名，且须凭"记名"才可以行使权利，因此他人无法替代，所以合同的权利义务并非可以通过简单的意思表示转移的。若想转让合同权利，必须通过变更合同中的相关"记名"才可以实现。所以人身保险单的转让和质押，通过变更投保人或者约定变更投保人的方式实现。此种情形，不同于人身保险合同订立，其不要求保险单受让人对被保险人具有保险利益。实务中，保险单的质押主要用于投保人依据保险合同预先约定条款向保险人借款担保所用。

（三）因保险人变更引发的法定转让

保险人变更，此为人身保险合同法定转让的情形，是债权债务的概括转让。对于寿险保单，具有储蓄功能，也承载着养老金等社会保障功能，因此，属于金融监管的保障对象。为了维护金融秩序的稳定，保护被保险人和受益人的权益，《保险法》第 92 条规定："经营有人寿保险业务的保险公司被依法

---

〔1〕 责任保险第三人也有保险金请求权，因其属于法定请求权，且与本问题无关，此处不予考虑。

撤销或者被依法宣告破产的，其持有的人寿保险合同及责任准备金，必须转让给其他经营有人寿保险业务的保险公司；不能同其他保险公司达成转让协议的，由国务院保险监督管理机构指定经营有人寿保险业务的保险公司接受转让。转让或者由国务院保险监督管理机构指定接受转让前款规定的人寿保险合同及责任准备金的，应当维护被保险人、受益人的合法权益。"依此条款，当人寿保险公司被撤销或者依法被宣告破产时，相应的人寿保险合同应依法转给其他人寿保险公司，以维持这些人寿保险合同的兑款能力。

保险人变更，相对于投保方而言，实质是债务转让。但在此种法定情形下，坚持债法上的债务转移规则已无意义，因此不必征得债权人同意，依法转让即可。

第三节　保险合同的解除

一、保险合同解除的概念

（一）保险合同解除的定义

保险合同的解除，广义理解，是指在保险合同存续期内，当事人双方通过协议或者一方行使解除权的方式，提前终止合同关系的行为。狭义理解，仅指单方解除。

（二）保险合同解除的特征

1. 保险合同解除须在保险合同存续期内

保险合同解除的前提是保险合同关系合法存续。如果保险合同尚未成立，或者合同因期限届满或者因履行完毕而终止，则不存在合同解除的问题。

2. 保险合同解除须经协议或行使解除权

保险合同可因双方合意解除，也可由单方行使解除权而解除。这与附解除条件的合同不同，附解除条件的合同因合同约定的解除条件成就而自动发生解除的效果，而保险合同解除须经意思表示为之。

3. 保险合同解除是提前终止合同关系

保险合同解除原则上并非使保险合同无效，而是提前终止其效力。此外，保险合同解除是保险合同终止的原因之一，但导致保险合同终止的事由不止保险合同解除。狭义的保险合同终止一般是指履行完毕的终止，如因保险合同有效期限届满或者已完全履行而终止。

二、保险合同解除的方式

（一）保险合同的协议解除

协议解除，是指合同成立之后，尚未履行或尚未完全履行之前，双方当事人通过协商一致，达成解除合同的协议，使合同关系归于消灭的行为。[1]协议解除的前提是双方当事人合意，而非解除权的存在与行使。协议解除是双方法律行为的结果，而非一方行使解除权的单方法律行为的结果。可见，协议解除与行使解除权解除保险合同均可导致保险合同关系终止，但二者存有差异。

（二）保险合同的单方解除

保险合同的单方解除，也称有权解除，是指依法或依约享有解除权的一方当事人，通过行使解除权，使保险合同关系归于消灭的单方法律行为。

保险合同单方解除的条件有二：解除人享有解除权；解除人行使解除权。

解除权的来源有二：一是源自法律规定，称为法定解除权；二是源于合同约定，称为约定解除权。解除权属于形成权，解除权的行使，需以意思表示为之。

三、保险合同法定解除权的配置

《保险法》第15条规定："除本法另有规定或者保险合同另有约定外，保险合同成立后，投保人可以解除合同，保险人不得解除合同。"

可见，我国保险法在解除权配置方面，赋予了投保人任意解除权，同时严格限制保险人的解除权。这是由保险机制的功能以及保险合同的特点决定的。

（一）投保人的法定解除权

原则上，投保人可以任意解除保险合同，除非法律另有规定或者保险合同另有约定。投保人解除合同，也称作退保。虽然投保人退保自由，但往往需要向保险公司交纳一定的手续费，人身保险合同如果过了"犹豫期"，退保手续费就很昂贵。

---

[1] 参见温世扬主编：《保险法》，法律出版社2016年版，第137页。

《保险法》第50条规定："货物运输保险合同和运输工具航程保险合同，保险责任开始后，合同当事人不得解除合同。"这主要是对投保人解除权的限制，原因在于这两种合同特殊，不宜中途解除。

（二）保险人的法定解除权

保险人的法定解除权与投保人正好相反，保险人通常不得解除保险合同，除非法律另有规定或者保险合同另有约定。

根据《保险法》的规定，保险人在下列情况下享有法定解除权：

1. 投保人违反如实告知义务。《保险法》第16条第2款规定："投保人故意或者因重大过失未履行前款规定的如实告知义务，足以影响保险人决定是否同意承保或者提高保险费率的，保险人有权解除合同。"

2. 被保险人或者受益人骗取保险金。《保险法》第27条第1款规定："未发生保险事故，被保险人或者受益人谎称发生了保险事故，向保险人提出赔偿或者给付保险金请求的，保险人有权解除合同，并不退还保险费。

3. 投保人、被保险人故意制造保险事故。《保险法》第27条第2款规定："投保人、被保险人故意制造保险事故的，保险人有权解除合同，不承担赔偿或者给付保险金的责任；除本法第四十三条规定外，不退还保险费。"

4. 人身保险合同中投保人误报年龄且超过年龄限制。《保险法》第32条第1款规定："投保人申报的被保险人年龄不真实，并且其真实年龄不符合合同约定的年龄限制的，保险人可以解除合同，并按照合同约定退还保险单的现金价值。保险人行使合同解除权，适用本法第十六条第三款、第六款的规定。"

5. 人身保险合同效力中止后逾期未复效的。根据《保险法》第37条第1款规定，人身保险合同效力中止后，自合同效力中止之日起满2年双方未达成协议的，保险人有权解除合同。

6. 保险标的的危险程度显著增加的。《保险法》第49条第3款规定："因保险标的转让导致危险程度显著增加的，保险人自收到前款规定的通知之日起三十日内，可以按照合同约定增加保险费或者解除合同。保险人解除合同的，应当将已收取的保险费，按照合同约定扣除自保险责任开始之日起至合同解除之日止应收的部分后，退还投保人。"第52条第1款规定："在合同有效期内，保险标的的危险程度显著增加的，被保险人应当按照合同约定及时通知保险人，保险人可以按照合同约定增加保险费或者解除合同。保险人解除合同的，应当将已收取的保险费，按照合同约定扣除自保险责任开始之日起至合同解除之日止应收的部分后，退还投保人。"

7. 投保人、被保险人未尽维护保险标的安全义务的。《保险法》第 51 条第 3 款规定："投保人、被保险人未按照约定履行其对保险标的的安全应尽责任的，保险人有权要求增加保险费或者解除合同。"

8. 保险标的发生部分损失的。《保险法》第 58 条第 1 款规定："保险标的发生部分损失的，自保险人赔偿之日起三十日内，投保人可以解除合同；除合同另有约定外，保险人也可以解除合同，但应当提前十五日通知投保人。"

上述保险人的法定合同解除权，其基础大多因为投保方有违最大诚信原则，或因承保风险发生显著变化。

另外，解除权属于形成权，一般需受除斥期间的限制。例如，《保险法》第 16 条第 3 款规定了保险合同解除权的除斥期间："前款规定的合同解除权，自保险人知道有解除事由之日起，超过三十日不行使而消灭。自合同成立之日起超过二年的，保险人不得解除合同；发生保险事故的，保险人应当承担赔偿或者给付保险金的责任。"

同时，弃权规则一般也适用于合同解除权和抗辩权。例如，《保险法》第 16 条第 6 款规定了法定弃权："保险人在合同订立时已经知道投保人未如实告知的情况的，保险人不得解除合同；发生保险事故的，保险人应当承担赔偿或者给付保险金的责任。"

四、保险合同解除的效力

（一）保险合同解除的一般效力

关于合同解除的效力，学界通说认为，非继续性合同的解除，原则上具有溯及力；继续性合同的解除，原则上不具有溯及力。[1]保险合同属于继续性合同，其解除原则上不具有溯及力，即解除仅向后发生效力。

因此，财产保险合同的解除，保险人应按实际承保期间收取保险费，并退还剩余部分保险费。人身保险合同的解除，保险人应按照合同约定退还保险单的现金价值。《保险法》第 47 条对于人身保险合同的解除效力作了一般

---

〔1〕 参见温世扬主编：《保险法》，法律出版社 2016 年版，第 142 页。

性的规定："投保人解除合同的，保险人应当自收到解除合同通知之日起三十日内，按照合同约定退还保险单的现金价值。"

（二）保险合同解除的特殊效力

有学者认为，对于保险合同的解除是否具有溯及力的问题，不能一概而论。具体而言，投保人解除人身保险合同，其解除的效力自始发生，使保险合同关系自始消灭，即具有溯及力；解除财产保险合同，其解除的效力仅向将来发生，保险合同关系自解除之日起归于消灭，即不具有溯及力。而保险人根据法律的规定行使解除权解除合同的，其解除的效力因投保人、被保险人或者受益人的过错程度不同，以及财产保险合同与人身保险合同的差异，而有不同的法律后果。[1]

对于投保方违反最大诚信原则，故意欺诈或者骗保的行为，保险法规定了一些看起来不同于一般效力规则的特殊效力，即解除或具有溯及力，[2]保险人行使法定解除权解除合同，并对解除前发生的保险事故也不予以赔偿或给付。一方面，是对特定情况下保险合同解除前发生的保险事故损失不予赔偿或者给付；另一方面，对于恶意的欺诈行为，规定了解除合同但不退还保险费的惩罚措施。例如：

《保险法》第16条对投保方违反如实告知义务时保险合同的解除的效力进行了规定。保险合同解除后，保险人对于合同解除前发生的保险事故，均不承担赔偿或者给付保险金的责任。但关于是否退还保险费存有不同：投保人故意不履行如实告知义务的，保险人不退还保险费；投保人因重大过失未履行如实告知义务且对保险事故的发生有严重影响的，保险人则应退还保险费。

《保险法》第27条对投保方存在保险欺诈时保险合同的解除的效力进行了规定。被保险人或者受益人谎称事故、故意制造事故，保险人解除合同均不承担赔偿或者给付保险金的责任，同时不退还保险费。

但对于保险单的现金价值，因其具有储蓄性质，属于投保人的私人财产，因此，任何情形下，保险人均无正当理由侵占该财产，应当向相关权利人予

---

〔1〕　参见温世扬主编：《保险法》，法律出版社2016年版，第142—143页。

〔2〕　笔者注：也可以将解除效力解释为不具有溯及力，将"对于解除前发生的保险事故不予赔偿"解释为基于法律的直接规定，而非解除具有溯及力。当然，解除有无溯及力，还涉及退多少保险费的问题。

以返还。

五、保险合同解除中对被保险人和受益人的保护

投保人具有保险合同的任意解除权,保险单的现金价值在没有特别约定的情况下通常归属于投保人,在保险事故发生前,保险单的现金价值是属于投保人的财产。那么,投保人的债权人可否主张强制执行保险单的现金价值?

投保人解除保险合同意味着被保险人将失去保险保障,被保险人和受益人的保险金请求权将落空,给被保险人和受益人将带来利益损失。他们若想重新投保,可能已失去良机,那么,投保人解除保险合同时,需要通知被保险人或者受益人吗?对被保险人和受益人如何保护和救济?

案例: 某企业曾向保险公司投保团体年金保险并附带长期意外伤害死亡保险,投保人为该企业,被保险人为其职工,受益人为职工家属。后该企业财务困顿,企业高管将这些保险退保,并用退保金支付了企业的部分外债。再后该企业被债权人申请破产清算,职工方知退保情况,主张退保行为无效,发生争议。此案应该如何处理?

日本 2008 年《保险法》针对生命保险和伤害疾病定额保险而规定了"介入权"[1],即如果受益人(介入权人)经投保人同意并支付了在保险合同解

---

〔1〕 参见日本 2008 年《保险法》第 60-62 条及第 89-92 条。下列日本 2008 年《保险法》法条参见岳卫:《日本保险契约复数请求权调整理论研究:判例·学说·借鉴》,法律出版社 2009 年版,第 230-232 页。

第 60 条 扣押债权人、破产管理人以及其他的死亡保险契约(仅限具有第 63 条规定的保险费准备金之契约。次款以及次条第 1 款中相同。)当事人以外之人等可以解除该死亡保险契约者(次款以及第 62 条中称为"解除权人")所进行的解除,自保险人受通知时开始 1 个月后发生效力。

2 保险金受领人(仅限前款所规定的于通知发生时,投保人以外的、投保人或被保险人的亲属或被保险人。次款以及次条中称为"介入权人"。)经投保人同意,于前款规定的期限到来之前,向解除权人支付若该死亡保险契约的解除于该通知之日发生效力则保险人须向解 除权人支付的金额,并就该支付行为已通知保险人的,前款规定的解除不发生效力。

3 若第 1 款规定的解除的意思表示发生于扣押的手续或投保人的破产手续、再生手续或更生手续中,则当介入权人完成了前款规定的支付与通知时,在与该扣押的手续、破产手续、再生手续或更生手续的关系上,视为保险人已经支付了因该解除的发生而应为之给付。

第 61 条 将投保人因死亡保险契约的解除而对保险人所具有的金钱债权予以扣押的债权人基于前条第 1 款的规定发出通知的情形下,介入权人依照该条第 2 款进行支付时,若保险人支付有关该扣押的金钱债权即可以依照民事执行法(昭和 54 年法律第 4 号)等其他法令的规定实行提存的,介入权人

除时保险人应向投保人的债权人等支付的与退还保险费相等金额的时候，那么该保险合同继续有效。

《保险法司法解释（三）》第 17 条规定："投保人解除保险合同，当事人以其解除合同未经被保险人或者受益人同意为由主张解除行为无效的，人民法院不予支持，但被保险人或者受益人已向投保人支付相当于保险单现金价值的款项并通知保险人的除外。"此条规定与日本《保险法》上的介入权相似。

（接上页）可以依照提存的方法及同款的规定实行提存。

2 在前款的通知发出的情形下，依照前条第 2 款的规定进行支付时，保险人支付有关该扣押的金钱债权即可依照民事执行法等其他法令的规定承担提存义务时，介入权人必须依照该提存的方法及同款的规定进行支付。

3 介入权人依照前两款的规定及提存的方法进行支付时，在与涉及该提存的扣押的手续之间的关系上，视为保险人已经就涉及该扣押的金钱债权依照该提存的方法予以了支付。

4 介入权人依照第 1 款或第 2 款的规定实行提存后，必须依照民事执行法等其他法令的规定，提交作为第三债务人应向执行裁判所等其他官厅或公署提出的报告。

第 62 条 自第 60 条第 1 款所规定的通知时开始至该款所规定的解除发生效力，或者依照该条第 2 款的规定该解除不发生效力为止，保险人因该期间内发生的保险事故应支付保险给付的，必须以应支付的保险给付额度为限，向解除权人支付同款所规定的金额。此情形下，保险人只要向保险金受领人支付从应支付保险给付额中扣除已向解除权人所支付金额之剩余额的保险给付即可。

2 前条的规定，准用于前款规定的保险人对解除权人的支付。

第七章

财产损失保险的赔偿规则

　　根据《保险法》第 95 条对于保险公司业务范围的划分，财产保险包括财产损失保险、责任保险、信用保险、保证保险等。其中，财产损失保险，也即狭义的财产保险，是指以各种有形财产为保险标的的保险。财产损失保险的保险标的范围十分广泛，一般而言，凡是能够用货币衡量其价值的物质产品皆可投保财产损失保险。[1]

　　按照具体保险标的之不同，财产损失保险包括企业财产保险、家庭财产保险、货物运输保险、运输工具保险、工程保险等诸多险种。财产损失保险承保的风险主要是各种自然灾害和意外事故，具体的承保风险以保险合同的约定为准。自然灾害，是指人力不可抗拒的、破坏力强大的自然现象。主要包括：雷电、暴雨、洪水、冰雹、暴风、龙卷风、台风、飓风、沙尘暴、暴雪、冰凌、突发性滑坡、崩塌、泥石流、地面突然下陷下沉等。意外事故，是指不可预料的以及被保险人无法控制并造成物质损失的突发性事件。主要包括火灾、爆炸等。[2]财产损失保险适用损失补偿原则及其派生规则。

第一节　财产损失保险的一般赔偿规则

　　财产损失保险合同可以分为定值保险合同和不定值保险合同，也可以分为足额保险合同、低额保险合同和超额保险合同。在不同场合，损失补偿原则的具体适用规则也有不同。

一、定值保险合同与不定值保险合同的赔偿规则

　　财产保险合同中多数为不定值保险合同。定值保险合同，通常适用于保

---

　　[1]　参见温世扬主编：《保险法》，法律出版社 2016 年版，第 226 页。
　　[2]　参见温世扬主编：《保险法》，法律出版社 2016 年版，第 227-228 页。

险标的的实际价值不易确定的保险场合，例如货物运输保险、海上保险以及古玩、字画等艺术品或矿石、标本等价值不易确定的财产保险。

区分定值保险与不定值保险在形式上的标准，通常以保险合同中是否有"保险价值"条款为判断标准，保险合同中有"保险价值"条款并载明具体数额的，一般认定为定值保险，没有该条款或有该条款但并未载明具体数额的，一般认定为不定值保险。

定值保险与不定值保险的赔偿规则不同。不定值保险的赔付规则是出险之后对保险标的进行评估，以保险标的当时当地的实际价值为基础进行赔付。定值保险在出险后不再对保险标的的实际价值进行评估，以合同约定的保险价值的数额为赔付基础，全损全赔，部分损失按照比例赔付。定值保险合同因为在缔约时已对保险标的的价值进行评估确定，故在保险事故发生时，无需对保险标的的实际价值再加以评估，简化了理赔程序。

例如，某公司以一件玉雕为保险标的向保险公司投保内陆货物运输保险，保险价值以发票金额180万美元确定。在运输途中玉雕毁损，被保险人索赔。保险公司经市场调查，发现此玉雕之同类产品的市场价格仅为50万元人民币，遂以投保人未履行如实告知义务而超额投保为由拒赔，双方发生诉讼。此案应如何处理？

首先，确定本案所涉及保险合同为定值保险合同；然后，按照定值保险合同的赔偿规则，在出险后不再对保险标的的实际价值进行评估，以合同约定的保险价值的数额为赔付基础，全损全赔，部分损失按照比例赔付。因此，保险公司应当按照保险合同所确定的保险价值180万美元为标准进行赔付。本案不涉及投保人未履行如实告知义务和超额投保问题，保险公司的抗辩理由不成立。需要注意，在定值保险场合，保险公司若想抗辩拒赔，只有一个办法，即主张并证明投保方欺诈，这往往很难。

二、足额保险合同、低额保险合同与超额保险合同的赔偿规则

（一）足额保险合同的赔偿规则

足额保险合同，是指保险合同约定的保险金额与保险标的的实际价值相当的保险合同。例如，保险标的的实际价值为10万元，保险金额约定为10万元，即为足额保险。足额保险既不会多负担保险费，也不会保障不足。在定值保险场合，一般都倾向于投保足额保险，如海洋运输货物保险等；在不

定值保险场合，因为在投保时不预先评估和约定保险价值，因此，是否为足额保险不由投保人的意愿决定，如果保险标的在保险期间的价值是波动的，该保险就可能是低额保险或者超额保险。足额保险的保险事故发生后，保险人按照实际损失赔偿即可，如果发生全损，保险金额即为赔偿数额。

（二）低额保险合同的赔偿规则

低额保险，又称不足额保险，是指保险合同约定的保险金额低于保险标的之实际价值的保险。例如，保险标的的实际价值为 10 万元，保险金额约定为 8 万元。低额保险的保险事故发生后，保险人承担保险责任的方式主要有两种：

一是比例责任，即按保险金额与保险标的实际价值的比例计算保险金。例如上述例子，保险金额与保险标的实际价值的比值为 80%，如果发生 5 万元损失，保险人应按照 80% 的比例，赔偿 4 万元保险金。《保险法》即采用此模式，第 55 条第 4 款规定："保险金额低于保险价值的，除合同另有约定外，保险人按照保险金额与保险价值的比例承担赔偿保险金的责任。"

二是第一危险赔偿方式，即不考虑保险金额与保险标的实际价值的比例，在保险金额限度内，按照实际损失承担保险责任。此种模式对被保险人利益的保障更为充分，在我国，须在合同中特别约定方可适用，通常保险费较第一种模式更多。笔者认为，在不定值保险比较普遍的陆上保险场合，法定默认的规则更适合第一危险赔偿方式，保险金额多少就保多少，更加符合投保方的心理预期。而在定值保险为主的海上保险场合，[1]法定默认的规则更适合比例责任。所以，《保险法》第 55 条第 4 款规定的低额保险赔偿规则，沿用了《海商法》的相应规定，[2]存在场景错配的问题。

低额保险合同产生的原因主要有三种：其一，投保人自愿选择此种类型

---

〔1〕《海商法》第 219 条规定："保险标的的保险价值由保险人与被保险人约定。

保险人与被保险人未约定保险价值的，保险价值依照下列规定计算：

（一）船舶的保险价值，是保险责任开始时船舶的价值，包括船壳、机器、设备的价值，以及船上燃料、物料、索具、给养、淡水的价值和保险费的总和；

（二）货物的保险价值，是保险责任开始时货物在起运地的发票价格或者非贸易商品在起运地的实际价值以及运费和保险费的总和；

（三）运费的保险价值，是保险责任开始时承运人应收运费总额和保险费的总和；

（四）其他保险标的的保险价值，是保险责任开始时保险标的的实际价值和保险费的总和。"

〔2〕《海商法》第 238 条规定："保险人赔偿保险事故造成的损失，以保险金额为限。保险金额低于保险价值的，在保险标的发生部分损失时，保险人按照保险金额与保险价值的比例负赔偿责任。"

的合同，以节省部分保险费。其二，基于保险人规定，限制投保人足额投保，以使被保险人承担部分风险，提高注意程度。其三，由于客观因素影响，合同订立后，保险标的价值上涨，从而使得保险标的的实际价值高于保险金额。

（三）超额保险合同的赔偿规则

超额保险，是指保险合同约定的保险金额超过保险标的之实际价值的保险。例如，保险标的的实际价值10万元，保险金额约定为15万元。此种情形下，保险损失如何赔偿？《保险法》第55条第3款对超额保险的效力及赔偿规则进行了规定："保险金额不得超过保险价值。超过保险价值的，超过部分无效，保险人应当退还相应的保险费。"由此可见，合同约定的保险金额中超过保险标的实际价值的部分为无效，保险人不予赔付，但保险人应当退还相应的保费。概言之，超额保险的赔偿规则就是无论全部损失还是部分损失，均按保险标的之实际损失的价值赔偿。

超额保险合同产生的原因大致有两种：其一是由于投保方善意而形成，投保人对超额情形并不知情，或者因市场价格变动导致。其二是由于投保方恶意而形成，在订立合同时，明知超额，为谋取不正当利益而投保，以便在保险事故发生后可获得超过实际损失的保险金。《保险法》并未区分善意与恶意，对恶意行为并无惩罚措施，可能会激励恶意超额投保情形。

三、对《保险法》第55条的检讨

结合上述阐述，本书对《保险法》第55条的内容进行如下检讨：

《保险法》第55条第1款和第2款区分了定值保险合同与不定值保险合同，第3款和第4款分别规定了超额保险合同和低额保险合同的赔偿规则。笔者认为，该条规定存在概念不清、法理不通的情况，很多人非经专业解读难以看懂。具体而言，该条规定存在如下问题：

1. 对"保险价值"的概念内涵界定不清

在本条中，"保险价值"有两种含义：一是在定值保险中双方约定的保险标的价值，或者是按照法律规定（如《海商法》第219条第2款）的方法计算出来的保险责任开始时保险标的的价值，通常表现为记载于合同中的"保险价值"条款，二是在不定值保险中保险事故发生时的保险标的之实际价值，对此，保险合同不预先约定而是在出险后再进行评估。在一个法条中的同一概念表述，却有两种不同含义，是造成错误解读的原因之一。

2. 规定超额保险的超过部分"无效"，易引起误解

且不论认定"无效"的理由是否充分，但认定超额部分"无效"，用语不严谨，容易让人联想到合同无效的后果。因为随着保险标的价格的波动，可能"超额部分"也是在"超额"和"不超额"之间反复波动的，在保险合同存续期内，认定不断波动的"超额部分"时而无效，时而有效，感觉很是荒唐。进而，"无效"的法律后果是对价返还，这大概也是后续规定退还相应保险费的缘由。其实，规定"超额部分"不予赔偿即可，不用扣上"无效"的帽子。

3. 规定超额保险退还相应的保险费不合理

《保险法》第 56 条规定的重复保险也存在同样的问题。这大概也是认定超额部分"无效"的后遗症。该规定的错误逻辑起点是对"保险金额"概念的误解，认为保险金额应当与保险标的的实际价值严格对应。依照其逻辑，因为保险只按保险标的实际价值赔偿，超过实际价值部分并未得到保险保障，所以，依据保险金额所计算缴纳的保险费中，超过保险标的实际价值的部分并未获得保障对价，故为保险人不当得利，应当返还。但若如此，对于没有出险的超额保险，其多收的相应保险费是否也应当退还？依据上述逻辑，这部分保险费也属于保险人的不当得利，当然也应当退还。现实中，保险标的之市场价格往往都是波动的，要求其与预定的保险金额相吻合几乎是不可能的，超额保险现象非常普遍；投保人甚至还可以为未来预期的利益投保，在预期利益变成现实利益之前，其所缴纳的保险费都没有得到保险保障的对价。那么依据上述逻辑，如果投保方能够提供证据证明哪段期间是超额保险，或者哪段期间不具有保险利益，则相应日期、相应超额部分的保险费，都可认定为保险人的不当得利，都应当退还。这显然是不合理的，也"创造"了大量诉讼隐患。

合理的解释应该是，保险金额是保险人提供保险保障的额度，不必与保险标的之实际价值相吻合。保险金额约定越高，保险保障的幅度空间越大。投保人支付保险费所购买的是一个保障额度，就如同为手机买的流量套餐一样，投保方多支付保险费，买到了更宽额度的保险保障，因此，保险公司不存在不当得利问题，超额保险不应退费。除非保险人明知保险金额显著超过保险标的价值，不需要其按照保险金额承担风险，而为了多收取保险费而鼓动或诱导投保人投保了显著高于保险价值的超额保险，出于消费者保护的理

念，法律是应当规定退费的。

值得注意的是，《海商法》也有关于"超额"部分无效的规定，其第 220 条规定："保险金额由保险人与被保险人约定。保险金额不得超过保险价值；超过保险价值的，超过部分无效。"这是因为海上保险合同多为定值保险合同，保险价值由保险人与被保险人约定。保险人与被保险人未约定保险价值的，按照《海商法》第 219 条第 2 款的规定，保险价值依照下列规定计算：（1）船舶的保险价值，是保险责任开始时船舶的价值，包括船壳、机器、设备的价值，以及船上燃料、物料、索具、给养、淡水的价值和保险费的总和；（2）货物的保险价值，是保险责任开始时货物在起运地的发票价格或者非贸易商品在起运地的实际价值以及运费和保险费的总和；（3）运费的保险价值，是保险责任开始时承运人应收运费总额和保险费的总和；（4）其他保险标的的保险价值，是保险责任开始时保险标的的实际价值和保险费的总和。也就是说，即使双方未约定保险价值，保险价值也是要按照法定标准进行计算，且该数额是可以在订立合同时通过计算而预知的。在这种定值保险情形下，如果准许超额保险，对于投保方，可能会诱发道德风险；对于保险人，也有故意多收保险费之嫌。因此，法律规定保险金额超过保险价值的部分"无效"，其前提是合同双方或一方明知或应知保险金额超过保险价值而订立超额保险合同，这与《保险法》大多适用于不定值保险的背景是不同的。但是，《海商法》没有明确规定保险人是否应当退还"超额"部分的保险费。

4. 没有规定超额定值保险的规则，存在立法空白

超额定值保险，是指在定值保险中约定的保险价值明显高于出险时保险标的实际价值的保险。在定值保险中，合同双方通常是以约定的保险价值为基础确定保险金额，因此，在订立保险合同时就可以知悉是足额保险还是低额保险。但是，由于定值保险是以约定价值或者投保时保险标的的价值来确定保险价值，导致一些投保人利用定值保险的固有缺陷，在投保时故意过高地约定保险价值，以期在发生保险事故时谋取不当利益。

这就需要法律对超额定值保险有所规制，国外已经有相关的立法。德国 2008 年《保险合同法》第 76 条中规定，在保险事故发生时，约定的保险价值不得有显著超过实际价值的限制。根据英国 2015 年《保险法》第 3 条公平陈述义务（the duty of fair presentation）和附件 1，如果被保险人知道保险标的的实际价值远远低于约定价值，而没有向保险人如实告知，即使其行为不构

成欺诈，也可能因违反该义务而导致合同被撤销或变更。[1]《保险法》对在定值保险中约定保险价值的效力认定以及对"超额定值"保险合同的法律规制方面，仍存在空白。

第二节　重复保险与保险竞合

一、重复保险的赔偿规则

重复保险，是指投保人对同一保险标的、同一保险利益、同一保险事故分别与两个以上保险人订立保险合同，且保险金额总和超过保险价值的保险。[2]

（一）重复保险的构成要件

根据《保险法》第 56 条的规定，构成重复保险应当满足下列要件：

（1）重复保险的保险标的同一。投保人就不同的保险标的订立保险合同，当然不构成重复保险。

（2）重复保险系投保人就同一保险利益投保。即使投保人是就同一保险标的投保，但若是基于不同的保险利益，则亦不构成重复保险。例如对于同一保险车辆，分别投保车损险和第三者责任险，则为不同之利益，不构成重复保险。

（3）重复保险是对同一保险事故投保。即使投保人基于同一保险利益，就同一保险标的投保，但若是就不同的保险事故投保，则不构成重复保险。例如，投保车损险和附加的车身划痕险即为不同的保险事故，不构成重复保险。

（4）重复保险的数个保险合同应在同一保险期间内。《保险法》第 56 条并未明确指出这一要件，但可通过重复保险的功能得出这一推论。若投保人就同一保险标的、同一保险利益、同一保险事故分别与两个以上保险人订立保险合同，但是是在不同的保险期间之内，则保险人不会对此承担重复的保险责任，投保人亦不会重复获得保险金，故不会违反损失补偿原则。只有在数个保险合同的保险期间完全或部分重合时，才会在重合的部分使得众保险

---

〔1〕　参见初北平：《海上保险法》，法律出版社 2020 年版，第 74-75 页。
〔2〕　参见《保险法》第 56 条第 4 款。

人承担重复的保险责任，此时才构成重复保险。

（5）投保人与两个以上保险人分别订立保险合同。若投保人与一个保险人就同一保险标的、同一保险利益、同一保险事故订立保险合同，则可能属于超额保险，并不属于重复保险。

（6）投保人订立了两个以上保险合同。此要件涉及重复保险与共同保险之区分。若投保人与两个以上保险人订立了一份保险合同，则属于共同保险之范畴。共同保险中，数个保险人对同一风险共同承担保险责任。

（7）保险金额总和超过保险价值。《保险法》采狭义重复保险之概念，即要求保险金额总和超过保险价值。

（8）重复保险合同基于损失补偿合同。给付性的人身保险合同，即使符合上述诸多要件，但因为不适用损失补偿原则，故亦不构成保险法上的重复保险合同。

（二）重复保险的分摊规则

重复保险合同中存在两个或两个以上保险人，各保险人之间如何承担责任，通常认为存在以下三种立法模式：

（1）优先主义。此种立法模式通常与分担主义共存。当各保险人同时订立保险合同时，仍采分担主义承担责任。当各保险人订立保险合同存在先后顺序时，则按照订立保险合同的先后顺序承担责任，即由在先订立保险合同的保险人优先承担保险责任，进行赔付，若不足以填补被保险人所受实际损失，再由下一顺位订立保险合同的保险人承担保险责任。但是，优先主义立法模式加重了在先保险人的保险责任而降低了在后保险人的责任，各保险人间责任分担有失公平。日本采用此种立法模式。

（2）连带主义。此种立法模式下，各保险人在自己所承保的保险金额限度内，对被保险人负连带责任。被保险人可以同时或不同时向部分或全部保险人请求给付保险金。不同保险人之间按其所收取保费的比例分担。保险人向被保险人给付超出自己应担份额的保险金后，就超出部分可向其他保险人追偿。连带主义立法模式对被保险人的保护较为充分，保险人之间的责任分担较为公平。德国、英国等均采此种立法模式。

《海商法》对于海上保险亦采此例，其第225条规定："被保险人对同一保险标的就同一保险事故向几个保险人重复订立合同，而使该保险标的的保险金额总和超过保险标的的价值的，除合同另有约定外，被保险人可以向任何保险人提出赔偿请求。被保险人获得的赔偿金额总和不得超过保险标的的受损价值。各保险人按照其承保的保险金额同保险金额总和的比例承担赔偿责任。任何一个保险人支付的赔偿金额超过其应当承担的赔偿责任的，有权向未按照其应当承担赔偿责任支付赔偿金额的保险人追偿。"

（3）分担主义。此种立法模式下，各保险人根据其保险金额与保险金额总额之比例，分担保险责任。我国、意大利、法国等采此种立法模式。

《保险法》第56条第2款规定："重复保险的各保险人赔偿保险金的总和不得超过保险价值。除合同另有约定外，各保险人按照其保险金额与保险金额总和的比例承担赔偿保险金的责任。"可见，保险人与投保人有约定的，依照约定。没有约定的，重复保险的各保险人按照保险金额与保险金额总额之比例分担保险责任。

但此条款似乎强调的是保险人之间的责任分担，对于投保方可否选择主张保险赔偿的规定并不明确。在实务上，被保险人对于不同的保险人是否只能以其应承担的份额主张赔偿？保险人可否以应承担份额进行抗辩？若如此解读，被保险人重复保险的后果就是使得本可以一个诉求解决的问题，必须依法进行多个诉求才能获得完全赔偿，费时费力，不符合投保方的效率。笔者认为，该法条仅在于分配各保险人的责任负担，不应影响被保险人在各保险人中选择对象来依据合同主张赔偿，各保险人也不得以自己依法应承担的份额进行抗辩。

二、保险竞合

（一）保险竞合的概念

保险竞合是指同一保险事故发生导致同一保险标的受损时，两个或两个以上的保险人对此均负保险赔偿责任的情形。保险竞合是法律上的竞合在保险法上的体现，法律上的竞合分为"请求权竞合"与"责任竞合"。当保险事故发生时，从被保险人的角度看，保险竞合表现为"请求权竞合"；从保险人的角度看，保险竞合则表现为"责任竞合"。在保险事故发生后，被保险人请求权的实现依赖于保险人赔偿责任的承担和履行。因此，保险竞合的准确定位应为保险人之间赔偿责任的竞合。[1]保险竞合是欧美保险法中的规则，我

---

〔1〕 参见李玉泉主编：《保险法学》，中国金融出版社2020年版，第175页。

国保险法中没有规定。[1]

保险竞合的产生通常有两种情形：一是投保人以自身为被保险人投保两个以上种类不同的保险；二是不同的投保人投保不同种类的保险，在保险事故发生时导致两个以上的保险人对同一保险事故所致同一保险标的物的损失都应对同一人负赔偿责任。[2]

（二）保险竞合与重复保险

由于保险合同可以随当事人需要随时订立，对投保人及被保险人而言，只要愿意负担保险费，通常即可以取得保险之保障。因此，会出现多张保单补偿同一损失的情形。我国保险法设立了重复保险制度，旨在禁止被保险人获得重复赔偿，避免被保险人不当得利。然而重复保险制度并不能穷尽所有发生多张保单补偿同一损失的情形。对于无法以重复保险概括之状况，无论是国外学说或是实务上，都以保险竞合处理。[3]

学理上认为，保险竞合是指投保人向保险人订立了保险利益、保险标的物、保险事故不完全相同的保险合同，指定同一人为被保险人，由于该数个保险合同有理赔上的重叠性，于保险事故发生时，数名保险人就同一保险事故所致损失，都应对被保险人负保险金给付责任的情形。[4]重复保险要求各保险合同中的保险利益、保险标的物、保险事故同一，保险竞合则要求保险利益、保险标的物、保险事故三者中至少有一者不同。[5]重复保险涉及的是同种保险，保险竞合涉及的可以是同种保险（如财产保险之间）的竞合，也可以是不同种保险（如财产保险与责任保险之间、商业保险与社会保险之间）的竞合。[6]

（三）损失补偿原则之适用

损失补偿原则是保险制度中的一项基本原则，可以有效防止被保险人从保险中获得额外利益，从而减少道德风险的发生。在保险竞合的情形下，权

---

〔1〕　参见温世扬主编：《保险法》，法律出版社 2016 年版，第 76 页。

〔2〕　参见李玉泉主编：《保险法学》，中国金融出版社 2020 年版，第 175 页。

〔3〕　参见樊启荣：《保险法》，北京大学出版社 2011 年版，第 133-134 页。

〔4〕　参见刘宗荣：《新保险法：保险契约法的理论与实务》，中国人民大学出版社 2009 年版，第 215-216 页。

〔5〕　参见刘宗荣：《新保险法：保险契约法的理论与实务》，中国人民大学出版社 2009 年版，第 218 页。

〔6〕　参见樊启荣：《保险法》，北京大学出版社 2011 年版，第 134 页。

利人可以在多张保单项下，向多个保险人请求支付保险赔偿金，但其获得的赔偿总额，仍然应当以保险事故造成的损失为限。尤其是在多张保单的保险金额之和超过损失金额的情况下，在处理保险竞合问题时，应当遵循损失补偿原则，避免权利人通过保险获得额外利益。[1]

第三节　保险代位求偿权制度

一、保险代位求偿权与物上代位

（一）保险代位求偿权的定义

保险代位求偿权，也称保险代位权或者保险代位追偿权，是指在财产保险中（或在损失补偿性保险中），保险标的之损失由第三人责任造成，保险人按照约定赔付了被保险人的全部或部分损失以后，相应取代被保险人的地位，行使被保险人对第三人追偿的权利。

保险代位求偿权是保险法上非常重要的制度，虽然脱胎于民法代位权或者债权转让，但又有其特别的意义，不能简单套用民法之规则，故在称谓上需附"保险"于"代位求偿权"之前，不宜省略。我国保险法中专门规定保险代位求偿权的法条包括：《保险法》第 60 条至第 63 条；《保险法司法解释（二）》第 16 条；《保险法司法解释（四）》第 7 条至第 13 条。这些法条，构成了我国保险代位求偿权制度。

（二）保险代位求偿权的制度功能

1. 防止被保险人获得超过实际损失的赔偿。对被保险人而言，当因第三人行为而发生保险事故导致保险标的受损时，被保险人既享有对保险公司的保险金请求权，还享有对第三人的损害赔偿请求权。这两项请求权均指向对被保险人所受损失的补偿，若被保险人可同时行使这两项请求权，则会导致其获得双倍赔偿，从中获益，这就违反了损失补偿原则。因此，当被保险人已行使对保险公司的保险金请求权并获得赔付后，应将其对第三人的损害赔偿请求权转移给保险公司，从而防止其不当得利。

2. 避免第三人因为被保险人有保险而脱责。对第三人而言，若无保险代

---

[1]　参见李玉泉主编：《保险法学》，中国金融出版社 2020 年版，第 175 页。

位求偿权，则被保险人就其损害在保险公司处获得赔付，丧失了向第三人请求二次赔偿的资格；保险人虽欲向第三人主张权利，但苦于无权利，亦无法向第三人追偿。此时，造成损害的第三人本身就处于真空状态，无人可向其问责，从而无需承担后果，而这一结果显然是不公平的。保险人行使保险代位求偿权向第三人追偿，可有效避免第三人脱责。

3. 减轻保险人负担。对保险人而言，当其履行保险义务向被保险人支付保险金后，其必须向第三人主张权利，获得相应的弥补。但若被保险人不向保险人转移其所拥有的损害赔偿请求权，保险人欲主张权利而无权利，不利于减轻保险人的负担。减轻保险人负担，并非在三者关系中偏倚保险人的利益，因为在理论上看，法律将该利益分配给保险人，保险人可以根据对于行使保险代位求偿权可能获得利益的精算来降低保险费率，实质上会回馈投保方，是减轻投保人之负担，有其正当性基础。

综上，保险代位求偿权对被保险人、第三人及保险人均有重要意义：防止被保险人不当得利；确保第三人承担后果；减轻保险人（实为投保人）负担。如果没有保险代位求偿权，则会形成被保险人有权而不得行使，保险人欲行使而无权，第三人虽有赔偿义务却无人问责的僵局。[1]但保险代位求偿权的理论基础仍是损失补偿原则，因此，防止被保险人通过保险获得超过损失的利益，属于该制度的核心功能。

（三）物上代位

一般而言，保险代位求偿权被称为"权利代位"，与此对应，保险法或者海商法上还有"物上代位"。例如《海商法》中第 249 条和第 250 条规定的委付制度。委付制度是海上保险中一项独特的法律制度，其核心在于当保险标的因海上风险发生推定全损时，被保险人通过转移标的物的一切权利和义务，换取保险人按全损赔偿的机制。根据《海商法》第 249 条的规定，委付是指"保险标的发生推定全损，被保险人要求保险人按照全部损失赔偿的，应当向保险人委付保险标的"的行为。

委付的成立需满足以下条件：

（1）以推定全损为前提。只有当保险标的被依法认定为推定全损时方可

---

〔1〕　参见刘宗荣：《新保险法：保险契约的理论与实务》，中国人民大学出版社 2009 年版，第247 页。

启动委付程序，实际全损或部分损失不适用。例如船舶沉没后打捞费用超过其价值，即可构成推定全损。

（2）整体性要求。委付必须针对保险标的的全部，不得仅委付部分或附加条件。

（3）保险人的选择权。保险人有权决定是否接受委付，如果不接受委付，仍需按实际损失赔偿，但无需承担标的物的后续义务。

需注意的是，委付与保险代位求偿权不同：前者涉及物权转移，是物上代位；后者仅为债权的让渡，是权利代位；委付仅适用于推定全损，而保险代位权于全损或部分损失均可适用。

委付制度对于保险人和被保险人双方来说，都不失为一种灵活而有效率的选择，使得理赔关系更为简明。委付一旦成立，将产生如下法律后果：

（1）委付是保险标的全部权利、义务的概括转让。一方面，保险人取得保险标的物的所有权及附属权利（如残骸处置权、对第三方的索赔权），另一方面，保险人需要承担标的物上的义务（如清除沉船费用、优先权债务等）。委付属于物上代位，物上代位与权利代位原理相通，但具体规则不同，物上代位是"买断"，是全部权利和义务的总括代位，不受保险赔偿金额所限。即使后续处理标的物所得收益超过赔偿金额，也归保险人所有，不视为不当得利。

（2）保险人接受委付，需按合同约定全额赔付保险金。被保险人可以及时获得充分的保险赔偿。

《保险法》第59条规定："保险事故发生后，保险人已支付了全部保险金额，并且保险金额等于保险价值的，受损保险标的的全部权利归于保险人；保险金额低于保险价值的，保险人按照保险金额与保险价值的比例取得受损保险标的的部分权利。"这属于类似于委付制度的物上代位。

但是，立法者可能没有考虑到的问题是：海上保险多属于定值保险，也多为足额保险，适用委付制度产生"买断"效果，可以简化理赔关系，提高理赔效率。但陆上保险以不定值保险为主，出险后才评估保险标的价值，很难碰巧是足额保险，这就使得不能像委付一样"买断"保险标的的残值，适用物上代位会使得双方关系更为复杂，也属于制度与场景错配。现实中，可能仅在车损险中修车费用大于重置价值时采用推定全损、物上代位的做法，实为牵强适用该规则。

二、保险代位求偿权之取得与行使

（一）取得保险代位求偿权的条件

保险人欲取得保险代位求偿权，应满足如下条件：

1. 发生保险损失，被保险人对保险人享有请求权。只有发生了保险合同约定的保险事故并使得保险标的受到损失，被保险人方可向保险人请求支付保险金。

2. 被保险人有对第三者之赔偿请求权。此为保险人取得代位求偿权的先决条件之一。若被保险人对第三者无赔偿请求权，则保险人通过被保险人触及第三者之联系无法形成，保险人自然无法取得代位求偿权。被保险人对于第三者请求权的基础，既可以基于侵权关系，也可以基于违约关系。《保险法司法解释（四）》第7条规定："保险人依照保险法第六十条的规定，主张代位行使被保险人因第三者侵权或者违约等享有的请求赔偿的权利的，人民法院应予支持。"

3. 保险人依约履行了赔偿义务。若保险人未履行赔偿义务、未向被保险人支付保险金，则被保险人的损害并未得到赔偿，其也就不存在二次获赔并从中获利的情况。此时，为了保障被保险人的利益，不应使其将对第三者的损害赔偿请求权转移给保险人。只有当保险人已经赔付保险金，使被保险人之损害得到赔偿时，才可将被保险人之权利转移至保险人。《保险法》第60条第1款规定："因第三者对保险标的的损害而造成保险事故的，保险人自向被保险人赔偿保险金之日起，在赔偿金额范围内代位行使被保险人对第三者请求赔偿的权利。"

对于保险代位求偿权之取得，《保险法》在立法上采当然代位主义，即当满足法定条件时，保险人当然取得代位求偿权，而无需被保险人向其转移对第三者的请求权。该法定的前提条件就是"保险人自向被保险人赔偿保险金之日起"。因此在我国，保险代位求偿权又是保险人享有的一种独立于被保险人权利的法定的权利。实务中，被保险人签署权利转让书的做法，并非保险人取得保险代位求偿权的必要条件。

（二）保险代位求偿权的行使

保险代位求偿权的性质界定是保险代位求偿权行使、限制等制度或规则的基础，而其性质的界定又与其取得方式相关。

关于保险代位权的性质，存在程序代位理论和法定债权让与理论两种学说，英美法系与大陆法系分别采取不同的观点，从而产生了两种截然不同的制度安排，即权利法定代位与法定的债权转移。英美法系理论认为，权利的代位与权利的让与长期处于相区分的状态，进而推论得出保险代位权制度的根本性质在于其代位性而非让与性，保险人只是直接"踏进被保险人的鞋子"。[1]

我国学者一般站在法定债权让与说的立场认为，在保险人赔付保险金后，被保险人对第三人的损害赔偿请求权于保险金额范围内全部或部分地移转至保险人处，且该项权利变动为法律所强制，无须保险人和被保险人之间形成合意。[2]或者说，我国立法上采当然代位主义，也是法定债权让与理论的实在法基础。

一般而言，保险代位求偿权在性质上具有从属性，从属于被保险人对第三者的赔偿请求权，保险代位求偿权的属性和内容，均不能超越被保险人对第三者的权利。而第三者对抗保险人行使代位求偿权的事由，包括第三者对被保险人的抗辩事由以及被保险人对抗保险人的事由。

需要说明，从保险代位求偿权的来源看，在法定保险代位求偿权之外，还有约定保险代位求偿权。所谓保险约定代位求偿权，是指在某些带有补偿性的健康保险或者综合性的意外伤害保险合同中，约定保险人可以行使代位求偿权。这涉及保险代位求偿权能否在一些补偿性人身保险合同中适用的问题，比如医疗费用保险等。对此，美国法院经历了从不支持到逐渐支持其约定效力的过程。《保险法司法解释（三）》第18条，[3]承认了某些医疗费用保险的补偿性。但对于约定代位求偿权在人身保险合同中的适用，立法仍持谨慎态度。

（三）保险代位求偿权诉讼

保险代位求偿权之诉讼程序，与保险代位求偿权的性质定位有关，但提升审判效率，有时也是程序设置时考量的因素之一。

---

〔1〕 参见初北平：《海上保险法》，法律出版社 2020 年版，第 320-321 页。

〔2〕 参见武亦文：《保险代位的制度构造研究》，法律出版社 2013 年版，第 32 页。

〔3〕 《保险法司法解释（三）》第 18 条："保险人给付费用补偿型的医疗费用保险金时，主张扣减被保险人从公费医疗或者社会医疗保险取得的赔偿金额的，应当证明该保险产品在厘定医疗费用保险费率时已经将公费医疗或者社会医疗保险部分相应扣除，并按照扣减后的标准收取保险费。"

根据我国《保险法司法解释（二）》第16条的规定，保险人应以自己的名义行使保险代位求偿权，保险人代位求偿权的诉讼时效期间应自其取得代位求偿权之日起算。

根据我国《保险法司法解释（四）》第12条的规定，保险人以造成保险事故的第三者为被告提起代位求偿权之诉的，以被保险人与第三者之间的法律关系确定管辖法院。

根据我国《保险法司法解释（四）》第13条的规定，保险人提起代位求偿权之诉时，被保险人已经向第三者提起诉讼的，人民法院可以依法合并审理。保险人行使代位求偿权时，被保险人已经向第三者提起诉讼，保险人向受理该案的人民法院申请变更当事人，代位行使被保险人对第三者请求赔偿的权利，被保险人同意的，人民法院应予准许；被保险人不同意的，保险人可以作为共同原告参加诉讼。

三、保险代位求偿权行使的限制

保险人行使代位求偿权，受到一定限制：

（一）适用范围的限制

保险代位求偿权适用于财产保险，原则上不适用于人身保险。《保险法》第46条规定："被保险人因第三者的行为而发生死亡、伤残或者疾病等保险事故的，保险人向被保险人或者受益人给付保险金后，不享有向第三者追偿的权利，但被保险人或者受益人仍有权向第三者请求赔偿。"这是因为人身难以用金钱衡量损失，人身损害赔偿不适用损失补偿原则，被保险人或者受益人也不存在不当得利的问题，因此，保险代位求偿权在人身保险中一般没有适用的必要。

但对于意外伤害保险和医疗保险中具有损失补偿性的保险合同，例如医疗费用保险，能否适用保险代位求偿权？理论界存有争议。

（二）适用对象的限制

保险代位求偿权不适用于被保险人的家庭成员或者其组成人员，除非保险事故是由他们故意造成。《保险法》第62条规定："除被保险人的家庭成员或者其组成人员故意造成本法第六十条第一款规定的保险事故外，保险人不得对被保险人的家庭成员或者其组成人员行使代位请求赔偿的权利。"这里的"组成人员"，应指组织体的成员及雇员或代理人（有事实上的劳动合同关系或者代理合同关系的），如企业的员工。因为被保险人的家庭成员或其组成人员与被保险人往往利益相连，共用"一个钱袋"，一旦保险人向其追偿，几乎无异于向被保险人本人追偿，"左手赔偿，右手追回"。为避免因此而使保险的功能无法实现，故将因被保险人的家庭成员或者其组成人员的原因造成保险事故的情形排除于代位追偿范围之外，但若系其故意造成，则不在此限。不足的是，上述法条对于被保险人的"家庭成员"和"组成人员"的范围界定不清，造成许多司法实务的困扰。

保险人对投保人能否行使保险代位求偿权？投保人是保险合同当事人，一般与被保险人有一定关系，另外，在英美法或者《海商法》上，一般将投保人视为被保险人的代理人，这与企业或组织中的"组成人员"的性质相似，在这个意义上，似乎不能对投保人进行追偿。但是，投保人也可能与被保险人没有共同利益关系，即使按照被保险人的代理人来理解其地位，也仅仅是在订立合同时的代理人，在这个意义上，似乎可以对投保人进行追偿。我国《保险法司法解释（四）》第8条规定，投保人和被保险人为不同主体，因投保人对保险标的的损害而造成保险事故，保险人依法主张代位行使被保险人对投保人请求赔偿的权利的，人民法院应予支持，但法律另有规定或者保险合同另有约定的除外。可见，我国原则上支持对投保人行使保险代位求偿权。

保险人对保险标的的合法占有人能否行使保险代位求偿权？所谓保险标的的合法占有人，是指保险标的的保管人、借用人、承租人、承运人、承揽人等合法占有保险标的的人。保险标的的合法占有人对于保险标的有妥善保管的义务，一旦保险标的遭遇自然灾害或者意外事件发生毁损，其应对所有权人负赔偿责任，即保险标的的所有权人对合法占有人有基于合同的返还请求权或者赔偿请求权。也就是说，如果保险标的的所有权人投保财产损失保险，当保险标的在合法占有人占有期间发生保险事故，保险人赔偿之后，当然取得对合法占有人的代位求偿权。但如此就会出现所有权人和占有人可能都需要购买保险的情形，例如，一批货物从上海运到新疆，为了使得各自对于货物的利益都能得到保险保障，货主和承运人可能都需要为这批货物投保财产损失保险，这显然不太合理。其实，不管是货主自己运输还是委托承运人运输，财产损失保险的承保风险种类和额度都是一样的。货主如果已经为这批货物购买了财产损失保险，可以免除承运人相应的赔偿责任，放弃对其追偿。因此，保险人对保险标的的合法占有人的代位求偿权应当受到一定的限制，这是一个比较前沿的问题，国内外司法实务对此争议都很多。例如，英国海上保险实务上，通常将船舶的承租人列为共同被保险人，但即使如此，保险人是否有权向一个共同被保险人追偿？这仍是一个具有很大争议的问题。按照英国现行判例，一般原则是共同被保险人可以免除保险人的追偿，但仍要重点参考共同被保险人之间的合同如何规定。

我国《保险法司法解释（四）》第9条规定："在保险人以第三者为被告提起的代位求偿权之诉中，第三者以被保险人在保险合同订立前已放弃对其请求赔偿的权利为由进行抗辩，人民法院认定上述放弃行为合法有效，保险人就相应部分主张行使代位求偿权的，人民法院不予支持。保险合同订立时，保险人就是否存在上述放弃情形提出询问，投保人未如实告知，导致保险人不能代位行使请求赔偿的权利，保险人请求返还相应保险金的，人民法院应予支持，但保险人知道或者应当知道上述情形仍同意承保的除外。"该条规定认可了保险代位求偿权受限于在保险合同订立前被保险人对第三人"合法有效"的弃权，即如果被保险人对第三人没有追偿权，则保险人当然也就不能行使代位求偿权。但如何认定"合法有效"的弃权行为？并无明确的标准。

对于《保险法司法解释（四）》第9条，特别是着眼于第2款询问告知规定的另一种解释是：如果保险人订立合同时已知被保险人与第三人间有免责协议或者弃权行为，即已知其保险代位求偿权会受到影响，而默认了该情况，继续与投保方订立合同，可以认为构成保险人对特定第三人代位求偿权的弃权，简言之，保险人知悉并明示或默示放弃保险代位求偿权，则不能再主张。但从法理来讲，保险人的弃权一般是针对合同解除权和抗辩权，对于请求权默示弃权的认定需要慎重。

（三）行使额度的限制

保险代位求偿权的范围不能超过保险人赔付给被保险人的金额。《保险法》规定，保险人"在赔偿金额范围内"代位行使被保险人对第三者请求赔偿的权利。即保险人不得高于其赔偿给被保险人的保险金数额向第三者求偿，即使第三者应当赔偿被保险人的数额高于保险金。或者说，第三者对被保险人应当承担的高于保险金部分的赔偿，仍属于被保险人的权利。

（四）利益冲突的限制

保险代位求偿权不能影响被保险人的剩余请求权。依据《保险法》第60

条第 3 款的规定，保险人依法行使保险代位求偿权，不影响被保险人就未取得赔偿的部分向第三者请求赔偿的权利。也就是说，当保险人赔付给被保险人的金额少于被保险人实际损失，即被保险人仍存在部分损失未获赔偿时，其行使代位求偿权不能影响被保险人就未获赔偿部分继续向第三者请求赔偿的权利。

该法条表述中的"不影响"，是指保险代位求偿权仅仅是在"赔偿金额范围内"，被保险人未获保险赔偿的部分的请求权，即剩余请求权，仍可向第三人行使，但不意味着被保险人的剩余请求权优先于保险代位求偿权。

如果第三人的清偿能力不足，无法完全满足被保险人和保险人的全部赔偿请求，则被保险人针对第三人的剩余赔偿请求权与保险人代位求偿权之间的优先顺位应如何处理，我国法律并未有明确规定，学界也存在争议。有学者认为，被保险人就其所遭受损失的剩余赔偿请求权应优先于保险人对第三人的代位求偿权。否则，在第三人偿付能力不足时，被保险人就会因保险人代位求偿权的存在而无法获得充分补偿，这与保险代位求偿制度设置初衷是不相符的。[1]本书也支持该观点，当第三人财产不能同时满足保险人的代位求偿权和被保险人的剩余请求权时，应当优先满足被保险人的权利。当然，发现双方利益冲突时，可能已经进入执行阶段，如果保险代位求偿权业已执行完毕，那么，再强调被保险人剩余赔偿请求权的优先性是很难的。

四、被保险人的相应义务

(一) 不得弃权

《保险法》第 61 条第 1 款规定："保险事故发生后，保险人未赔偿保险金之前，被保险人放弃对第三者请求赔偿的权利的，保险人不承担赔偿保险金的责任。"诚然，在保险人未赔偿保险金前，其并未取得代位求偿权，在法理上，被保险人可以放弃其对第三者的请求权。但如此做法必将使得保险人无法向第三者代位追偿，从而损害保险人的权利。故法律进行规定，若被保险人在保险人赔付前放弃对第三者的请求权，则保险人对被保险人不负赔偿责任。

《保险法》第 61 条第 2 款规定："保险人向被保险人赔偿保险金后，被保

---

[1] 参见初北平：《海上保险法》，法律出版社 2020 年版，第 334 页。

险人未经保险人同意放弃对第三者请求赔偿的权利的，该行为无效。"保险人向被保险人赔付后，依我国法律，其已在其赔付范围内自动取得对第三者的代位求偿权，对于此请求权，被保险人无处分权。因此，在未经保险人同意的情况下，被保险人放弃对第三者请求权的行为系无效行为。

（二）必要协助

当保险人向被保险人支付保险金并取得代位求偿权后，被保险人应就保险人向第三者行使追偿权提供必要的协助。《保险法》第63条规定："保险人向第三者行使代位请求赔偿的权利时，被保险人应当向保险人提供必要的文件和所知道的有关情况。"根据《保险法司法解释（四）》第11条的规定，被保险人因故意或者重大过失未履行《保险法》第63条规定的义务，致使保险人未能行使或者未能全部行使代位请求赔偿的权利，保险人主张在其损失范围内扣减或者返还相应保险金的，人民法院应予支持。该条司法解释，弥补了《保险法》第63条没有明确规定被保险人未尽必要协助义务法律后果的不足，直接援引适用《保险法》第61条第3款的规定。

（三）过失扣减

在某些情况下，被保险人虽未放弃对第三者的请求权，但其行为可能已对保险人行使代位求偿权造成妨害。此种情况下，《保险法》第61条第3款规定："被保险人故意或者因重大过失致使保险人不能行使代位请求赔偿的权利的，保险人可以扣减或者要求返还相应的保险金。"

第八章

责任保险的基础问题

第一节 责任保险的机制与特征

责任保险无论作为经济制度还是法律制度，均具有其独特的性质和价值。责任保险的主要特征为何？其本质为何？其与民事责任制度有何关联？本章拟从这些基础性问题出发，从责任保险的制度机制解析入手，分析其制度功能之演进。

一、责任保险及其制度机制

（一）责任保险的定义

各国立法对于责任保险的定义，其实质意义与内涵基本相同。尽管皆从保险标的入手来定义责任保险，对于保险标的之范围的界定还是有些差异。如美国保险法只认可侵权责任为责任保险标的[1]，相应地，美国学者一般也支持这样的观点，认为因合同义务不履行而产生的赔偿责任不能成为责任保险的标的。[2]而荷兰则明确规定责任保险标的包括合同责任。[3]学界一般主张责任保险标的主要为侵权责任，合同责任可以经过特别之约定而成为责任保险之标的。《保险法》第65条第4款规定："责任保险是指以被保险人对第

---

[1] 美国《财产保险法》规定："责任保险是以被保险人因对第三方的人身伤害及财产损失而依法应付的经济赔偿责任为保险标的的保险。"参见《各国保险法规制度译编》委员会译编：《各国保险法规制度译编》，中国金融出版社2000年版，第33页。

[2] See Kenneth S. Abraham, *Insurance Law and Regulation monoqraph：Case and Materials*, The Foundation Press, 1990, pp. 483-506.

[3] 荷兰《商法》规定："责任保险是负责承保被保险人对第三者可能产生的法律和合同责任的保险。"参见《各国保险法规制度译编》委员会译编：《各国保险法规制度译编》，中国金融出版社2000年版，第319页。

三者依法应负的赔偿责任为保险标的的保险。"

（二）责任保险的制度机制

1. 责任保险制度的本质——法律责任风险社会化

责任保险的制度机理与一般的商业保险并无根本区别，其原理就是利用集合风险和转移风险的方法，将单个风险分散于社会，使损失消化于无形，从而保障社会的安定与繁荣。[1]责任保险的实质就是法律责任的分担，或者说是法律责任风险的社会化。这就意味着，如果一个人向保险公司交一点保险费，为自己投保了责任保险，那么，在保险期限内一旦出现保险合同所约定的法律责任，就由保险公司替代其向责任相对人赔偿，而无需自己承担责任。例如，投保了汽车第三者责任险的驾驶人，开车撞了行人，按法律规定应赔偿该受害人。但因其投保了第三者责任保险，所以便由保险公司代替他向受害人赔偿，或者在他赔偿受害人之后，由保险公司给予他保险金。而保险公司为此支付的赔偿金或保险金，并非出自保险公司自己的腰包，而是由众多购买此种保险的投保人所缴纳的保险费来支付，也就是由该险种的被保险人共同体分担了。

在学理上，作为保险的一种，责任保险的有效运作需要满足以下条件：（1）由各个因某种风险事故发生而将遭受损失之人所组成的共同团体；（2）在此共同团体之内存在保险法上的风险，以使"大数法则"有其适用之余地；（3）该种风险具有同一性；（4）损害事故发生后补偿的需要性以及有偿性。[2]

2. 责任保险的标的——法律责任

责任保险区别于一般财产保险的显著特征就是保险标的——法律责任具有特殊性。值得注意的是，责任保险之标的范围并非覆盖所有的民事责任，其所承保的"责任"之范围与民事损害赔偿责任是不同的。一方面，责任保险承保的责任主要是被保险人的过错行为所致的责任事故风险，而被保险人的故意行为通常是保险合同规定的除外责任，保险公司不予负担。这一经营特点决定了责任保险承保的责任范围明显小于民事损害赔偿责任的范围。另一方面，在被保险人的要求下并经保险人的同意，责任保险又可以承保着超越民事损害赔偿责任范围的风险。无过错责任超出了一般民事损害赔偿责任

---

〔1〕 参见孙积禄等编著：《保险法原理》，中国政法大学出版社1993年版，第1-7页；覃有土、樊启荣：《保险法学》，高等教育出版社2003年版，第6-10页。

〔2〕 参见江朝国：《保险法基础理论》，中国政法大学出版社2002年版，第19-28页。

的范围，但保险人通常也将其纳入承保责任范围。另外，责任保险所承保的责任风险通常是民事侵权责任，但如果保险合同有特别的约定也可承保部分合同责任。

责任保险的保险责任一般包括两项内容：（1）被保险人依法对造成他人财产损失或人身伤亡应承担的经济赔偿责任。（2）因赔偿纠纷引起的由被保险人支付的诉讼、律师费用及其他事先经过保险人同意支付的费用。因为赔偿责任的金额通常难以预测，所以一般在责任保险合同中明确规定保险金额作为保险人承担赔偿责任的最高限额。其通常有以下几种类型：（1）每次责任事故或同一原因引起的一系列责任事故的赔偿限额，它又可以分为财产损失赔偿限额和人身伤亡赔偿限额两项。（2）保险期内累计的赔偿限额，它也可以分为累计的财产损失赔偿限额和累计的人身伤害赔偿限额。（3）在某些情况下，保险人也将财产损失和人身伤亡两者合成一个限额，或者只规定每次事故和同一原因引起的一系列责任事故的赔偿限额而不规定累计赔偿限额。保险公司除通过确定赔偿限额来明确自己的承保责任外，还通常在合同中规定免赔额，以此达到促使被保险人小心谨慎、预防事故的目的。

二、责任保险的特征

学者们对于责任保险的特征的归纳和表述并不完全相同，大致可以概括为以下几个方面：

（一）责任保险标的之特殊性

责任保险与其他类型保险最为根本的区别是保险标的的不同。

一般来讲，人身保险的标的是人的寿命和身体，财产保险的标的是被保险人的有形财产及相关利益。而责任保险的标的是被保险人对于第三人依法应负的损害赔偿责任。责任保险与人身保险在标的上的区别显而易见，人身保险是以人的寿命和身体为保险标的的保险合同，"人的寿命和身体"与"责任"是明显不同的。同时，责任保险与一般的财产保险在标的上也有着重大的区别。一般财产保险的标的是有形的物质财产，与物质财产相关的利益及其责任，虽然也在保险范围之内，但只是附加在有形财产上的保险，不能单独存在。[1]而责任保险是以被保险人对于第三人依法应负之赔偿责任为标的

---

[1] 参见方乐华：《保险法论》，立信会计出版社 2006 年版，第 88 页。

的保险。例如汽车发生车祸，撞伤行人，车主对于该受害人应负侵权之损害赔偿责任。赔偿后则车主之全体财产必然减少，而遭受损失，于是为填补此种损失，得事先以此种对于受害第三人之赔偿责任为标的，而投保责任保险。此种对于第三人之赔偿责任，如不发生，则被保险人固无何种积极之利益，然若发生，则被保险人之全体财产即必减少。可见，此种保险，实等于以被保险人的全体财产为标的（火灾保险或运送保险则以被保险人的个别的具体的财产为标的），所以也属于财产保险。[1]

责任保险虽然属于广义财产保险范畴，与一般财产保险具有共同的性质，适用于广义财产保险的一般经营理论；但是责任保险承保的却是法律风险，且具有代替加害人赔偿受害人的特点，在实务经营中亦有自己的独特之处。因此，在各国保险市场上，通常将责任保险作为独成体系的保险业务。[2]

赔偿责任作为保险合同标的，首先，这种责任是法律责任，非因依法应由被保险人承担的责任，不能成为责任保险的标的；其次，这种法律责任应是民事责任，被保险人依法承担的刑事责任、行政责任，不能成为责任保险的标的；最后，这种法律责任是过错责任或法定的无过错责任。被保险人因故意造成他人损害而依法承担民事损害赔偿责任，不能成为责任保险标的。[3]非损害赔偿责任不能作为责任保险的标的，如被保险人致人损害而应当承担的赔礼道歉的民事责任，不得为责任保险的标的。但是，被保险人对第三人承担的民事责任不以损害赔偿为直接内容，而责任的履行得以转化为损害赔偿或得以金钱计算的，可为责任保险的标的，如被保险人致人损害而应承担的恢复原状、消除风险的民事责任。

值得注意的是，早期责任保险理论认为，责任保险只适用于被保险人对第三人的侵权损害赔偿责任。[4]但根据现代保险法的理论与实务，承认责任保险的标的可以为侵权责任，亦可以为合同责任。[5]实际上，违约损害赔偿

---

〔1〕 参见郑玉波：《保险法论》，三民书局 2010 年版，第 139 页。

〔2〕 参见张洪涛、郑功成主编：《保险学》，中国人民大学出版社 2000 年版，312 页。

〔3〕 参见温世扬主编：《保险法》，法律出版社 2016 年版，第 244-245 页。

〔4〕 以美国为例，美国法院的绝大多数判例将合同责任（contractual liability）排除于责任保险的承保范围之外，将责任保险的标的限定为侵权行为（torts）所造成的人身和财产损失而产生的责任。*See* Kenneth S. Abraham, *Insurance Law and Regulation：Case and Materials*, The Foundation Press, 1990, pp. 483-504.

〔5〕 参见邹海林：《责任保险论》，法律出版社 1999 年版，第 62 页。

和侵权损害赔偿除发生的原因和成立要件有所不同外，在赔偿受害人损失方面并无实质差别，就其填补受害人的损害而言，具有相同的意义。因此，二者均可成为责任保险的标的。另外，根据保险之一般原理，被保险人故意行为造成之风险当属道德风险，不可作为责任保险之标的，但随着责任保险制度的发展，特别是在专为受害第三人利益而设置的强制责任保险范畴，保险人对被保险人故意造成第三人损害不承担保险责任已不具有绝对意义。[1]

(二) 责任保险赔偿的限额性

由于保险标的的性质不同，责任保险与一般财产保险在赔偿额度上也有所差别，或者说，二者赔偿限额确定的依据不同。所谓赔偿限额，是指保险人承担赔偿责任的最高限额。在一般财产保险中，赔偿限额就是保险金额，是根据保险标的的实际价值来确定的。一般来说，保险金额不得高于保险财产的实际价值，而赔偿的保险金一般以实际损失为限，且最高额度不能超过保险金额。责任保险承保被保险人对第三人的赔偿责任，而非被保险人的财产或者利益的实际损失，被保险人赔偿责任的发生与否以及赔付责任的大小均取决于多种偶然因素。被保险人赔偿责任发生的偶然性，决定保险人在订约时不可能确切地预测保险事故所造成损害的大小，保险人亦不可能承诺被保险人造成多少损害就赔偿多少。所以，在订立责任保险合同时，投保人和保险人所约定的保险金额，实际为保险人承担赔偿责任的最高限额。各国所适用的责任保险单一般约定有每次保险事故的最高赔偿限额或者保险期内的累计赔偿限额。不论在保险期间内发生多少次保险事故，保险人给付的保险金，均以合同约定的最高赔偿限额为限。从这个意义上说，责任保险为限额保险。[2]

保险人在承保责任保险时，通常对每一种责任保险业务规定若干等级的赔偿限额，由被保险人自己选择，被保险人选定的赔偿限额便是保险人承担赔偿责任的最高限额，超过限额的赔偿责任只能由被保险人自行承担。通常

---

〔1〕 例如，英国 1960 年《道路交通法》（Road Traffic Act, 1960）规定，交通事故之受害人，可直接向责任保险的保险人请求给付保险赔偿金；第三人向保险人请求给付保险赔偿金时，保险人不得以被保险人的故意行为来对抗第三人的赔偿请求。我国《机动车交通事故责任强制保险条例》（以下简称《交强险条例》）第 22 条规定，被保险人故意制造道路交通事故的，保险公司在机动车交通事故责任强制保险责任限额范围内垫付抢救费用，并有权向致害人追偿。
〔2〕 参见覃有土、樊启荣：《保险法学》，高等教育出版社 2003 年版，第 260 页。

责任保险合同规定赔偿限额的方式有以下几种：（1）每次责任事故或同一原因引起的一系列事故的赔偿限额。它又分为财产损失赔偿限额和人身伤亡赔偿限额两项。（2）保险期限内累计限额。它也分为累计的财产损失赔偿限额和累计的人身伤亡赔偿限额。（3）在某些条件下，将财产损失和人身伤亡两者合为一个限额，或者只规定每次事故和同一原因引起的一系列责任事故的赔偿限额，而不规定累计的赔偿限额。另外，从目前国际上责任保险的发展趋势看，越来越多的国家对人身伤亡不再规定赔偿限额。[1]

（三）责任保险功能上的替代性和保障性

责任保险以被保险人对受害人承担的赔偿责任为标的，是为第三人利益而订立的合同。具体而言，投保人与保险人订立的责任保险合同，其目的并不在于填补被保险人的财产或者人身因为意外事故而受到的损害，而在于转移被保险人对第三人应当承担的赔偿责任，性质上为第三人保险。

也正是因为上述责任保险的第三人性，使得责任保险在功能上具有替代性和保障性之特征，既替代被保险人承担赔偿责任，又保障受害第三人得到救济。除法律规定不能通过责任保险转移的赔偿责任或保险合同不予承保的赔偿责任以外，被保险人对第三人应当承担赔偿责任，或者受害人请求被保险人给付赔偿金时，由保险人承担赔偿责任。在这个意义上，责任保险的保险人承担了被保险人的赔偿责任，其居于替代被保险人向受害人赔偿的地位，这就是责任保险赔付功能的替代性。[2]

在现实生活中，一旦发生责任事故，造成他人的人身伤亡或财产损失，加害人理应依法承担赔偿责任，但如果加害人对于这种赔偿责任，只能负担一部分，或者根本无力负担，那么，即使对加害人施以刑事制裁，对受害人也无实质性的救助。而如果加害人有责任保险，由于保险公司具有强大的赔偿能力，则就能保障受害人获得确切的经济赔偿。因此，责任保险在功能上对于受害人具有保障性。也正是为保障无辜受害者的经济利益，许多国家对一些风险项目实行强制性责任保险。[3]或者说，在强调保障性功能的领域，法律或者政策通常推行强制责任保险，如强制汽车责任保险等。

---

〔1〕　参见温世扬主编：《保险法》，法律出版社2003年版，第251页。
〔2〕　参见覃有土、樊启荣：《保险法学》，高等教育出版社2003年版，第259页。
〔3〕　参见温世扬主编：《保险法》，法律出版社2003年版，第251页。

第二节　责任保险的产生与发展

一、责任保险的产生

西方保险界认为，保险业的发展可以划分为三个大的发展阶段：第一阶段是传统的海上保险和火灾保险（后来扩展到一切财产保险）；第二阶段是人寿保险；第三阶段是责任保险。保险业由承保物质利益风险扩展到承保人身风险后，必然会扩展到承保各种法律责任风险，这已经是被西方保险业发展证明了的客观规律。

相对于已有六百多年历史的海上保险，责任保险的历史并不十分久远，大致只有一百多年。责任保险的产生是社会文明进步特别是法制完善的结果。按大陆法系国家学者的通说，责任保险始创于法国，认为在 19 世纪初期颁布《拿破仑法典》并规定有赔偿责任后，法国首先开办了责任保险；德国随后仿效法国也开办了责任保险；英国在 1857 年开始办理责任保险业务，美国的责任保险制度则产生于 1887 年后。法国《拿破仑法典》（即 1804 年法国《民法典》）第 1384 条规定，任何人不仅对因自己的行为造成的损害负赔偿责任，而且对应由其负责之人的行为或由其照管之物造成的损害负赔偿责任。[1] 之后又通过对第 1384 条第 1 款的扩张解释，将机动车、电气、瓦斯等都涵盖在"照管之物"这一概念中。不仅如此，法国还制定了《矿害责任法》（1841年）、《雇员赔偿法》（1898 年）及《航空事故法》（1924 年）等特殊责任法，确立了无过错责任，相应地，赔偿责任也不断扩张，责任保险应运而生并得以发展。在法国之后，德国也开办了责任保险。德国于 1884 年颁布实施《雇员赔偿法》，推行工业事故社会保险制度，使工业事故的无过错责任得以落实。

也有保险学者认为，19 世纪初，法国《拿破仑法典》中有关责任赔偿的规定为责任保险的产生提供了法律基础。1855 年，英国率先开办了铁路承运人责任保险。自此以后，责任保险日益引起人们的重视。1870 年，保险商开始对因爆炸造成的第三者财产损毁和生命伤害提供赔偿。[2]

---

〔1〕　参见罗结珍译：《法国民法典》，中国法制出版社 1999 年版，第 330 页。
〔2〕　参见张洪涛、郑功成主编：《保险学》，中国人民大学出版社 2000 年版，第 37 页。

在普通法国家，英国责任保险的产生较早，发展也较为迅速。沃顿（Warden）保险公司在1875年签发了第一张有记载的公众责任保险单。[1]具有重要意义的是雇主责任保险，可以说雇主责任保险是工业革命的产物。1880年英国颁布《雇主责任法》，当年就有专门的雇主责任保险公司成立，承保雇主在经营过程中因过失使雇员遭受伤害时所应承担的赔偿责任。1886年英国人在美国开设雇主责任保险公司，由此美国的责任保险制度开始建立。此后，雇主责任保险在英国、美国等西方国家获得了发展。西方国家的保险人对其他各种责任保险也开始以附加责任的方式承保，并逐渐以新险种的形式出现和发展。如承包人责任保险始于1886年，制造业责任保险始于1892年，医生职业责任保险始于1890年—1900年之间，航空责任保险始于1919年，会计师责任保险始于1923年，个人责任保险始于1932年。目前绝大多数国家均采取强制手段并以法定方式承保的汽车责任保险，始于19世纪末，并与工业保险一起成为近代保险与现代保险分界的重要标志。[2]在汽车发明以前，就有一种保险单专门承保因使用马车引起的赔偿责任。19世纪末，汽车诞生后，汽车责任保险随之产生。最早的汽车保险是1895年由英国一家保险公司推出的汽车第三者责任保险。1898年，美国开办了这项业务。进入20世纪后，汽车第三者责任保险得到了极大发展，时至今日它已经成为责任保险市场最主要的业务之一。[3]

美国学者所罗门·许布纳（S. S. Huebner）认为，责任保险是"意外伤害保险"领域中的重要组成部分。早期这一领域内的保险主要是牲畜、人身事故以及锅炉与机器保险。第一份责任保险保单可以追溯到19世纪后期。保护雇主不受受害雇员责任索赔损害的保单就是最早的责任保单之一。在临近20世纪之前，保险人签发了第一张汽车责任保单。该保单严格地遵循了用于承保使用马匹所产生责任的保单格式。而保护企业的责任保单大约产生于1890年。产品责任保险也随后于1910年出现。随着员工赔偿法律于1911年和1912年的制定，法律要求雇主必须对雇员承担一定的责任，承保上述法定责

---

〔1〕　参见邹海林：《责任保险论》，法律出版社1999年版，第46页。

〔2〕　参见张洪涛、郑功成主编：《保险学》，中国人民大学出版社2000年版，第312-313页。

〔3〕　参见张洪涛、郑功成主编：《保险学》，中国人民大学出版社2000年版，第37页。

任的保单也因而开始出现。[1]

二、责任保险的发展及其原因

（一）责任保险的发展

责任保险是随着科学进步、社会发展，特别是法律制度的逐步健全而发展起来的。责任保险发展的一百多年，恰是近代工业革命兴起，并向工业现代化迈进的时期，先是工业事故，后是交通事故、制造物缺陷等，其引发的损害赔偿大量增加；而该时期社会的另一个特点是，古典自由主义思想衰落，代之而来的是法治国家思想兴起。有此社会基础作背景，责任保险开始出现并发展起来。

尽管责任保险与其他险种相比还年轻，但它的发展十分迅速，这是城市化、企业活动增加，尤其是制造业和交通运输业高度发展的必然结果。进入20世纪70年代以后，责任保险的发展在工业化国家进入了黄金时期。在这个时期，首先是各种运输工具的第三者责任保险得到了迅速发展；其次是雇主责任保险成了普及化的责任保险险种。随着商品经济的发展，各种民事活动急剧增加，法律制度不断健全，人们的索赔意识不断增强，各种民事赔偿事故层出不穷，使得责任保险在20世纪70年代以后的工业化国家得到了全面的、迅速的发展。责任保险起源于雇主责任保险，如今已渗透到社会生活的各个领域，产生了许多新型责任保险，如产品责任保险、环境责任保险、专家责任保险等，并且得到了迅速发展。责任保险是当前国际上受到人们广泛重视的一项业务，特别是在经济发达的国家，责任保险已成为保险公司的主要业务种类，而责任保险制度也已经成为一项具有相对独立理论体系和运作系统的保险制度。

（二）责任保险发展的原因

在笔者看来，责任保险的发展，究其原因，大致得益于两个因素：一是经济因素；二是法律因素。所谓经济因素包括两个方面，其一是指保险业快速发展的带动作用；其二是科技进步和社会发展所带来的人们对于新风险（特别是责任风险）分散的强烈需求。而法律因素则主要是民事责任制度演进

---

[1] 参见［美］所罗门・许布纳等：《财产和责任保险》，陈欣等译，中国人民大学出版社2002年版，第384页。

对于责任保险的促进作用。

客观存在的大量民事损害风险和人们转移风险的需求，是责任保险产生和发展的基础。但使责任保险得以产生并迅速发展的关键因素应该是法律因素，主要是民事责任制度。因为责任保险的保险标的是被保险人依法应当承担的民事赔偿法律责任，如果没有相关的民事法律制度作为基础，民事赔偿法律责任也就无从谈起，进而也就不会有以此为保险标的的责任保险的产生和发展，人们也不会有这样的保险需求。

正如民法学者所归纳的：基于责任保险作为独立存在的保险业务，其产生需要一个必不可少的条件，即民事责任风险的客观存在和较为完备的法律制度。一方面，没有法律形式确认的某种行为产生的民事责任，对行为人来讲，便不存在任何责任风险，因而以这种风险为标的的责任保险就无从谈起；另一方面，只有存在着以法律形式，确认某种行为应对当事人负经济上的赔偿责任时，人们才会利用保险为赔偿责任寻求经济上的补偿。事实上，当今世界上责任保险最发达的地方，也正是各种民事责任法律制度最完备、最健全的地方。[1]从责任保险来看，一方面它以保险合同的存在为前提，因为所有的赔偿都是以保险合同为依据的；另一方面它又以侵权责任为前提，因为责任保险的标的就是侵权责任。可以说，侵权法上的民事责任是责任保险与侵权法联结的逻辑起点。

由于责任保险承保的是各种责任事故风险，处理各种责任事故的法律原则便对责任保险业务的发展起着至关重要的作用。从各国对责任事故赔偿的法律处理来看，责任事故的法律处理原则大体上可以分为三个发展阶段：一是契约责任阶段，它强调在处理责任事故时以受害人与加害人存在着直接的契约或合同关系为前提，并主要表现在雇主责任事故和早期的产品责任事故处理中；二是过错责任阶段，它强调在责任事故中只有当加害人对受害人的伤害负有故意或过错责任时，才承担法律规定的经济赔偿义务；三是绝对或严格责任阶段，即只要受害人不是自己的故意行为所致的损害事实，均可以从实施行为的另一方面获得经济上的赔偿。[2]传统民事责任经历了一个由过错责任原则到过错推定、无过错原则的发展过程，从而使受害人的索赔空间

---

〔1〕　参见温世扬主编：《保险法》，法律出版社 2003 年版，第 250 页。

〔2〕　参见张洪涛、郑功成主编：《保险学》，中国人民大学出版社 2000 年版，第 313 页。

大大扩张，但这却与受害人能否最终获得赔偿的现实产生了矛盾，这促使了责任保险的应用。

民事责任制度的逐步扩张，目的无不在于解决受害人的赔偿问题。但是，民事责任在解决赔偿问题方面，有着固有的缺陷：（1）加害人无力赔偿时，受害人无法取得赔偿；（2）加害人恶意拒绝赔偿而隐匿财产，受害人无法取得赔偿；（3）加害人能力有限，则难以承受巨额赔偿，受害人仍无法得到充分赔偿。[1]如此，尽管侵权责任已经有所扩张，但其还是不可能在所有场合都能满足受害人的赔偿要求，主要障碍在于侵权法不能确保受害人能够得到切实的赔偿金支付，当加害人没有支付能力或其恶意拒绝支付赔偿，而且现代工业文明和发明的利用，所造成的损害数额极为巨大，加害人往往难以承受巨额赔偿。[2]对于民事责任可能无法落到实处的情况，责任保险产生并发挥了作用，在某种程度上弥补了民事赔偿机制的缺陷。"社会已经发展到了一个保险被普遍地利用的阶段，保险作为一种恰当之手段，解决了以前期待扩充侵权责任所要解决的问题。"[3]

值得注意的是，早期的责任保险，确实以填补被保险人因向受害人给付赔偿金而遭受的实际损失为目的。但是，随着社会的进步和责任保险制度的完善，责任保险开始扩大其承保范围，将被保险人的家庭成员及其受雇人视同被保险人予以承保，将受害人列为第三受益人，责任保险逐步确立起保护受害人的立场，责任保险所填补的损害为被保险人对第三人的赔偿责任，而非因赔偿责任的承担所受到的损失。[4]责任保险的制度功能不断得以发展。

综上所述，侵权责任的扩张，只是从救济原则上的不足，转换到另一种不足，即侵权法的补偿功能难以实现。受害人得到过错责任、无过错责任的保护，仅仅是在救济原则上的，而在实际上却得不到切实的救济。有鉴于此，西方国家普遍借用保险制度弥补侵权法赔偿功能的缺憾，于是出现了责任保险。也正是法律的不断进步，特别是民事责任法律原则的演进以及对侵权法补偿功能的切实关注，促进了责任保险的迅速发展。

---

〔1〕 参见邹海林：《责任保险论》，法律出版社 1999 年版，第 42–43 页。

〔2〕 See Ivar Strahl, *Tort Liability and Insurance*, Scandinavian Studies in Law, Vol. 3, 1959, p. 210.

〔3〕 See Ivar Strahl, *Tort Liability and Insurance*, Scandinavian Studies in Law, Vol. 3, 1959, p. 213.

〔4〕 参见邹海林：《责任保险论》，法律出版社 1999 年版，第 33 页。

第三节 责任保险的类型

一、责任保险的一般分类

现代保险业已经发展到了相当复杂的程度，难以通过一个绝对固定的标准，对责任保险进行严格的划分。责任保险的分类只是相对的，并不具有绝对的意义。依据不同的标准，责任保险可有不同的分类：

（一）自愿责任保险和强制责任保险

按照保险实施形式的不同，责任保险可分为自愿责任保险和强制责任保险。

（1）自愿责任保险。自愿责任保险又称任意责任保险，是指投保人和保险公司在平等互利、等价有偿原则的基础上，通过协商一致，双方完全自愿订立责任保险合同，建立责任保险关系的保险。[1]自愿责任保险是一种比较普遍的保险实施形式，商业保险中的责任保险绝大多数均属于自愿保险。例如，《保险法》第11条规定，订立保险合同，应当协商一致，遵循公平原则确定各方的权利和义务。除法律、行政法规规定必须保险的外，保险合同自愿订立。

（2）强制责任保险。强制责任保险，又称法定责任保险，是指国家或政府通过制定法律、颁发法规或行政命令，强行在投保人和被保险人之间建立起责任保险关系的责任保险。[2]强制责任保险是对保险领域契约自由的限制，只能基于法律的特别规定而开办，可以说，强制责任保险多是基于国家社会政策或经济政策的需要而开办的，往往是为了实施某项政策而采用的一种手段。例如，《中华人民共和国道路交通安全法》（以下简称《道路交通安全法》）第17条规定，国家实行机动车第三者责任强制保险制度，设立道路交通事故社会救助基金。具体办法由国务院规定。而据此由国务院制定的《交强险条例》是我国第一部正式以"强制保险"命名的行政法规。强制责任保险的强制性集中表现于投保环节和承保环节上，即强制投保和强制承保。法律的强制性是强制保险最根本的特征，但其数量较少，只是保险自愿原则之

---

〔1〕 参见许飞琼编著：《责任保险》，中国金融出版社2007年版，第28页。

〔2〕 参见许飞琼编著：《责任保险》，中国金融出版社2007年版，第27页。

特例。强制责任保险往往着眼于维护社会秩序和稳定社会关系的整体利益，带有一定的政策性。当今世界，强制责任保险主要有汽车责任保险、雇主责任保险、律师责任保险、环境责任保险等。

（二）事故型责任保险和索赔型责任保险

按照保险索赔基础的不同，责任保险可以分为事故型责任保险和索赔型责任保险。

（1）事故型责任保险。事故型责任保险，又称期内发生式责任保险，是指保险人承诺对被保险人因为约定事件的发生而产生的责任损失予以补偿。但该约定的事件，仅以对第三人有所影响而在保险单约定的期间内所发生的事件为限。[1]换言之，即保险人是以被保险人致人损害的行为或者事故发生在责任保险单的有效期间作为保险人承担责任的条件，从而向被保险人承担保险给付的责任，而不论第三人的索赔是否发生在保险单的有效期间。

（2）索赔型责任保险。索赔型责任保险，又称期内索赔式责任保险，是指以第三人向被保险人请求索赔的事实发生在责任保险单的有效期间，则保险人应对被保险人承担保险金给付责任的保险。[2]其特点是以第三人向被保险人请求索赔的事实发生在责任保险单的有效期间作为保险人承担责任的条件，继而对被保险人承担保险给付责任的保险，而不论被保险人致人损害的行为或事故是否发生在保险单的有效期间。

以"事故发生为基础"（occurrence basis）的事故型责任保险与以"索赔发生为基础"（claim made basis）的索赔型责任保险不同，容易产生"长尾巴责任"的问题，因为采用这种方式，在保险期间内发生的事故，可能会在保险期限终止后一段时间，甚至很长时间后才提出索赔，就会导致"长尾巴责任"。现今，国内推出的责任保险已经普遍采用"索赔发生为基础"。[3]

（三）其他分类形式

除上述分类外，对于责任保险还可以按其与责任风险的关系不同，将其分为直接责任保险和间接责任保险。按其与其他财产保险关系的不同，分为

---

〔1〕参见张洪涛、王和主编：《责任保险理论、实务与案例》，中国人民大学出版社2005年版，第51页。

〔2〕参见张洪涛、王和主编：《责任保险理论、实务与案例》，中国人民大学出版社2005年版，第51页。

〔3〕参见李玉泉：《保险法》，法律出版社2003年版，第184-185页。

独立责任保险、附加责任保险和混合责任保险。按其责任承担主体的不同，分为自然人责任保险和法人团体责任保险。按责任保险承保责任（保险标的）的性质进行分类，可分为民事损害赔偿责任保险和合同责任保险。[1]同样，按责任保险承担责任基础的不同，还可将民事损害赔偿责任保险进一步分为过错责任保险和无过错责任保险。过错责任保险是指承保被保险人因疏忽或过失行为对他人造成损害时依法应承担的赔偿责任的保险。主要包括汽车第三者责任险、职业责任保险、公共责任保险等。而无过错责任保险，是指承保被保险人无过错赔偿责任（即无论被保险人有无过错，凡致使他人人身伤害、财产损失或利益丧失的，都要对他人负赔偿责任）的保险。无过错责任保险一般都是基于法律明确之规定，主要包括雇主责任保险、产品责任保险、核电站责任保险、环境责任保险等。

二、责任保险的险种类型

在欧美等发达国家，责任保险合同包罗万象，几乎到了无所不保的程度，因而其险种也千差万别，极其繁多。[2]因为保险公司的险种多是根据保险标的的不同而划分的，因此，这种分类具有重要的意义，它正是保险学和保险法的理论与实践衔接之处，也是保险及保险合同最为基本的分类。责任保险区别于其他保险也是基于保险标的之标准。根据保险标的之不同，责任保险主要分为以下类型：

（一）公众责任保险

公众责任保险（public liability insurance），又称普遍责任保险或综合责任保险。它是责任保险中一项独立的、适用范围极其广泛的险种。广义的公众责任保险几乎承保所有的损害赔偿责任；狭义的公众责任保险，仅以被保险人的固定场所作为保险区域范围，主要承保企业、机关、团体、家庭、个人以及各种组织（单位）在固定的场所从事生产、经营等活动以至于日常生活中由于意外事故而造成他人人身伤害或财产损失，依法应由被保险人所承担的各种经济赔偿责任。[3]

从法律的角度，公众责任保险是指以被保险人因其违反法定义务造成公

---

[1] 参见许飞琼编著：《责任保险》，中国金融出版社2007年版，第29-33页。
[2] 参见温世扬主编：《保险法》，法律出版社2003年版，第250页。
[3] 参见谢书云：《我国责任保险市场发展研究》，厦门大学2008年博士学位论文。

众人身伤亡或者财产损失而应当承担的赔偿责任为标的的责任保险。因为公众责任保险适用范围非常广泛，所以又有综合责任保险或普通责任保险之称。公众责任保险可分为综合公众责任保险、场所责任保险、承包人责任保险和承运人责任保险四类，每一类又包括若干保险险种。具体险种如电梯责任保险、旅行社责任保险、物业管理责任保险、建筑工程第三者责任保险、安装工程第三者责任保险以及工厂、商场、办公楼、旅馆、餐饮、公园、校园、影剧院等营业场所投保的公众责任保险等。

（二）雇主责任保险

雇主责任保险（employer's liability insurance），是指以雇主对雇员在受雇期间，从事保险合同列明的被保险人的业务而发生意外事故或患职业病导致伤亡、疾病所应承担的赔偿责任为保险标的的保险。通常，雇主责任保险合同所承保的是雇主对雇员在受雇期间的人身伤害根据劳工法（劳动法）、雇主责任法或者雇佣（劳动）合同应承担的经济赔偿责任。与此密切相关的还有一种雇员第三者责任保险，承保雇员在执行任务时造成他人损害依法或者依据雇佣（劳动）合同规定应由雇主承担的经济赔偿责任。[1]

需要说明的是，雇主所承担对雇员的责任一般包括雇主的故意行为、过错行为乃至无过错行为所致雇员的损害，但保险人所承担的保险责任与此并不一致，即均将被保险人的故意行为列为除外责任，而只将被保险人的过错为和无过错行为所致的损害纳入保险责任范围。

（三）产品责任保险

产品责任保险（product liability insurance），是指以产品的制造商和销售商因生产和销售的产品造成产品使用者人身伤害或财产损失而依法应当承担的损害赔偿责任为标的的责任保险。产品责任保险的目的，在于保护产品的制造商或销售商免受因其产品的使用而造成他人人身或财产损害而承担赔偿责任的损失。[2]在责任保险领域，产品责任保险是发展最为迅速的险种。[3]早期的产品责任保险，主要承保一些直接与人体健康有关的产品，后来逐渐扩大承保范围，现在几乎所有的产品都可以从保险人处获得产品责任保险。

---

〔1〕 参见许飞琼编著：《责任保险》，中国金融出版社 2007 年版，第 33 页。

〔2〕 参见谢书云：《我国责任保险市场发展研究》，厦门大学 2008 年博士学位论文。

〔3〕 参见张洪涛、王和主编：《责任保险理论、实务与案例》，中国人民大学出版社 2005 年版，第 51 页。

（四）职业责任保险

职业责任保险（professional liability insurance），也称为专家责任保险，又被称为职业赔偿责任保险或业务过错责任保险。其承保的是各种专业技术人员因职业或工作上的疏忽或过错造成合同对方或者他人损害所应负担的赔偿责任。主要的险种有医疗责任保险、药剂师职业责任保险、律师责任保险、注册会计师职业责任保险、保险代理人职业责任保险、保险经纪人职业责任保险、公司董事和经理责任保险、破产管理人责任保险、建筑工程设计责任保险、工程监理责任保险、建设工程勘察责任保险、船舶检验师职业责任保险等。

（五）环境污染责任保险

环境污染责任保险（environmental pollution liability insurance），是指以被保险人因污染环境致使第三者遭受损害而应当承担的环境赔偿责任或者治理责任为标的的责任保险。[1]环境污染责任保险承保的是被保险人因污染环境造成第三人人身或财产损害，而应承担的经济赔偿责任以及依法应由被保险人承担的治理污染的责任，是公众责任险的一种特殊形态，或者说是由公众责任保险发展而成的一种新型责任保险，如油污责任保险、核污染责任保险等。

（六）第三者责任保险

第三者责任保险（third party liability insurance），其承保的是被保险人的运输工具、建筑安装工程等意外事故而造成第三者的财产损失或人身伤害而引起的赔偿责任。也可归类为公众责任保险的范畴，其主要险种包括：机动车辆第三者责任保险、建设/安装工程第三者责任保险、船舶碰撞责任保险、航空承运人责任保险、石油作业第三者责任保险、核电站第三者责任保险等。在保险理论中，有的学者考虑到这些险种在承保方式上的差异，将这些险种冠以"第三者责任保险"的名称，在分类上单独列出。[2]

在保险实务中，对于责任保险之诸多险种，经常与一般的财产保险相联系。有的责任保险可以作为其他财产保险的组成部分承保，如船舶保险的基本责任包括船舶的碰撞责任在内。有的责任保险可以作为财产保险的附加险

---

〔1〕参见邹海林：《责任保险论》，法律出版社1999年版，第100页。
〔2〕参见张洪涛、王和主编：《责任保险理论、实务与案例》，中国人民大学出版社2005年版，第51页。

承保，如建筑工程和安装工程的第三者责任保险。有的可以作为与财产保险相联系的险种独立承保，如机动车辆损失保险和机动车辆第三者责任保险。还有的则可以作为专门险种独立承保，如很多公众责任保险、产品责任保险、雇主责任保险、职业责任保险等。

此外，在西方国家还流行一种综合性的责任保险，它将多种责任风险组合在一份分为不同项目的保险单内承保，被保险人可以根据具体需要投保其中的全部项目，也可选择部分项目投保。[1]

第四节　责任保险的性质与功能

一、责任保险的性质

（一）责任保险属于广义的财产保险

按照保险标的的不同，可将保险分为财产保险和人身保险。责任保险，虽然不是以被保险人某一具体财产为标的，但由于发生民事赔偿责任，就需在其财产中做出部分支出，若不发生民事赔偿责任，则可不支出。因而，责任保险实际上是以被保险人全部责任财产为保险标的的一种保险。也正是从该角度出发，学界一般认为，责任保险在性质上归于广义的财产保险范畴，因为被保险人对第三者依法应负的赔偿责任必然体现为财产的给付。学者们通常将广义的财产保险分为三类：（1）对于特定标的物的灭失损毁之保险，即有形财产保险；（2）对于将来可取之利益的丧失之保险，即无形财产保险；（3）对于发生事故而需由其财产中支出之保险，责任保险即属于第三类型的财产保险。[2]在传统保险法上，一般将财产保险合同区分为火灾保险合同、海上保险合同、运输保险合同、责任保险合同以及其他财产保险合同等。目前一些国家和地区的保险立法也是采用此种分类。《保险法》也是将责任保险归于财产保险之列，将规定有责任保险合同内容的条文第65条和第66条置于第二章"保险合同"之第三节"财产保险合同"之中；同时，在《保险法》第95条第1款中明确规定："保险公司的业务范围：（1）人身保险业务，包括人寿保险、健康保险、意外伤害保险等保险业务；（2）财产保险业务，

---

〔1〕 参见许飞琼编著：《责任保险》，中国金融出版社2007年版，第33页。
〔2〕 参见郑玉波：《保险法论》，三民书局2010年版，第132页。

包括财产损失保险、责任保险、信用保险、保证保险等保险业务；（3）国务院保险监督管理机构批准的与保险有关的其他业务。"可见，责任保险还是一种法律上的"有名"保险。

（二）责任保险属于第三人保险

依据保险风险和保险标的之差异，可将保险分为两种类型：第一人保险和第三人保险。所谓第一人保险（first party insurance），是指以被保险人的人身或财产（包括其他的财产性利益）为保险标的，以意外事故为承保风险的保险。而第三人保险（third party insurance），是指以被保险人对第三人的损害赔偿责任为保险标的，以被保险人对第三人的给付为承保风险的保险。责任保险属于第三人保险。

责任保险，是以被保险人因为致使第三人的人身或财产受损而应当对第三人承担的赔偿责任为保险标的之保险，属于第三人保险范畴。在这里，保险人所承保的被保险人的损失并非直接源于意外事故本身，而是被保险人应对第三人承担赔偿责任所致，是一种消极利益损失。在一般财产保险与人身保险实践中，保险人补偿的对象都是被保险人或受益人，其赔款或保险金也是完全归被保险人或其受益人所有，均不涉及第三人。而责任保险却与此不同，其直接补偿对象虽然一般也是与保险合同相关的被保险人，被保险人无损失则保险人无需赔偿，但被保险人的利益损失又首先表现为因被保险人的行为导致第三人的利益损失为基础的，即第三人的利益损失的客观存在并依法应由被保险人负责赔偿时，才会产生被保险人的损失。因此，这种赔偿实际上是对被保险人之外的受害第三人的赔偿。第三人对被保险人的赔偿请求，是责任保险合同得以成立和存在的基础。若没有第三人的存在，被保险人的损害赔偿责任无从发生，当无责任保险的适用。

同时，责任保险是被保险人受赔偿请求时保险人始负赔偿责任的保险。责任保险虽以被保险人对于第三人之赔偿责任为标的，但若该项赔偿责任纵已发生，而第三人不向被保险人请求时，则被保险人仍无损害可言，从而保险人亦不必对之负赔偿责任。所以责任保险之保险人于被保险人受第三人之赔偿请求时，始对被保险人负其责任。从这点上看，责任保险的赔偿比一般财产保险和人身保险的赔偿要复杂一些：每一起责任保险赔偿案的出现，都是以被保险人对第三方的损害并依法应承担赔偿责任为前提条件的，从而必然要涉及受害的第三人，而一般财产保险或人身保险的赔偿只涉及保险合同的双方。值得注意的是，随着责任保险制度的发展，产生了受害第三人请求权或者受偿权制度，[1]这更加凸显了责任保险的第三人性。

可见，责任保险是直接保障被保险人的利益，间接保障不确定的受害第三人利益的一种双重保障机制。从当今各国责任保险赔付规则的相关立法来看，与其说责任保险是对被保险人因承担法律责任而致财产损失的填补，毋宁说是替代被保险人对受害第三人给予赔偿，因此，法律一般赋予第三人对保险金的请求权。

综上，将责任保险归于广义的财产保险范畴在理论上和立法实践上并无异议；同时，其特性在于它是第三人保险，也因此，责任保险有着不同于一般保险的特征、功能和特殊规则。

二、责任保险的制度功能

要认识责任保险的制度功能，须先从责任保险的制度机制说起。众所周知，保险最基本的含义就是社会个体之间借助集体的力量规避风险。保险从一诞生开始就隐含了"人人为我，我为人人"的互济互助理念。与一般商业保险的运行机理相同，责任保险也是社会个体之间通过保险机制互济互助以规避个体风险的一种制度。通过保险公司的组织而建立起来的保险基金是依据保险合同形成的分散风险、填补损失的物质保障。按照保险的一般理论，保险的制度功能在于分散被保险人的风险，组织经济补偿。但从责任保险的发展历程来看，其制度功能显然已经超越了保险制度所固有的职能，承载了更多的内涵。如前所述，责任保险发展的一百多年，恰是近代工业革命兴起，并向工业现代化迈进的时期。由于意外灾害有增无减，工业化国家普遍存在着工业损害问题，诸如大量的工厂事故、交通事故、环境污染、产品致人损害等，引发的损害赔偿大量增加，概括起来有如下几个特征：（1）事故发生反复频繁；（2）事故常常造成巨大损失且受害者众多；（3）造成事故的活动往往都属合法而且必要；（4）很多事故的发生都是工业化的必然结果，难以

---

〔1〕 例如《保险法》第65条第1款、第2款规定："保险人对责任保险的被保险人给第三者造成的损害，可以依照法律的规定或者合同的约定，直接向该第三者赔偿保险金。责任保险的被保险人给第三者造成损害，被保险人对第三者应负的赔偿责任确定的，根据被保险人的请求，保险人应当直接向该第三者赔偿保险金。被保险人怠于请求的，第三者有权就其应获赔偿部分直接向保险人请求赔偿保险金。"

防范。在这种情况下，受害人需要救济，加害人也迫切需要分散巨额赔偿责任的风险，责任保险即为顺应工业现代化过程中分散法律赔偿责任风险的需要而产生。责任保险通过收取相应低廉的保险费，在不过分加重个人或企业经济负担的前提下，将损失分散于社会大众，消化于无形。从而不仅加强了加害人的损害赔偿能力，使其不至于因承担大量的损害赔偿责任而陷于破产；也使被害人的救济获得了较强的保障，有效地避免了受害人不能获得赔偿的问题。概括而言，责任保险具有下列功能：

（一）分散被保险人的赔偿责任风险

伴随着工业现代化的进程，各种意外事故不断增加，民事责任制度也发生了急剧的变化，尤其在民事侵权责任制度领域，过错推定制度、无过错责任制度有日益扩大其范围的趋势。这样一来，加害人的责任风险大大增加，往往达到难以承受的程度。即使行为人尽到了应有的谨慎注意义务，其责任风险仍然存在。这是因为，所谓"应有的谨慎注意义务"本身就是含义非常模糊的概念，在司法实践中具有不确定性，很可能导致行为人再谨小慎微，也不能避免承担赔偿责任的结局。而且，一些领域属于高风险行业，如医疗、审计、运输等行业，只要发生一次巨额索赔，就可能足以让行为人破产。而责任保险通过收取一定的、不过分加重个人或企业财务负担的保险费的形式，将潜在加害人将来可能承当的赔偿责任分散于社会，实现了损害赔偿社会化。责任保险具有如下两个方面的益处：一是使当事人能够避免不必要的风险，这是责任保险最主要的好处；二是可以使被告免于承担抗辩所需的费用，如在没有责任保险的时候审查和监督律师的工作所需要的费用。[1]

同时，因为被保险人所承担的赔偿责任直接关系到保险人所承担之保险责任，所以，保险人为防止被保险人怠于抗辩或有其他不利于保险人的行为，往往会在保险条款中约定"抗辩与和解控制条款"，即被保险人向第三人作出任何许诺、出价、约定、付款或赔偿，均须经保险人同意。可以说，在西方成熟的保险市场中，责任保险不仅仅为被保险人提供赔偿风险的转移，还提供专业化的索赔诉讼服务。也因此，开办责任保险的保险公司往往都是处理事故纠纷和索赔诉讼的专家。当第三人向被保险人索赔时，保险公司代表被

---

[1] See Gary T. Schwartz, *Ethics and the Economics of Tort Liability Insurance*, Cornell Law Review, Vol. 75, No. 2, 1989, p. 336.

保险人与索赔人交涉，代为聘请有经验的律师进行诉讼，从而省去被保险人自行处理纠纷的麻烦。[1]另外，责任保险的被保险人因给第三人造成损害而被提起仲裁或者诉讼的，除合同另有约定外，由被保险人支付的仲裁或者诉讼费用，以及其他的合理费用，一般也由保险人承担，这是目前世界各国的普遍做法。《保险法》中也有类似规定。[2]这有利于被保险人从麻烦的索赔诉讼中解脱出来，并为被保险人节省下不菲的诉讼成本。

（二）保护受害第三人的权益

从责任保险的历史发展看，初期责任保险的目的主要是为保障被保险人转移其民事赔偿责任风险。应该说，在责任保险产生与发展的初期，其目标和重心在于保护被保险人的利益，在于填补被保险人对受害人承担损害赔偿责任而受到的财产损失，避免被保险人因为承担赔偿责任而陷入经济困顿。按照责任保险的传统理念，保险人在被保险人实际对受害第三人给付损害赔偿金之前，被保险人并没有受到损失，因此保险人不需承担给付保险金的义务，即奉行的是"无损失即无填补"的理念；而责任保险合同之外的受害第三人，与保险人并无任何权利义务关系。这就致使在被保险人恶意的情况下，受害人并不能因为加害人投保责任保险而实际受益。

随着现代法治优先保护受害人理念的确立，人们对责任保险的制度功能以及对受害人保护的作用产生了新的思考和认识。在现代责任保险制度中，受害人的利益因责任保险而得到特别的尊重，这已经成为责任保险法律制度的发展趋势。具体而言，责任保险对第三人利益保护的重要制度之一，就是赋予受害第三人对保险公司的直接或者附条件的赔偿请求权。这对传统责任保险制度做出了两项根本性的否定：一是保险人承担保险责任不再以被保险人因实际向受害第三人赔偿而自身遭受财产损失为前提；二是受害第三人赔偿请求权的对象由原来的加害人（被保险人）拓展到了保险人，并因保险人之雄厚财力而使受害第三人的权益得到了更好的保障。

正如学者们所认识到的，虽然责任保险的目的是在被保险人需要向第三

---

[1] See Gary T. Schwartz, *Ethics and the Economics of Tort Liability Insurance*, Cornell Law Review, Vol. 75, No. 2, 1989, p. 338.

[2] 《保险法》第66条规定："责任保险的被保险人因给第三者造成损害的保险事故而被提起仲裁或者诉讼的，被保险人支付的仲裁或者诉讼费用以及其他必要的、合理的费用，除合同另有约定外，由保险人承担。"

人承担赔偿责任时对其加以保护,但责任保险对于受害第三人(被保险人负有赔偿责任的人)来说,同样具有非常重要的作用,能够在很大程度上满足其获得赔偿的要求:一方面,保险人根据责任保险合同的约定或者法律的规定替代加害人向受害人赔偿;另一方面,这种解决办法不仅可以保护加害人免于负担不可预见的赔偿责任,而且也有助于受害人得到及时有效的救济。[1]可见,现代责任保险的发展,使得责任保险逐渐脱离纯粹填补被保险人损害的功能,而更多地以保护受害第三人之获赔利益为目的,在很大程度上实为受害人的利益而存在,体现了责任保险保护受害人利益的新的制度功能。

　　责任保险的这种新的制度功能往往也直接反映在保险立法上,很多国家的保险法都赋予受害第三人对保险人的赔偿请求权或有制度保障的受偿权,或者规定在法定情形下受害第三人对保险人享有保险金请求权,或者规定保险人在承担保险责任时,应当尽合理的注意义务照顾受害人的赔偿利益,在受害人接受被保险人实际赔偿之前,不得向被保险人给付全部或一部分保险赔偿金。例如,英国 1930 年通过了《第三人(对保险人之权利)法》,使第三人在特定情况下依法取代了被保险人的地位。该法第 1 条规定,在被保险人进入破产状态时,其基于责任保险合同对保险人的请求权转给或赋予受害第三人。[2]法国 1930 年《保险合同法》较早在立法上规定了保险人的注意义务。该法第 53 条规定:"保险人对于受害人因被保险人之责任导致的损害事故之金钱上的结果,只要在保险金额的限度内该金额尚未被赔偿,保险人不得将必须支付的保险金额之全部或部分支付给受害人以外的任何人。"[3]而日本在部分强制责任保险中,通过特别立法规定受害第三人对保险人有直接请求权。例如其《汽车损害赔偿保障法》第 16 条第 1 款规定:"保有人发生依第三条规定之损害赔偿责任时,被害人得依政令所定,于保险金额之限度内,对保险公司为损害赔偿支付之请求。"[4]以切实保障受害第三人的获赔权益。

---

〔1〕 参见〔德〕迪特尔·梅迪库斯:《德国债法总论》,杜景林、卢谌译,法律出版社 2004 年版,第 432 页。

〔2〕 参见〔英〕约翰·伯茨:《现代保险法》,陈丽洁译,河南人民出版社 1987 年版,第 244－245 页。

〔3〕 参见陈飞:《论我国责任保险立法的完善——以新〈保险法〉第 65 条为中心》,载《法律科学(西北政法大学学报)》2011 年第 5 期。

〔4〕 参见江朝国编著:《强制汽车责任保险法》,中国政法大学出版社 2006 年版,第 209 页。

（三）防灾防损

保险具有防灾防损的派生职能，同理，责任保险也具有强化风险管理、预防损害发生的制度功能。保险人在承保责任保险后，有义务和责任向被保险人提供防灾防损的风险管理服务。保险公司利用自身风险管理的经验，借助社会有关力量，督促被保险人采取相关措施减少损害事故的发生。在责任保险中，保险公司与投保人签订责任保险合同是有条件的，投保人和被保险人对责任的防范和义务等均在保险单中予以明确规定，在保险合同履行过程中，保险人有权根据保险合同的规定对被保险人进行监督检查。同时，保险公司通过对风险的条件、状态等进行评估，可以采取承保、拒保、调整保费等不同方法，从而强化投保人的守法意识，避免或减少保险事故的发生。[1]可见，通过责任保险制度，可以推动社会风险管理制度的完善。

（四）融资投资

保险具有融通资金和投资的职能，因为保险制度是集合风险的机制，多数人的参加是其基础，相应地，作为风险组织者的保险公司必然通过收取保险费的形式融通巨额的保险基金，而运用保险基金投资已经成为世界各国保险业运营的重要模式之一，与保险业务本身具有几乎同等重要的地位。目前，无论是发达国家还是发展中国家，保险公司都已把资金运用作为其重要业务之一，其收益已是保险公司的一项重要收入来源，资金运用也成为整个保险经营活动不可分割的有机组成部分。[2]保险公司的投资活动，还可以促进资本市场的发展，对社会经济产生有利影响。从发达国家的经验来看，责任保险在保障人民生命财产安全、维护社会安定、支持国民经济发展等方面发挥着重要的作用。

从学者们的观点看，责任保险的上述功能中的前两项功能比较重要：一是分散风险功能，责任保险使被保险人能够以目前确定的固定费用取代将来可能由第三人提出的大额索赔；二是保护受害人的功能，责任保险可以确保受害人及时获得赔偿。[3]前者为责任保险填补被保险人因赔偿受害人而致的损失，后者则为填补受害人的损失。随着社会经济和法制的发展特别是保险

---

〔1〕 参见王伟：《责任保险法理学三论》，载《南京大学法律评论》2005年第2期。

〔2〕 参见郭宏彬：《保险监管法律制度研究》，吉林人民出版社2004年版，第125页。

〔3〕 See Dorsey D. Ellis Jr, *Fairness and Efficiency in the Law of Punitive Damages*, Southern California Law Review, Vol. 56, 1982, p. 72.

法和侵权法的发展，责任保险的功能也必将逐步由前者迈向后者，即更加注重对受害人的保护。有学者主张责任保险应当以"保护受害人为基本目标"[1]。

【小结】

有学者认为保险应然功能的确立及拓展是一个动态的演化过程，它源于经济体系的复杂化演进。[2]现代保险的功能是一个历史演变和实践发展的过程，随着人类社会的发展和对客观世界认识能力的提高，保险的功能不断丰富和发展。[3]笔者认为，对于责任保险的制度功能，我们应当深层次地去认识。按照保险原理，上述四项功能中，分散被保险人的责任风险是其基本功能，而防灾防损和融资投资属于派生功能，保护受害第三人的利益是附加功能。这是四项制度功能之间关系的基本定位。但值得注意的是，责任保险并不仅仅是为狭隘的个体利益服务的，责任保险有着更深层次的公益价值和社会意义。正如我们所看到的，责任保险的保护范围扩展到了受害之第三人，超越了传统契约所固有的效力范围，而使第三人享受到保险所带来的利益，体现了人文关怀之精神。另外，责任保险在很多场合还具有实施政策的功能或者说是社会管理功能，如在某些强制保险领域颇为明显，它也因此被称作政策性保险。

〔1〕 参见邹海林:《保险法》，人民法院出版社1998年版，第46页。
〔2〕 参见孙祁祥、朱南军:《保险功能论》，载《湖南社会科学》2004年第2期。
〔3〕 参见丁孜山:《现代保险功能体系及衍生保险功能研究》，载《保险职业学院学报》2005年第5期。

第九章

责任保险第三人请求权

第一节　责任保险第三人请求权的理论基础

《保险法》经 2009 年修订后，其第 65 条关于责任保险的规定有较大变化，学界对于新法是否赋予以及在理论上应否赋予责任保险第三人请求权存在不同的观点和争论。2018 年关于财产保险合同的《保险法司法解释（四）》中有七条（第 14 条至 20 条，占总条数的三分之一）内容与责任保险赔偿规则相关，说明该问题也是司法实务中的争议焦点问题，同时，也有一些学者对第 65 条及相关司法解释的规定进行规范解释和理论解读并进行反思。可见，厘清"责任保险第三人请求权"的理论基础问题，对于正确解释和适用现行法律规则以及进一步完善相关立法具有积极意义。

然而，笔者在对有关"责任保险第三人请求权"问题的学者观点进行梳理中发现，这个问题的复杂程度远远超过想象：一方面，学者们探讨问题的语境、视角、背景存在不同，往往并非在同一平台上对话和交锋，比如："请求权"所指是实体上的债权还是程序上的诉权？引用的论据和经典评述是针对传统的责任保险还是已经发展变化的现代责任保险？论证的背景是否考虑和区分了强制保险与自愿保险性质上的差异？是否仅强调第三人利益而未兼顾诉讼场景下各方的利益平衡？另一方面，"责任保险第三人请求权"问题的实质就是责任保险的赔付机制和纠纷解决机制的综合表达，而这几乎牵涉到责任保险制度的全部内容：既包括"保险标的"本质的分析[1]，也包括"保险事故"的界定[1]；既要考虑被保险人与第三人在请求权上的关系，也

---

[1]　责任保险的保险标的是否应该包括保险人的抗辩义务，即是否应该当然承担第三人与被保险人纠纷解决中发生的应由被保险人承担的费用？参见刘玉林：《责任保险被保险人请求权之结构、性质及功能——兼论我国〈保险法〉第 65 条、66 条规定之缺失》，载《广西师范大学学报（哲学社会

要考虑保险人承担赔偿责任的方式；既要考虑在诉讼中被保险人和第三人的地位，也要考虑保险人在诉讼及和解中的参与权和抗辩权。那么，在突破传统法律原则并进行法律规范的技术改造时，如何兼顾制度功能的实现和立法表达上的统一？同时，在比较法方面，各国的相关法理学说和立法模式呈现"百家争鸣"的样态，而隐藏其后的内在法理逻辑和立法背景又难窥全貌，我们在立法上能够简单地借鉴和选择吗？

无论在理论还是实践上，责任保险可能都是一种自成体系的保险制度。[2] 早有学者感叹，基于保险基础理论发展起来的责任保险却又难以被保险基础理论所包容，责任保险是否能够而且有无必要建立自己独立的基础理论体系？这倒是一个十分有趣的问题。[3] 本书无意对上述所有问题及其相互关系进行全面论证，也无力去发现或建构责任保险独立的基础理论体系，仅聚焦于责任保险赔付制度这个核心问题展开分析，借助民法债权理论为分析工具，从制度功能和立法表达平衡统一的角度，对"责任保险第三人请求权"的法理逻辑和实体规范进行解读和审视。这仍是一个宏大且困难的问题，但愿本书的尝试对于我国责任保险赔付制度的完善有所助益。

一、"责任保险第三人请求权"的内涵界定

鉴于各种著述在讨论"责任保险第三人请求权"时，语境和概念内涵并不相同，所以本书首先从"责任保险第三人请求权"制度的产生背景和功能定位出发，界定概念的内涵及本质，然后以债权理论对不同情形下的"责任保险第三人请求权"作以界分，以为后文展开论述限定语境并提供基础的概念工具。

（一）"责任保险第三人请求权"产生的背景

随着社会发展和科技进步，特别是民事责任法律制度的逐步健全，客观存

（接上页）科学版）》，2015 年第 6 期；沈小军：《论责任保险中被保险人的责任免除请求权——兼评〈保险法司法解释四〉责任保险相关条文》，载《法学家》2019 年第 1 期。

〔1〕 参见温世扬、姚赛：《责任保险保险事故理论的反思与重建》，载《保险研究》2012 年第 8 期。

〔2〕 参见马楠、王荣华：《论责任保险第三人请求权之确立》，载《求索》2013 年第 3 期。

〔3〕 参见邹海林：《责任保险论》，法律出版社 1999 年版，第 2 页。

在的大量民事赔偿责任风险以及人们对转移风险的需求，是责任保险产生和发展的基础。[1]早期的责任保险与侵权责任密切相关，随着工业革命兴起所带来的更多新的高额风险，侵权法在平衡救济受害人与促进科技发展的冲突中"捉襟见肘"。随着侵权法补偿和救济功能不足的显露，以及责任保险特别是强制责任保险在制度功能上的扩展，责任保险与侵权责任被"关联"了起来[2]，责任保险成了侵权法的"备胎"，在减轻加害人责任负担和救济受害人方面充当了重要角色。故而，在构造和完善有关责任保险的具体法律制度时，"责任保险第三人请求权"被众多学者讨论和提倡，并不同程度地反映到各国的相关立法中，以期缓解侵权法的功能危机，改良传统责任保险赔偿机制的缺陷，为受害第三人提供更充分切实的保障。

（二）"责任保险第三人请求权"的实质

所谓"责任保险第三人请求权"，即责任保险第三人对保险人请求保险金的权利。一般而言，责任保险的第三人，是指被保险人以外的、因被保险人的行为而受到损害且对被保险人享有赔偿请求权的人[3]，也称"第三者"或"受害第三人"。第三人的范围可以在合同中约定，也可因法律规定而限定。[4]在承保侵权责任的情形[5]，第三人在损害事故发生前通常并不确定，在损害事故发生后才是特定的人。显然，第三人与保险人之间并无保险合同关系，在责任保险合同缔结时第三人仅是一个泛指的存在，那么其何以向保险人请求保险金呢？可见，责任保险第三人的请求权，并非基于侵权或者合同关系自然产生的一种请求权，也非基于既有的债法规则由第三人受让债权或者代位债权而行使的请求权，而是基于某种功能目的由立法赋予第三人以请求权的一种制度安排。

（三）不同视角的"责任保险第三人请求权"

在不同的著述中，"责任保险第三人请求权"的含义有所不同，有的指实

---

〔1〕　参见郭宏彬：《责任保险的法理基础》，机械工业出版社 2016 年版，第 31-36 页。

〔2〕　有观点认为鉴于传统责任保险理论"分离原则"的弊端，应突破债的相对性理念，把"保险关系"与"侵权赔偿关系"关联起来，以充分实现责任保险的制度功能。参见温世扬：《"相对分离原则"下的保险合同与侵权责任》，载《当代法学》2012 年第 5 期。

〔3〕　参见邹海林：《保险法学的新发展》，中国社会科学出版社 2015 年版，第 441 页。

〔4〕　参见温世扬主编：《保险法》，法律出版社 2003 年版，第 253 页。

〔5〕　笔者说明：现代责任保险的理论一般承认侵权责任和合同责任均可作为责任保险的标的，但毫无疑问的是，责任保险标的一直是以侵权责任为主，而以合同责任为标的的仅是极少的特别情形。故本文均以承保侵权责任为场景来表述，相信这对于问题的讨论并无实质影响。

体上的请求权，即债权；有的指程序上的请求权，即诉权；还有的是指对被保险人请求权的代位权〔1〕。而对于"责任保险第三人请求权"的具体分类，学者们也有着不同的观点。

有的学者从责任保险第三人利益属性的强弱程度对第三人请求权区分为三类，认为：根据第三人利益属性的强弱，责任保险可分为强制责任保险、利他责任保险和普通责任保险。在强制责任保险中，第三人可根据特别法的规定直接取得保险金请求权；在利他责任保险中，第三人可依照合同的约定取得保险金请求权，在保险事故发生之前，合同当事人可通过协议变更或撤销这一约定；在普通责任保险中，第三人仅在"被保险人应负的赔偿责任确定且被保险人怠于请求"时才能取得保险金请求权。〔2〕笔者认为这种分类直观、简明地区分了当前第三人请求权的实然状态，是各种分类中最为合理的。但因为利他责任保险和普通责任保险在我国现行立法上并无明确的区分规则，因此二者的区分只能依据合同中有无关于"第三人请求权"的明确约定。有约定的当属于意定请求权，而在没有约定的情形下，第三人请求权的属性并没有给出明确的回答。

有的学者从责任保险第三人法律地位的变化趋势角度认为，在责任保险制度史上，第三人的法律地位经历了"合同第三人"、"准第三受益人"和"第三受益人"三个阶段，其中前两个阶段剥夺或限制了第三人的直接请求权，第三阶段的法律地位才真正体现了责任保险的宗旨。〔3〕第三人的法律地位与其请求权状态相对应，进而责任保险第三人的请求权也分为三种：无请求权、附条件的请求权和全面的请求权。笔者认为，第三人的法律地位与第三人请求权无疑是一个问题的两种表达，但这种分类从历史演进的角度对第三人请求权进行区分，并没有对实然立法的多种模式给予合理解释，而仅仅在立法论上强调保障第三人利益的宗旨，全然不顾保险人的私主体地位和债的相对性原则，试图将所有的责任保险"改造"成第三人享有"全面请求

〔1〕　参见陈建晖、易艳娟：《试论我国责任保险第三人代位请求权——新〈保险法〉第65条之管窥》，载《金融与经济》2009年第7期；杨勇：《任意责任保险中受害人直接请求权之证成》，载《政治与法律》2019年第4期。
〔2〕　参见李新天、印通：《第三者保险金请求权类型化研究——以〈保险法〉第65条为中心》，载《保险研究》2014年第8期。
〔3〕　参见李青武：《论责任保险中"第三人"的法律地位》，载《学术界》2014年第8期。

权"的社会保障（保险人不得以保险合同抗辩第三人），未免一厢情愿。

有的学者从责任保险与侵权法关系的不同理论观点入手，将第三人请求权的价值功能区分为两种，即担保性权利和独立救济性权利。二者均具有对保险人的直接请求权，其区别在于保险人能否依据保险合同对第三人抗辩。[1]这种分类注意到了不同制度功能对第三人请求权设计的影响，特别是在保险人抗辩权方面的区别，但对第三人请求权分类的描述并不直观，逻辑上可能也不周延。

还有的学者将责任保险第三人请求权分为三种：附条件的请求权、基于保险人注意义务的请求权和法定请求权。[2]这种分类强调了对于第三人间接保护的"保险人注意义务"或者"保险金留置义务"[3]，也即如果被保险人未赔偿第三人，则保险人不得赔偿被保险人。但这里似乎只是基于保险人的赔偿视角而未涉及第三人请求权的视角，所以不宜列为对第三人请求权的分类之一。因此，这种分类其实还是两分法：附条件的请求权和法定直接请求权，其分类标准是请求权基础的不同。

其实，正如有的学者所指出的，责任保险第三人对保险人的请求权基础存在巨大差异，有的请求权源自合同约定或者被保险人的意思表示，有的请求权则源自法律规定。故在理论和实务上，对责任保险第三人之请求权基础予以区分就十分重要。而责任保险第三人的请求权基础之区分，又与责任保险的任意性和强制性保持了高度的吻合。以保险法理论审视责任保险第三人之法律地位，区别对待自愿责任保险和强制责任保险是十分必要的。[4]

笔者赞同以请求权基础划分责任保险第三人请求权，以此划分可能有三种情形：法定请求权、意定请求权（或称为基于债权转让的请求权）、基于债权代位的请求权。其中，法定请求权的权源来自法律的规定，性质上属于原

---

〔1〕 参见陈亚芹：《责任保险第三人直接请求权的价值定位及其抗辩分析》，载《商业研究》2012年第2期。

〔2〕 参见常敏：《保险法学》，法律出版社2012年版，第175页。

〔3〕 很多学者文章中提到了"保险人注意义务"和"保险金留置义务"，并以此来解释法律中规定的"被保险人未向该第三者赔偿的，保险人不得向被保险人赔偿保险金。"参见王伟：《责任保险第三人是否有直接请求权》，载《中国保险》2005年第7期；姜南：《论责任保险的第三人利益属性——解析新〈保险法〉第六十五条》，载《保险研究》2009年第12期；李新天、印通：《第三者保险金请求权类型化研究——以〈保险法〉第65条为中心》，载《保险研究》2014年第8期。

〔4〕 参见邹海林：《保险法学的新发展》，中国社会科学出版社2015年版，第453页。

始取得的权利或者固有的权利；而后两种的权源应属继受被保险人的权利。这种分类的意义在于，不同的权源决定不同的权利内容以及权利行使的条件。具体而言，法定请求权一般可以直接向保险人诉请保险金，且保险金不属于被保险人的责任财产；意定请求权也可以依据合同直接向保险人诉请保险金，但保险金不能别除于被保险人的责任财产；而代位请求权的行使应符合债法上债权代位权行使的条件，保险金也不能别除于被保险人的责任财产，这种情形相对于"直接请求权"也可称为"间接请求权"〔1〕。可见，唯有法定第三人请求权须由法律明确规定，而后两种情形的第三人请求权无需法律加以规定，依据既有的债法原理即可自然地实现。〔2〕但该请求权不同于法定请求权，因其权利继受于被保险人的请求权，故其对于被保险人债权人的代位权并无优先性。换言之，后两种所谓"第三人请求权"的实质是在特定情形下由第三人代行"被保险人请求权"，并没有赋予第三人请求权，或者属于间接请求权，均应归为第三人无请求权情形。

笔者认为，作为专门术语的"第三人请求权"应当仅指法定请求权，而不包括意定请求权和债权代位权。但仅简单地以法定请求权来解释现行法的规则，显然是不够的，我们需借助债权理论对"第三人请求权"进行进一步的界分。

（四）作为债权的"责任保险第三人请求权"

债权是一种典型的请求权，债权视角的"责任保险第三人请求权"基本等同于给付债权，即债权人是第三人，债务人是保险人，权利内容是基于保险合同给付保险金。笔者借用债权理论，进一步将"第三人请求权"区分为

---

〔1〕　有学者认为"直接请求权"这种用语极易令人产生除直接请求权之外尚有"间接请求权"之误会，认为请求权作为权利人请求他人为或不为一定行为的权利，并无直接与间接之分。参见李新天、印通：《第三者保险金请求权类型化研究——以〈保险法〉第65条为中心》，载《保险研究》2014年第8期。笔者认为若从权利的不同来源或者请求权基础来区分，"直接请求权"和"间接请求权"的表述倒是简明贴切。

〔2〕　例如《民法典》第522条规定："当事人约定由债务人向第三人履行债务，债务人未向第三人履行债务或者履行债务不符合约定的，应当向债权人承担违约责任。法律规定或者当事人约定第三人可以直接请求债务人向其履行债务，第三人未在合理期限内明确拒绝，债务人未向第三人履行债务或者履行债务不符合约定的，第三人可以请求债务人承担违约责任；债务人对债权人的抗辩，可以向第三人主张。"第535条规定："因债务人怠于行使其债权或者与该债权有关的从权利，影响债权人的到期债权实现的，债权人可以向人民法院请求以自己的名义代位行使债务人对相对人的权利，但是该权利专属于债务人自身的除外。代位权的行使范围以债权人的到期债权为限。债权人行使代位权的必要费用，由债务人负担。相对人对债务人的抗辩，可以向债权人主张。"

完全债权和不完全债权。[1]完全债权包括债权的所有权能，而不完全债权则是欠缺某些权能的债权。完全的给付债权的权能包括请求权、受领权、保有权、处分权、保全权等。作为债权的保险金给付请求权[2]，其权能大致可以分为两个部分：形式上或者程序上的"请求的权利"[3]、实体权利上的对给付的"受偿权"（或称"受领权"，其实也包括保有权）和处分权等。

本书把对启动司法程序有影响的"请求的权利"中的"诉权"——也即司法程序意义上的请求权区分出来，把诸多实体性债权浓缩为"受偿权"，以方便表达。相应的，我们可以将"第三人请求权"区分为两种：一是包含债权全部权能的完全债权，即"诉权"＋"受偿权"；二是限制或排除诉权权能的不完全债权，即"附条件的诉权"＋"受偿权"。后者与前者的区别在于其不能直接启动司法程序，而必须在符合法律特别设定的条件时才能启动司法程序。结合学者们对第三人请求权分类的习惯表述，本书将前者定义为"第三人直接请求权"，将后者定义为"第三人附条件请求权"。需要注意，这里的"第三人附条件请求权"不同于前文提及的基于债权代位的请求权，虽然代位权往往也需要满足一定条件才能行使，且与"附条件请求权"所附条件可能有些重合，但"附条件请求权"的权源与"第三人直接请求权"一样来自法律规定，且其权利内容是第三人的债权而非代位被保险人的债权，因此二者具有本质区别。

显然，本书对于"第三人请求权"的界定实际上已经把被保险人的保险金请求权转换成了第三人的请求权，即把保险人以其与被保险人的保险合同为基础加入到被保险人对第三人的赔偿关系中，这在法理上可以解释为法定

---

[1]　说明：从逻辑周延角度，此种分类还应包括"没有债权"，即第三人对于保险金既无实体债权，也无程序上的诉权，可称为"无请求权"。在传统责任保险中第三人就是"无请求权"，而现代责任保险的立法中，几乎已经没有这样的规定，都在不同程度上赋予第三人请求权。

[2]　由于债产生以后，债权的主要内容是债权人有权请求义务人为一定行为，因此人们通常也把债权称为"请求权"。但应注意，虽然债权具有请求权的内容，但债权不等于请求权。债权除了具有请求权内容以外，还有受领权、保有权、抗辩权、代位权等内容，请求权只是债权的主要内容，并非债权的全部。请求权基于债的关系产生，没有债的基本关系无所谓请求权，所以，请求权总是派生的权利。参见江平主编：《民法学》，中国政法大学出版社2011年版，第380—381页。

[3]　本书这里所谓的"请求的权利"，是指保险金债权权能中的请求权，特指名义上或者程序上的权利，包括向义务人做请求给付的意思表示和诉权。目的是区别人们常用的代替完全债权的"请求权"表述，以免造成理解上的混淆。

的债务加入[1]。但无论怎样解释，仍然不可回避的是，赋予第三人直接请求权或者附条件请求权都要处理好第三人与被保险人的关系，都会面临传统理论的障碍，都需为其找到正当性基础。

二、"责任保险第三人请求权"的理论障碍

(一)"死而不僵"的传统责任保险

我们姑且把各种著述中的"早期的责任保险"统一称为"传统责任保险"。传统责任保险是在财产保险原理和合同法法理的"土壤"中产生的，必然受其制约，为损失填补原则和债的相对性原则所调整。

一个有趣的现象是，无论传统责任保险在本国实践中是否真实存在过，诸如我国第一部《保险法》(1995年)中规定的责任保险就已经不是传统责任保险，但几乎每个涉猎此问题的学者都无法对其视而不见，都要被其"纠缠"，以至于在相关的著述中或多或少都留有它的影子，似乎不提及它便不能理解和阐释现代责任保险的机制和法理。或许因为，传统责任保险正是遵循财产保险原理及合同法原理所构建责任保险的应然面貌，而现代责任保险却是对固有理论的背叛，乃至不推翻固有理论的障碍，现代责任保险制度便缺乏正当性基础。应该说，作为现代责任保险核心制度的"责任保险第三人请求权"，正是在传统责任保险制度的废墟上建立起来的，是克服传统责任保险弊端的必然选择。

揭开传统责任保险的面纱，我们会发现其内含的两个固有理论：一个是作为财产保险原理的损失填补原则，即"无损失无赔偿"；一个是债的相对性原则，在责任保险场合也被称为"分离原则"。而"第三人请求权"显然与这两个原则格格不入。

(二)作为"配角"的第三人

一般而言，责任保险是以被保险人对第三人依法应负的赔偿责任为保险

---

　[1]　如果按照法定的债权转让来理解，则被保险人将不负有对第三人的赔偿义务，因此，按照债务加入解释更具有合理性，第三人既可以向被保险人主张赔偿，也可以向保险人主张赔偿。关于债务加入，《民法典》第552条规定："第三人与债务人约定加入债务并通知债权人，或者第三人向债权人表示愿意加入债务，债权人未在合理期限内明确拒绝的，债权人可以请求第三人在其愿意承担的债务范围内和债务人承担连带债务。"

标的的保险。[1]责任保险的标的不是有形的财产，而是被保险人对第三人依法应负的赔偿责任，因为该赔偿责任体现为被保险人的财产负担，所以责任保险属于广义的财产保险范畴，应当遵循损失填补原则，即"无损失无赔偿"。按照财产保险"无损失无赔偿"的原则，责任保险当然的功能旨在依据保险合同填补被保险人因依法承担赔偿第三人责任所致的财产损失，因此在次序上，被保险人先因赔偿第三人而遭受损失，保险人再对被保险人的损失予以赔偿。同时，按照财产保险的原理，责任保险的本质在于分散被保险人的责任风险，将被保险人对第三人的法律责任风险进行社会化分担，被保险人应当享有保险金请求权。

责任保险涉及保险人、被保险人[2]和第三人三方主体，他们之间存在两个法律关系：其一是被保险人与第三人之间基于侵权（或者违约等）的民事赔偿关系；其二是保险人与被保险人之间基于保险合同产生的保险赔偿关系。在传统责任保险中，三方之间通常的请求权逻辑是：被保险人依法对第三人进行赔偿，然后保险人对被保险人因对第三人承担赔偿责任而带来的财产损失依据保险合同进行赔偿。即第三人对被保险人享有损害赔偿请求权，被保险人在赔偿第三人后对保险人享有保险金请求权，第三人对保险人不享有基于保险合同的请求权。

美国法院早期判例认为第三人与责任保险人间不存在合同关系，无权享有保险合同权利，第三人应从被保险人处获得赔偿，无权直接起诉责任保险人，也不得将责任保险人与被保险人作为共同被告进行诉讼。[3]德国早期判例依据的是传统责任保险理论的"分离原则"，认为被保险人对受害第三人的赔偿关系与保险人对被保险人的补偿关系属于相互分离且独立的两个法律关系，应依各自适用的规则分别处理。被保险人对保险人享有保险金请求权，

[1] 根据《保险法》第65条第4款的规定："责任保险是以被保险人对第三人依法应负的赔偿责任为保险标的的保险。"笔者认为，该法定定义的含义并不十分清晰，即保险标的是被保险人因承担赔偿责任的损失数额还是替代被保险人承担责任？解释可能都通，但效果大为不同。其他学者著述中对责任保险的定义，表述也有一些差异。

[2] 笔者说明：按照《保险法》的规定，投保人为订立保险合同的当事人，被保险人为法定享有保险金请求权的合同关系人，二者可以为一人也可以不为一人。鉴于在讨论责任保险第三人请求权问题时，区分投保人与被保险人意义不大，故本文中将"投保人/被保险人"假定为同一人，并统一以"被保险人"表述。

[3] 参见李青武：《论责任保险中"第三人"的法律地位》，载《学术界》2014年第8期。

第三人不能越过被保险人而直接向保险人主张赔偿，而且被保险人获得的保险金成为其一般性责任财产，受害第三人作为一般债权人并不享有优先权。[1]

（三）"无损失无赔偿"的逻辑死结

按照传统责任保险的请求权路径，被保险人赔偿第三人然后再向保险人请求保险金，在各方顺畅履行债务时并无不当。而当被保险人无力赔偿或者逃避赔偿第三人时，因为其没有发生损失，保险事故并未触发，保险人自然也无需对被保险人进行赔偿。当然，这个结果其实对于第三人似乎并没有实质影响，与被保险人未购买责任保险无异，而被保险人是否购买保险取决于其自愿，他人无权干涉。

但从第三人利益角度考量，就会发现这并不是一项好的制度安排：（1）事先支付保费可能会造成被保险人责任财产的减少，存在因支付保费而使第三人债权实际受损的可能；（2）虽然第三人可能并不知情或不在意，但客观上存在一份实质应该赔付给第三人的保险金，却仅仅因请求权次序上"卡壳"导致第三人得不到实际赔偿；（3）保险人收取了保费却未承担本应承担的保险责任；（4）第三人即便援引债权人代位规则，也不能解决受偿的问题——因为被保险人没有赔偿第三人则未发生损失，也就没有对保险人的请求权，第三人自然也不可能代位被保险人行使请求权。这样就陷入了一个逻辑死结，在被保险人无力赔偿或者恶意逃债的情形下，第三人无法从责任保险中受益，而保险人获得了不当利益。正如美国学者约翰·F.道宾所批评的那样："立法最先攻击的领域之一是受害第三人、被保险人与保险人之间的不公平。既允许被保险人对保险人缴付保险费，保持责任保险的趋势，又允许保险人隐藏在侵权被保险人不能清偿的盾牌之后，对第三方受害人的判定债务不予赔付，在这些情况下，受害人和被保险人都没有从保险中获得任何利益。"[2]

这个问题的症结，似乎"卡壳"在请求权行使的次序上，或者说是触发保险金请求权的"保险事故"的界定上。人们已经意识到，与一般的财产损失保险（也被称为"积极财产保险"）不同，责任保险（也被称为"消极财产保险"）的保险事故可以界定在被保险人赔偿第三人之前的诸多节点，被

---

[1] 参见沈小军：《论责任保险中被保险人的责任免除请求权——兼评〈保险法司法解释四〉责任保险相关条文》，载《法学家》2019年第1期。

[2] ［美］约翰·F.道宾：《美国保险法》，梁鹏译，法律出版社2008年版，第167页。

称作"延伸性之保险事故",诸如被保险人造成第三人损害、第三人向被保险人请求赔偿、诉讼上或诉讼外之赔偿责任确定等。故而关于责任保险的保险事故学说可谓多种多样,如约定事故说、原因事故说、损害或结果事故说、有责事故说、责任负担说、选择说、复合事态说、请求说、责任确定说、履行说、复数事故说等,而上述学说实质是分别将责任保险从危险事件发生至责任确立过程中事实及法律上连锁的各个阶段作为保险事故。[1]我国台湾地区学者对于责任保险的保险事故也有损害事故说、被保险人责任发生说、被保险人受请求说、赔偿义务履行说等不同见解。[2]因为我国保险法理论和立法中对于保险标的和保险利益等概念的内涵界定及其相互关系问题本就未达成共识,难以简单厘清,所以笔者不想在此枉费笔墨,简单的办法就是回答一个问题:责任保险到底承保的是被保险人赔付第三人后的损失还是替代被保险人向第三人赔偿?如果回答是后者,那么被保险人对第三人的赔偿责任关系(而非赔偿数额)确定,保险事故就已发生。而被保险人对第三人的赔偿责任关系的确定,从原因或结果的不同角度并结合保险期间,通常被称为"期内事故发生"和"期内索赔发生",且这种区分已经成为责任保险的一种常见分类。

同时还应注意到,某些强制责任保险的制度功能已经异化成为社会保障制度,诸如我国的"交强险",其保险金并非替代被保险人应负的责任,而是作为对第三人的基础性救济,已然超越了被保险人的责任范围。显然,将"被保险人因赔偿第三人而致财产损失"作为保险事故的观念和做法早已成为历史,固守"无损失无赔偿"原则来界定责任保险的保险事故已经不合时宜,现代责任保险已将"填补损失"过渡到"替代责任",在某些政策性保险领域甚至过渡到与被保险人责任无关的"社会保障"。

(四)难以逾越的债的相对性原则

如果我们改变请求权行使的次序,或者将"保险事故"重新界定,在被保险人对第三人的赔偿责任确定后,保险人即对被保险人先行赔付,以增加被保险人的责任财产,能否解决上述问题?如此安排虽然可以解开"无损失无赔偿"的逻辑死结,但仍不能确保第三人获得赔偿的根本问题而且还"暴

---

〔1〕 参见温世扬、姚赛:《责任保险保险事故理论的反思与重建》,载《保险研究》2012年第8期。

〔2〕 参见梁宇贤:《保险法新论》,中国人民大学出版社2004年版,第209-210页。

露"出一些新的问题：（1）被保险人获得保险金后不赔偿第三人而将保险金挪作他用，实质相当于被保险人未发生因赔偿第三人所致损失而获得保险金的情形，就会违反保险损失填补原则，而第三人得到赔偿的目标同样不能实现。（2）被保险人既不向保险人主张赔偿，也不赔偿第三人，则第三人虽然可以基于债权代位权向保险人请求保险金，但需要具备债权代位的条件，如需要"被保险人怠于请求保险金"等，第三人不能及时获得救济。（3）当被保险人濒临破产或者财产不足以清偿其所有债务时，第三人要面对与被保险人其他债权人的竞争问题，因为债权代位权行使的结果需要遵循"入库规则"〔1〕，因此保险人基于第三人受到损害而支付的保险金，可能会被纳入被保险人的责任财产而由其众多债权人分享，而第三人最后可能得不到充分的赔偿，这显然并不公平合理。

若要解决上述第三人利益保护问题，一个选择是赋予保险人注意义务或者保险金留置义务，即规定在被保险人未赔偿第三人的情况下，保险人不得向被保险人赔偿保险金。〔2〕也有学者认为在一般情况下，遵循债的相对性原则并不妨碍保险人承担保护第三人利益的义务。〔3〕法国1930年的《保险契约法》较早在立法上规定了保险人的注意义务。〔4〕但仅仅如此，似乎并不足以解决上述第三人与被保险人其他债权人的竞争问题，且赋予保险人该义务的法理基础也并不充分。另一个选择是将保险金请求权直接赋予给第三人，英国1930年通过了《第三人（对保险人之权利）法》，使第三人在特定情况下依法取代了被保险人的地位。该法第一条规定，在被保险人进入破产状态时，其基于责任保险合同对保险人的请求权转给或赋予受害第三人。〔5〕那么，第

---

〔1〕　参见李新天、印通：《第三者保险金请求权类型化研究——以〈保险法〉第65条为中心》，载《保险研究》2014年第8期。

〔2〕　参见姜南：《论责任保险的第三人利益属性——解析新〈保险法〉第六十五条》，载《保险研究》2009年第12期。

〔3〕　参见张洪涛、王和主编：《责任保险理论、实务与案例》，中国人民大学出版社2005年版，第101页。

〔4〕　法国1930年《保险契约法》第53条规定："保险人对于受害人因被保险人之责任导致的损害事故之金钱上的结果，只要在保险金额的限度内该金额尚未被赔偿，保险人不得将必须支付的保险金额之全部或部分支付给除受害人以外的任何人。"转引自陈飞：《论我国责任保险立法的完善——以新〈保险法〉第65条为中心》，载《法律科学（西北政法大学学报）》2011年第5期。

〔5〕　参见［英］约翰·伯茨：《现代保险法》，陈丽洁译，河南人民出版社1987年版，第244-245页；刘金章等：《责任保险》，西南财经大学出版社2007年版，第418页。

三人能否越过被保险人直接向保险人请求保险金呢？

在没有法律特别规定的情形，依据债的相对性原则，第三人不能对保险人直接请求保险金。债的相对性原则在责任保险领域被严守，也被称为"分离原则"，即将"被保险人和保险人之间的责任保险关系"与"被保险人和第三人之间的法律责任关系"加以分离，使之相互不产生影响，尤其在法官审理被保险人与第三人之间责任纠纷的案件中，不能因为被保险人投保了责任保险而影响法官的司法裁判。这大概也是英美法官们曾经一度遵循"禁止起诉"条款的理由。[1]故而，在依"分离原则"构建的责任保险制度中，保险人与受害第三人之间并无任何法律关系存在，保险人对第三人不负任何义务，第三人也不能向保险人主张任何权利。[2]这也是依据财产保险原理和合同法法理，对责任保险第三人的当然定位，即不享有基于保险合同对保险人的请求权。

当然，债的相对性原则也并非不可动摇，根据债法原理，如果责任保险属于利他合同，则可以突破债的相对性。一般认为，责任保险具有第三人性，所谓"第三人性"是指责任保险合同会涉及被保险人与第三人的关系，即被保险人获得保险赔偿需以其对第三人负法律责任为前提，但并非指责任保险合同当然属于为第三人利益的合同。那么，从责任保险制度功能扩展到救济第三人的目的，是否可以为突破债的相对性原则打开缺口呢？

三、"责任保险第三人请求权"的制度功能

（一）责任保险制度功能之扩展

随着人类社会的发展和对客观世界认识能力的提高，保险的功能不断丰富和发展。[3]责任保险发展的一百多年，恰是近代工业革命兴起，并向工业

---

[1] "禁止起诉"条款一般表示为："被保险人对第三人的赔偿数额经法院终审之前，不得起诉保险人。"或者"第三人在对被保险人穷尽所有的救济措施之前，不得对保险人提起诉讼。"该条款的法理依据是：让侵权之诉的陪审团基于正当理由，对被保险人与第三人间的侵权之诉作出公平裁定，而不要因被保险人购买了责任保险这一事实，误导陪审团作出不利于侵权责任人的判决，因为陪审团可能考虑到因责任保险的存在而增加赔偿数额。参见李青武：《论责任保险中"第三人"的法律地位》，载《学术界》2014年第8期。

[2] 参见温世扬：《"相对分离原则"下的保险合同与侵权责任》，载《当代法学》2012年第5期。

[3] 参见丁孜山：《现代保险功能体系及衍生保险功能研究》，载《保险职业学院学报》2005年第5期。

现代化迈进的时期。由于意外事故有增无减，工业化国家普遍存在着工业损害问题，诸如大量的工厂事故、交通事故、环境污染、产品致人损害等，事故常常造成巨大损失且受害者众多，而造成事故的活动往往都属合法而且必要，很多事故的发生都是工业化的必然结果，难以防范。在这种情况下，受害人需要救济，加害人也迫切需要分散巨额赔偿责任的风险，责任保险即为顺应工业现代化过程中分散法律赔偿责任风险的需要而产生。[1]

正如学者们所指出的，虽然责任保险的目的是在被保险人需要向第三人承担赔偿责任时对其加以保护，但责任保险对于受害第三人来说，同样具有非常重要的作用，能够在很大程度上满足其赔偿的要求：一方面，保险人根据责任保险合同的约定替代加害人向受害人清偿；另一方面，这种解决办法不仅可以保护加害人免于负担不可预见的赔偿责任，而且也有助于受害人得到及时有效的救济。[2]也有学者认为，责任保险成为受害第三人甚至整个社会利益获得保护的重要手段，赋予第三人对保险人的直接请求权是责任保险发展的必然趋势。债的相对性原则的松动奠定了第三人直接请求权的理论基础，对债的相对性提出挑战最为彻底的就是责任保险。[3]可见，现代责任保险的发展，使得责任保险逐渐脱离纯粹填补被保险人损害的功能，而更多地以保护受害第三人之赔偿利益为目的，在很大程度上实为受害人的利益而存在，体现了责任保险保护受害人权益的新的制度功能。有的学者甚至主张责任保险应当以"保护受害第三人为基本目标"。[4]

（二）划分强制与自愿责任保险的特殊意义

责任保险的基本制度功能是分散被保险人对第三人的民事赔偿责任风险，而派生的重要功能则是救济受害第三人。对于这两项制度功能的关系，笔者认为应当从三个方面理解：（1）两项制度功能均有充分的正当性基础，但在不同的险种设计中偏重可能有所不同，诸如在强制责任保险中，更为偏重第三人的利益，甚至把第三人利益推向极致，与侵权责任脱钩，把保险变成保障；而在自愿责任保险中，对于第三人利益的保护程度，就难以有明显的表

---

〔1〕　参见郭宏彬：《责任保险的法理基础》，机械工业出版社 2016 年版，第 52 页。

〔2〕　参见［德］迪特尔·梅迪库斯：《德国债法总论》，杜景林、卢谌译，法律出版社 2004 年版，第 432 页。

〔3〕　参见樊启荣：《保险法》，北京大学出版社 2011 年版，第 152 页。

〔4〕　参见邹海林：《保险法》，人民法院出版社 1998 年版，第 46 页。

征。因此，责任保险是否为立法强制，是该险种是否偏重第三人利益的一个简单外在判断标准。同时，因为强制责任保险往往由特别法专门规定，在法律规则方面具有给予"特别规定"的条件。（2）从两种制度功能的实现机制看，分散被保险人的责任风险功能源自保险制度的基本功能，按照保险制度的一般规则即可实现；而救济第三人的功能则源自前者功能之延伸，是间接效果，往往需要特别的制度设计才能得以实现。（3）虽然责任保险救济第三人的制度功能已被学界和立法所普遍认可，但尚不能据此认为所有的责任保险合同都是为第三人利益的合同，毕竟第三人不是合同约定的被保险人，而各种险种的合同目的难以统一预设。因此，责任保险中具体制度的设计，仍需综合考虑各种具体功能的实现，既包括价值层面的对各方主体利益的权衡，也包括技术层面的对既有法律制度的协调和改良。

强制与自愿责任保险的划分为责任保险救济第三人功能的力度提供了一个"天然"的衡量标准，可以为"责任保险第三人请求权"的不同制度设计提供基础平台。简言之，我们可以给一般法（即《保险法》）上的第三人请求权一个基本的模式，而给特别法（如关于强制保险的各种特别法）上的第三人请求权一个特别的模式；在立法技术上，特别法上的第三人请求权是否特别以及如何特别尚可进行个别的政策考量，留有回旋余地。诸如我国的"交强险"实质上是一种与交通事故侵权责任脱钩的保障制度，更为重视对受害第三人的救济功能，采纳的是基本保障模式。[1]也有学者认为"交强险"是兼具强制责任保险与无过失保险特征的混合保险模式。[2]虽然对于这种保险赔偿与侵权责任脱钩的模式受到多种质疑，[3]但在这种情形下，法律明确赋予第三人直接请求权无疑是最适当的选择。虽然在理论上，强制责任保险不一定必然要求第三人直接诉权的存在，但直接诉讼是强制责任保险的内在要求，是强制责任保险实现其预期功能的保障，因此，强制责任保险与第三人直接诉权的结合有其必然性。[4]

---

〔1〕 参见李祝用、姚兆中：《再论交强险的制度定位——立法的缺陷、行政法规与司法解释的矛盾及其解决》，载《保险研究》2014年第4期。

〔2〕 参见刘锐：《中国机动车强制保险的目标定位与模式选择》，载《保险研究》2011年第7期。

〔3〕 参见刘学生：《交强险立法与实践的两个法律问题辨析——以侵权责任法律关系为视角》，载《保险研究》2011年第9期。

〔4〕 参见郭锋等：《强制保险立法研究》，人民法院出版社2009年版，第14-15页。

（三）关于"责任保险第三人请求权"的理论学说

责任保险对第三人利益保护的重要制度设计之一，就是赋予受害第三人对保险人的请求权。这对传统责任保险制度作出了两项根本性的否定：一是保险人承担保险责任不再以被保险人因实际向受害第三人赔偿而自身遭受财产损失为前提；二是受害第三人请求权的对象由原来的加害人（被保险人）拓展到了保险人，并因保险人之雄厚财力而使受害第三人的权益得到了更好的保障。

关于第三人请求权的法理性质，从其权利来源看主要有六种学说：法定权利说、原始取得说、利他合同说、并存的债务承担说、权利移转说、责任免除请求权说。[1]法定权利说认为第三人请求权源自法律的直接规定。原始取得说与法定权利说类似，认为第三人依据法律规定原始取得与被保险人所拥有的权利同等内容但完全独立的权利。利他合同说认为责任保险就是为第三人利益的合同，基于合同目的和性质，第三人当然享有基于合同内容的请求权。并存的债务承担说认为，保险人基于合同加入到被保险人与第三人的债务关系中，成为第三人的共同债务人，与被保险人共同履行债务。权利移转说认为，第三人请求权是被保险人的合同权利在符合法律规定的条件时转移给第三人。责任免除请求权说（又称责任免脱给付说）认为，被保险人享有责任免除请求权，保险人负有免除被保险人债务的义务，作为被保险人责任免除请求权的反射效果，受害人可直接要求保险人填补其所受损害，该直接请求权相当于一种损害赔偿请求权。[2]还有学者认为上述学说均无法作为第三人直接请求权的构建基础，以我国现有民法理论在自愿责任保险中第三人请求权是代位行使被保险人的责任免除请求权。[3]

如前所述，"责任保险第三人请求权"是一种人为的制度设计，因此上述

〔1〕　参见杨勇：《任意责任保险中受害人直接请求权之证成》，载《政治与法律》2019年第4期。

〔2〕　参见曾小波、胡小杰：《论机动车交通事故责任强制保险第三者的直接求偿权》，载《保险研究》2010年第5期；杨勇：《任意责任保险中受害人直接请求权之证成》，载《政治与法律》2019年第4期；姜南：《论责任保险的第三人利益属性——解析新〈保险法〉第六十五条》，载《保险研究》2009年第12期。

〔3〕　参见杨勇：《任意责任保险中受害人直接请求权之证成》，载《政治与法律》2019年第4期。笔者不认同该文观点，一是因为对于被保险人的责任免除请求权行使代位本就脱离了我国现行法的债权代位规则；二是但凡涉及代位权的，均属于间接诉讼，不宜称作"直接请求权"，更谈不上"证成"。

各种学说仅对该国现有制度具有说明意义。而作为说明理论，既要建立在该国现实责任保险制度的基础之上，也不能脱离民事实在法及相应理论的支撑。因此，笔者认为，法定权利说或者原始取得说是从权源角度说明"第三人请求权"的最简明的学说，而并存的债务承担说、权利移转说、责任免除请求权说等则更为精准地建立与既有理论的联系，以便更好地描述和解释责任保险赔偿制度的实然样态，在某种意义上，这些学说都具有合理性。但是，作为理论说明，这些学说都没有揭示"第三人请求权"制度背后隐藏了哪些价值选择和技术衡量，简言之，"第三人请求权"制度需要解决哪些问题？又是如何解决的呢？

（四）"责任保险第三人请求权"所要解决的问题

作为人为设计的一种制度，"责任保险第三人请求权"制度需要在价值层面和技术层面作政策考量，然后回答或解决下面一系列问题：

1. 作为实体债权的保险金给谁？

因为从责任保险的三方利益关系看，保险金最终归于第三人符合责任保险制度功能的应然定位，所以保险金应归第三人，即赋予第三人基于保险合同对保险人的实体债权。如此定位，则"第三人请求权"属于源自法律规定的原始权利，而非代位被保险人的保险金请求权，无论"第三人直接请求权"还是"第三人附条件请求权"，其性质均属于法定权利而非债权代位，这样就可避免将第三人请求权定位为代位权所带来的与被保险人债权人的利益冲突问题。如果不赋予第三人对保险金的实体债权，立法则需要考虑第三人代位权是否为优先权，诸如《日本保险法》的解决方式。

2. 程序上的诉权给谁？

一般而言，程序上的诉与实体上的诉是紧密联系、相互依存的，因此，如果实体上的债权赋予第三人，那么程序上的诉权也应赋予第三人。但是，一个诉的构成必须具备诉的主体、诉的标的和诉的理由等必备要素，[1]如果诉的诸多要素不具备或者不明确时，赋予第三人直接诉权并无积极意义。具体而言，在自愿责任保险场合，因为加害人是否购买了责任保险以及在哪个保险人处购买责任保险，第三人往往难以知悉；而加害人与保险人签订保险合同时也几乎无法预见第三人是谁，也即合同中无法预设明确的第三人，因

---

[1] 参见宋朝武主编：《民事诉讼法学》，中国政法大学出版社 2015 年版，第 58-61 页。

此，法律赋予第三人直接诉权难以实际操作，相反可能还会带来第三人滥诉等负面问题。适当的选择是赋予第三人附条件的诉权，即在诉的条件具备时或者行权必要时，第三人可以直接起诉保险人。而在强制责任保险场合，各方信息不确定的情形相对而言会有很大改观，因此为便利第三人更为直接获得救济，可以赋予第三人直接诉权。

3. 作为"第三人请求权"行使条件的"保险事故"如何界定？

如前所述，现代责任保险中保险人承担的不是对被保险人赔偿第三人后的财产损失的填补责任，而是替代责任，即替代被保险人对第三人清偿，因此，被保险人对第三人的赔偿关系确定后，第三人即可向保险人请求保险金。这也是自愿责任保险中，"第三人附条件请求权"所应附条件之一。

保险人的替代责任是否包括被保险人的连带责任？从词义解释的角度看，无疑是应当包括连带责任的。但保险人是否可以通过格式条款的约定排除承担连带责任？学理以及司法实践中均有不同的认识。有学者从责任保险的责任内涵、制度功能以及格式条款内容控制的角度分析，认为其免责效力不应得到承认而应受到限制。[1]

需要说明的是，在承担对第三人保障责任的某些强制保险领域，"保险事故"与被保险人是否承担责任脱钩，因此可以提前到第三人损害发生的环节。

4. 保险人有无和解与诉讼的参与权？

在第三人与被保险人的纠纷解决机制中，为了防止被保险人因为投保了责任保险而怠于抗辩，作为最后依据判决或和解协议支付保险金的保险人应当有参与权。因为保险人是依据保险合同替代被保险人对第三人承担责任，因此保险人不仅可以基于保险合同约定的抗辩被保险人的理由抗辩第三人，而且也可以基于被保险人抗辩第三人的理由抗辩第三人。

另外，还有一个与保险人抗辩权相关的问题是，保险人是否负有抗辩义务？换言之，保险标的是否应当包括被保险人的应诉费用？这决定费用承担是否为必然性的承保内容。诸如德国保险法理论就认为保险人负有抗辩义务，按照其《保险合同法》第100条的规定，一是保险人在保险金额的范围内负有为被保险人承担已经成立的损害赔偿责任的义务，包括可能的连带赔偿责

---

[1] 参见韩长印：《责任保险中的连带责任承担问题——以机动车商业三责险条款为分析样本》，载《中国法学》2015年第2期。

任；二是保险人负有为被保险人防御未成立的赔偿请求的义务，包括承担被保险人参与赔偿关系的抗辩费用。[1]我国也有学者主张，被保险人对保险人享有的请求权在理论上应为"法律保护请求权"，其内涵一为请求补偿被保险人赔偿责任之"免责请求权"，一为请求协助防御第三人损害赔偿请求之"防御请求权"，即保险人在被保险人收到赔偿请求时履行抗辩义务。[2]当然，依据《保险法》第66条的规定[3]，保险人是否承担相应的仲裁或诉讼费用由保险合同约定，而非责任保险应然承保的法定的保险标的。

（五）"责任保险第三人请求权"的两种模式

笔者认为，从责任保险制度功能的发展趋势以及传统责任保险的各种弊端来看，立法将保险金请求权赋予第三人是一个应然的选择。但如果赋予不特定的第三人以直接诉权，会带来一些诉讼程序上的问题，也不利于保险人行使抗辩与和解的参与权。因此在立法上，可以根据强制保险和自愿保险分别对待，对于强制保险可以在特别法上赋予第三人直接请求权，对于自愿保险可以在一般法上赋予第三人附条件的请求权。具体而言：就是将作为债权的保险金请求权按照权能拆分为程序上的"诉权"和实体上的"受偿权"两个部分，然后组合为两种模式：

第一种模式：第三人直接请求权。也称为完全请求权或者完全债权模式，即通过立法赋予第三人以"直接的诉权"和保险金"受偿权"。这相当于将第三人定位为"实质被保险人"以替代名义被保险人的地位，也即所谓的"被保险人在保险事故发生后消失"[4]，第三人成为被保险人。这种模式的一般效果是：保险金别除于被保险人的责任财产；保险人对第三人的赔偿可以免除被保险人对第三人相应的债务；保险人可以基于合同（合同内容通常

〔1〕 参见沈小军：《论责任保险中被保险人的责任免除请求权——兼评〈保险法司法解释四〉责任保险相关条文》，载《法学家》2019年第1期。

〔2〕 参见刘玉林：《责任保险被保险人请求权之结构、性质及功能——兼论我国〈保险法〉第65条、66条规定之缺失》，载《广西师范大学学报（哲学社会科学版）》2015年第6期。

〔3〕《保险法》第66条，责任保险的被保险人因给第三者造成损害的保险事故而被提起仲裁或者诉讼的，被保险人支付的仲裁或者诉讼费用以及其他必要的、合理的费用，除合同另有约定外，由保险人承担。

〔4〕 自1932年始，法国法院就持有这样的司法立场：禁止责任保险人实施不利于受害人的行为，即"损失发生后被保险人主体消失原则"，其内涵是第三人因被保险人行为遭受损失后，被保险人不再对责任保险合同享有权利，第三人对责任保险合同享有独立的权利。参见李青武：《论责任保险中"第三人"的法律地位》，载《学术界》2014年第8期。

也法定）抗辩但一般不能以合同之外对抗被保险人的理由抗辩第三人；保险人与被保险人都不能任意解除或者撤销合同。在说明理论上，这种效果类似于真正的利他合同。

这种模式的优点是：减少诉讼环节；切实保障第三人的利益。其缺点是：诉讼主体不明确，可能两不相知，难以形成诉讼或者造成重复诉讼；合同关系和内容不明确，可能影响保险人的和解与抗辩参与权；可能增加保险人的诉累负担。因此，在合同关系和内容确定或者比较容易确定，且偏重及时有效保护第三人利益的情形下，可以赋予第三人直接请求权。强制责任保险恰恰符合这样的条件，立法上也具有特别考量和赋权的便利，诸如在我国"交强险"这种定位为社会保障功能的强制保险场合，特别法在赋予第三人直接请求权的同时，也可以在被保险人免责以及保险人抗辩的效果方面作出特别的规定。

第二种模式：第三人附条件请求权。也称不完全债权模式，即赋予第三人"附条件的诉权"和保险金"受偿权"。这与第一种模式的区别在于诉权不同，即限制第二种模式的诉权。有学者在法理上阐释，认为如若彻底否认"分离原则"而采"联结主义"，则既是对债的相对性原则的背离，也是对私法自治的过度干预，缺乏充分的法理依据。责任保险与民事赔偿责任本属不同的法律关系，非因诸如对特殊社会群体保护等重大事由，不宜轻率否认债的相对性，当事人的合意也应受尊重，故保险立法宜采"相对分离原则"为一般性原则。[1]也即在合同自由的自愿责任保险场合，可以强调对第三人实体权利的保护，但不宜赋予第三人直接诉权或者应该限制第三人直接诉权。该模式并未背离合同相对性原则，第三人不仅不享有直接诉权，而且其保险金请求权也要受到合同的严格制约。

这种模式比较适合一般法对于自愿责任保险的规定，可以有效解决第一种模式的弊端，防止重复诉讼或第三人滥诉增加保险人诉累，也可保障保险人行使和解与抗辩参与权，不过分增加保险人的负担。缺点是救济第三人可能不够及时，但其实，一旦进入诉讼程序，无论第三人有无直接诉权，"及时性"都是奢望。

---

〔1〕　参见温世扬：《"相对分离原则"下的保险合同与侵权责任》，载《当代法学》2012 年第 5 期。

这种模式的权利结构是：（1）保险人承担的是替代责任，即依据保险合同替代被保险人对第三人进行赔偿。（2）保险人具有和解与诉讼参与权，可依被保险人请求或者第三人请求加入诉讼程序，可依抗辩被保险人的事由对抗第三人，也可依被保险人抗辩第三人的事由对抗第三人。（3）第三人可在符合法定条件时，直接起诉保险人，以保护其实体权利的实现。（4）第三人对保险金具有实体上受偿权，别除于被保险人的责任财产，或者说对被保险人及其债权人具有优先性。

"责任保险第三人请求权"是由立法赋予第三人以保险金请求权的一种制度安排，是责任保险制度功能从分散被保险人责任风险拓展为救济受害第三人的应然选择。"第三人请求权"制度，在价值层面体现了对受害第三人、被保险人和保险人三方主体利益关系的平衡，旨在解决第三人与被保险人及其债权人的利益冲突以及保障保险人的和解与诉讼参与权和抗辩权的实现。在法律技术层面突破了传统责任保险法律关系中所遵循的"无损失无赔偿"和"分离原则"的羁绊，在赋予第三人对保险人实体债权的同时，防止第三人滥用诉权带来不利影响。

赋予第三人请求权，就是把被保险人的保险金请求权转换成了第三人的请求权，使保险人以其与被保险人的保险合同为基础加入到被保险人对第三人的赔偿关系中，替代被保险人承担责任。这在法理上可以解释为法定的债务加入，第三人可以选择由保险人承担赔偿责任。"第三人请求权"是第三人对保险人的债权，可区分为完全债权和不完全债权，也称为"第三人直接请求权"和"第三人附条件请求权"，二者均源自法律规定的原始权利，而非代位被保险人的保险金请求权；二者的区别在于后者的"诉权"权能受到一定限制。在诉的诸多要素不具备或者不明确时，赋予不特定的第三人直接诉权可能会带来一些诉讼程序上的问题，也不利于保险人行使抗辩与和解的参与权和抗辩权。适当的选择是赋予第三人附条件的诉权，即在诉的条件具备时或者行权必要时，第三人可以直接起诉保险人。

因此在立法上，可以根据强制保险和自愿保险分别对待：在偏重救济第三人的强制保险领域，由于责任保险的普遍性和保险合同内容的法定性，三方主体相对明确，权利义务关系相对固定，且救济第三人具有一定的紧迫性，可以在特别法上赋予第三人直接请求权；在偏向替代被保险人向第三人承担责任的自愿保险领域，可以在一般法上赋予第三人附条件的请求权，以防止滥用诉权。

第二节　责任保险第三人请求权的比较研究

我国的保险业发展较晚，具有后发优势，在保险立法上大致学习的是日本、德国的立法，当然在具体制度规则层面也有对于英美国家的借鉴，因此，考察和比较上述国家的相应立法情况，有利于理解和反思我国的立法。在强制责任保险范畴或者某些异化为政策性保险（或社会保障）的范畴，上述国家的立法均赋予第三人对于保险金的完全债权，即赋予第三人直接请求权。而在自愿责任保险领域，各国和地区对此有不同的规定，习惯称谓和解释理论也有所不同，但基本采取的是赋予第三人附条件请求权。

目前，只有极少数立法例，如美国的纽约州、路易斯安纳州等全面推行直接请求权制度，准许责任保险第三人直接起诉保险人。大多数国家或地区，第三人直接请求权的适用范围通常局限于某些强制保险，如机动车第三者责任强制险、环境责任保险等，并非适用于所有的责任保险合同。从其他国家和地区的立法来看，在自愿责任保险领域维持合同关系的相对性是普遍做法。[1]

一、德国的立法

德国立法中涉及的强制责任保险种类繁多，大约有一百多种活动依法要进行强制保险。[2]涉及的强制保险包括：保险标的为适用严格责任归责原则产生的损害赔偿责任强制保险，如汽车强制责任保险、航空器强制责任保险、环境责任强制保险、药品瑕疵强制责任保险等；以及保险标的为专家责任的强制保险，如律师、公证人、审计师、税务顾问强制责任保险等。[3]例如，德国《汽车保有人强制责任保险法》（1965年）第3条规定，第三人可以向保险人行使请求权。德国《保险合同法》（2008年）第115条规定第1款对此作了一般性的规定，即在强制责任保险场合，第三人可以向保险人直接请求赔偿。而依据第158条的规定，除非另有直接诉权的立法，否则第三人对

〔1〕参见王伟：《责任保险第三人是否有直接请求权》，载《中国保险》2005年第7期。
〔2〕参见杨华柏：《完善我国强制保险制度的思考》，载《保险研究》2006年第10期。
〔3〕参见郭锋等：《强制保险立法研究》，人民法院出版社2009年版，第97-103页。

保险人不得直接请求给付。[1]

德国对于自愿责任保险，没有赋予第三人直接请求权，而是表述为"被保险人的责任免除请求权"。《德国保险合同法》（2008 年）第 115 条规定："第三人基于下列情形之一，可以向保险人请求赔偿：（1）依据《强制保险法》购买责任保险的；（2）被保险人进入破产程序，或者因为没有破产财产或已委派临时破产管理人而被驳回破产申请的；（3）被保险人下落不明的。""第三人请求权以保险合同规定的保险人责任为限，保险人责任不存在的，索赔权基于第 117 条第（1）至（4）款存在。保险人应以现金支付赔偿金。保险人和承担赔偿责任的被保险人应视为共同债务人。"[2]在自愿责任保险赔付制度上，德国赋予被保险人"责任免除请求权"，而第三人只有在法定（第 115 条规定）情形下，才有对保险人的请求权，即附条件的请求权。

德国学者认为，责任保险中被保险人对保险人所享有的请求权不是保险金请求权，而应当解释为责任免除请求权，其旨在使被保险人免于向第三人承担损害赔偿责任，这种认识是从责任保险的本质中推导出来的。其请求权的构造是：被保险人应当请求保险人向第三人支付保险金，以免除其对第三人的相应责任。被保险人只有在向第三人赔偿后，才有权请求保险人向自己支付保险金。《德国保险合同法》第 100 条规定：在责任保险中保险人有义务使被保险人免于第三人基于被保险人在保险期间内所发生的事实而承担的责

---

[1] 参见陈飞：《论我国责任保险立法的完善——以新〈保险法〉第 65 条为中心》，载《法律科学（西北政法大学学报）》2011 年第 5 期。

[2] 德国《保险合同法》（2008 年）第 117 条第 1 款至第 4 款主要规定了保险人对第三人的责任。其法条规定如下：（1）即使被保险人全部或者部分放弃向保险人索赔之权利，保险人对第三人的责任仍然存在。（2）发生导致保险合同失效或终止的相关情况后，为了保护第三人利益，只有当保险人通知保险代理人上述情况一个月后保险合同才归于无效。因时效届满而终止的保险合同同样也适用上述条款。在保险合同终止之前，上述时效期间并未开始计算。如果在损失发生之前，保险代理人已经收到基于相关法律签订的新保险合同，则本款第 1 句和第 2 句规定的相关情况也适用于第三人。如果没有指派合格的保险代理人接收上述通知，则上述规定不予适用。（3）在本条第 1 款和第 2 款规定的情形下，保险人只在预定的最低金额范围内承担保险责任。只要第三人能从其他保险人或社会保险机构那里获得赔偿，保险人就不再承担保险责任。（4）如果保险人按照本条第 1 款和第 2 款支付保险金的义务与基于过失违反法定义务的赔偿责任相一致，则考虑到保险人承担责任的前提已经具备，其根据德国《民法典》第 839 条第 1 款支付赔偿金的义务不应被排除。如果按照德国《民法典》第 839 条之规定公共机构承担的是个人责任，则本款第 1 句之规定不予适用。参见孙宏涛：《产品责任保险中之第三人研究》，载《科学·经济·社会》2013 年第 4 期。

任所行使的请求权，以及防御未成立的请求权。[1]

应该说，在自愿责任保险领域，德国通过烦琐的立法设计和复杂的说明理论构建了新型的"第三人附条件请求权"制度，在未赋予第三人直接诉权的前提下，解决了第三人对保险金的实体受偿权、直接起诉的条件、保险人的和解与诉讼的参与权及抗辩权等问题。另外，德国法与众不同的特色是赋予保险人抗辩义务，这大概与德国法律保护（费用）保险高度普及有关。

二、日本的立法

日本只是在部分强制责任保险或者说是强制性"保障法"中，通过特别立法规定受害第三人对保险人有直接请求权。例如《汽车损害赔偿保障法》第 16 条第 1 款规定"保有人发生依第三条规定之损害赔偿责任时，被害人得依政令所定，于保险金额之限度内，对保险公司为损害赔偿支付之请求"。[2]

在处理自愿责任保险第三人请求权的问题上，《日本保险法》与《德国保险合同法》的设计思路与关注点有所不同，其采取的是"第三人保险金优先受偿权"模式。《日本保险法》（2008 年）第 22 条规定："针对责任保险合同的被保险人，享有该责任保险合同项下保险事故相关损害请求权的人，就请求保险金给付的权利享有优先权。""被保险人就前款规定的损害赔偿请求权所涉及的相关债务，以已经偿还的金额或者对享有该损害赔偿请求权的人承诺的金额为限，可以对保险人行使请求保险金给付的权利。""根据责任保险合同请求保险金给付的权利，不得以转让、出质为目的，也不得扣押。但是，下列情形不在此限：（1）转让给第 1 款规定的享有损害赔偿请求权的人或者有关扣押该损害赔偿请求权的情形；（2）根据前款规定被保险人可以行使保险金给付请求权的情形。"[3]

日本原商法中没有关于责任保险的规定，因此，在被保险人破产等情况下，保险金不能支付给拥有请求权的受害第三人，而是支付给被保险人的破

---

〔1〕　参见沈小军：《论责任保险中被保险人的责任免除请求权——兼评〈保险法司法解释四〉责任保险相关条文》，载《法学家》2019 年第 1 期。

〔2〕　江朝国编著：《强制汽车责任保险法》，中国政法大学出版社 2006 年版，第 209 页。

〔3〕　参见马强、尹江燕译：《日本保险法》，载《中日新保险法研讨会资料》2009 年 10 月 17 日。

产财团。因此，为保证责任保险的保险金支付给受害第三人，《日本保险法》规定受害第三人拥有法定优先权。日本法务省民事局民事法制管理官萩本修在介绍日本保险法立法情况时讲到：关于这点，日本立法时不仅承认受害第三人拥有法定优先权，还就作为受害第三人对保险人是否拥有直接请求权进行了讨论。认为虽然在汽车保险领域，已经承认受害第三人拥有直接请求权，但是在责任保险中，不仅有汽车保险那样的事故情况、损害金额已经程式化的保险种类，还有如农产品责任保险、董事责任保险等保险类型。因为保险人并非纷争的直接当事人，不负有被请求赔偿的一般性义务，所以受害第三人不能享有对保险人的直接请求权。[1]可见，日本立法在赋予第三人请求权方面持谨慎态度，仅在"事故情况、损害金额已经程式化"的汽车保险领域，赋予第三人直接请求权，而在其他不具备这样条件的保险领域，基于债的相对性原则，并未赋予第三人直接请求权。

其实，日本立法相比第三人请求权问题更为关注的是第三人对保险金的优先权，强调保险金对于第三人的专属性。如同有的学者总结的那样，《日本保险法》第22条第1款规定了受害第三人的先取特权，即因责任保险合同的保险事故对于责任保险合同的被保险人享有损害赔偿请求权之人，就保险给付请求权享有先取特权。[2]日本保险法中受害第三人对于保险金虽然没有直接请求权，但是可以行使先取特权使债权优先于被保险人的其他债权人获得清偿。相比德国立法，日本通过如此简洁的设计，就在责任保险三方实体权利平衡方面，基本达到了与德国法相同的效果，这或许与日本民事诉讼制度的支撑有关。

三、我国的立法

我国的强制保险比较典型的是"交强险"，学者们对于"交强险"的定位是属于责任保险还是与侵权责任脱钩的保障制度存在不同的看法，同样，

---

[1] 参见萩本修：《日本新保险法的立法过程及主要讨论事项》，载《中日新保险法研讨会资料》2009年10月17日。

[2] 参见陈飞：《论我国责任保险立法的完善——以新〈保险法〉第65条为中心》，载《法律科学（西北政法大学学报）》2011年第5期。

对于是否赋予了第三人直接请求权也有不同的认识。[1]《道路交通安全法》第 76 条规定，机动车发生交通事故造成人身伤亡、财产损失的，由保险公司在机动车第三者责任强制保险责任限额范围内予以赔偿。学者一般认为该条规定承认了第三人对保险人的保险金请求权，并且该项请求权不附任何条件，于损害事故发生时当然产生。[2]

"交强险"之外的其他强制责任保险，涉及第三人请求权的还有两个领域：《中华人民共和国民用航空法》（以下简称《民用航空法》）第 166 条和 168 条规定，民用航空器的经营人应当投保地面第三人责任险或者取得相应的责任担保，并赋予受害人在一定条件下可直接向保险人提起诉讼的权利。《中华人民共和国海洋环境保护法》（以下简称《海洋环境保护法》）确立了强制油污民事责任保险制度，但没有规定船舶油污事故受害人对责任保险人直接请求赔偿的权利，但《中华人民共和国海事诉讼特别程序法》（以下简称《海事诉讼特别程序法》）第 97 条规定了受害人可直接向责任保险人提出油污损害赔偿。[3]

我国对于自愿责任保险的一般性规定主要是《保险法》第 65 条："保险人对责任保险的被保险人给第三者造成的损害，可以依照法律的规定或者合同的约定，直接向该第三者赔偿保险金。""责任保险的被保险人给第三者造成损害，被保险人对第三者应负的赔偿责任确定的，根据被保险人的请求，保险人应当直接向该第三者赔偿保险金。被保险人怠于请求的，第三者有权就其应获赔偿部分直接向保险人请求赔偿保险金。""责任保险的被保险人给第三者造成损害，被保险人未向该第三者赔偿的，保险人不得向被保险人赔偿保险金。""责任保险是指以被保险人对第三者依法应负的赔偿责任为保险标的的保险。"

第 65 条共分为 4 款，结合《保险法司法解释（四）》的相关规定来看，我国保险法总体上赋予了第三人对保险金的不完全的债权，即第三人附条件

---

〔1〕　参见李祝用、姚兆中：《再论交强险的制度定位——立法的缺陷、行政法规与司法解释的矛盾及其解决》，载《保险研究》2014 年第 4 期。

〔2〕　参见郑莹：《论责任保险第三者的保险金请求权》，载《湖北大学学报（哲学社会科学版）》2015 年第 1 期。

〔3〕　参见陈亚芹：《论责任保险第三人直接请求权的立法模式——对直接请求权理论基础的新解读》，载《保险研究》2011 年第 1 期。

请求权。具体而言：（1）如果有法律规定（如"交强险"）或者合同约定（如第三人明确等条件具备），保险人可以直接向第三人赔偿保险金，但第三人有无直接诉权并不明确。（2）被保险人具有请求权，但请求的内容是保险人向第三人给付保险金，或者说第三人是实质上的权利人。"被保险人对第三人应负的赔偿责任确定"[1]是保险事故发生的标准。（3）被保险人"怠于请求的"[2]，第三人有权就其应获赔偿部分直接请求保险金。"就其应获赔偿部分"表示保险责任受到第三人与被保险人之间责任关系的限制。需要说明，虽然法条规定并不明确，但因为保险人依据保险合同承担保险金涉及被保险人对第三人赔偿责任的确定，所以保险人有参加诉讼和和解的权利，即和解与诉讼的参与权[3]，可依据保险合同约定事由和被保险人抗辩第三人的事由来抗辩第三人，以防止被保险人因有保险而消极抗辩和不当和解，扩大保险人的赔偿责任。（4）被保险人对保险金不具有实体权利。其一，保险人不得向被保险人赔偿。[4]其二，被保险人赔偿（实质是"垫付"）第三人后，可以向保险人请求（追偿）保险金。这说明，保险金的实体权利属于第三人，并非属于被保险人的财产，因而别除于被保险人的一般责任财产之外，或者说是专属于被保险人对第三人的责任财产，也即第三人相对被保险人及其债权人对保险金享有优先权。当然，虽然法律没有明确规定，但我们也可推导出：保险人是替代被保险人赔偿第三人，因此，在实付保险金额度内对于被

---

〔1〕《保险法司法解释（四）》第 14 条规定："具有下列情形之一的，被保险人可以依照保险法第六十五条第二款的规定请求保险人直接向第三者赔偿保险金：（一）被保险人对第三者所负的赔偿责任经人民法院生效裁判、仲裁裁决确认；（二）被保险人对第三者所负的赔偿责任经被保险人与第三者协商一致；（三）被保险人对第三者应负的赔偿责任能够确定的其他情形。前款规定的情形下，保险人主张按照保险合同确定保险赔偿责任的，人民法院应予支持。"

〔2〕《保险法司法解释（四）》第 15 条规定："被保险人对第三者应负的赔偿责任确定后，被保险人不履行赔偿责任，且第三者以保险人为被告或者以保险人与被保险人为共同被告提起诉讼时，被保险人尚未向保险人提出直接向第三者赔偿保险金的请求的，可以认定为属于保险法第六十五条第二款规定的'被保险人怠于请求'的情形。"

〔3〕《保险法司法解释（四）》第 19 条规定："责任保险的被保险人与第三者就被保险人的赔偿责任达成和解协议且经保险人认可，被保险人主张保险人在保险合同范围内依据和解协议承担保险责任的，人民法院应予支持。被保险人与第三者就被保险人的赔偿责任达成和解协议，未经保险人认可，保险人主张对保险责任范围以及赔偿数额重新予以核定的，人民法院应予支持。"

〔4〕《保险法司法解释（四）》第 20 条规定："责任保险的保险人在被保险人向第三者赔偿之前向被保险人赔偿保险金，第三者依照保险法第六十五条第二款的规定行使保险金请求权时，保险人以其已向被保险人赔偿为由拒绝赔偿保险金的，人民法院不予支持。保险人向第三者赔偿后，请求被保险人返还相应保险金的，人民法院应予支持。"

保险人发生免责的效果。

总体上看，我国关于"责任保险第三人请求权"的立法接近于德国的模式，在《保险法》上赋予第三人附条件的请求权，基本上体现了其应然的制度功能，当然，在法条表述的明确和细致方面仍有进一步完善的空间，诸如第三人行使请求权的条件、保险人和解与诉讼参与权以及抗辩权的范围等方面均需要进一步明确，另外在立法上是否需要借鉴德国法上的"保险人抗辩义务"也值得研究。

第十章

交强险

第一节　交强险及其制度功能

一、交强险制度的机制和特征

（一）交强险制度的机制

我国《交强险条例》以《道路交通安全法》和《保险法》为立法依据。《交强险条例》第 3 条规定："本条例所称机动车交通事故责任强制保险，是指由保险公司对被保险机动车发生道路交通事故造成本车人员、被保险人以外的受害人的人身伤亡、财产损失，在责任限额内予以赔偿的强制性责任保险。"《交强险条例》的颁布标志着我国机动车交通事故责任强制保险（以下简称"交强险"）制度的确立。

《交强险条例》是国务院依据《道路交通安全法》第 17 条[1]的立法授权制定颁行的，因此，该条例可以视为《道路交通安全法》的延伸，具有法律的属性，可以直接作为法院的裁判依据。有学者认为，交强险制度是"政府巧妙地借用市场之手加以适当的政策化改造实现社会正义之目的的成功典范，是对机动车第三者责任任意保险这一私法制度的公法化改造"[2]。

通常情况下，保险合同的订立应当遵循自愿原则，而强制保险某种意义上表现为国家对个人意愿的干预，其范围是受严格限制的，一般须通过国家

---

〔1〕《道路交通安全法》第 17 条规定："国家实行机动车第三者责任强制保险制度，设立道路交通事故社会救助基金。具体办法由国务院规定。"

〔2〕参见丁凤楚：《论我国机动车交通事故责任强制保险制度的完善》，载《江西财经大学学报》2007 年第 1 期。

特别立法形式实施。[1]目前，各国普遍推行强制责任保险的领域主要是机动车强制责任保险、雇主强制责任保险等，而在国际上，强制责任保险最早是在《1969年国际油污损害民事责任公约》中首先被确立的。

在我国现阶段，强制保险的险种主要有机动车交通事故责任强制保险、民用航空器地面第三人责任强制保险等，强制保险的适用范围主要限制在涉及社会公众利益的领域。实施机动车强制责任保险的主要目的和功能是解决交通事故受害人的救济问题。汽车的发明和普及，在提高生产效率和提升生活便利的同时，也给人们带来了大量的交通事故损害的困扰。如同工业发展和科技进步带来的诸多新的风险需要防控和分散一样，道路交通事故受害人的救济和保障问题也需要社会给予关注和解决。而传统的侵权法在很多情况下并不能给受害人提供切实有效的救济和保障，例如驾驶人因为惧怕高额的赔偿责任而肇事逃逸，导致受害人得不到及时抢救而丧生；驾驶人因为没有赔偿能力导致"判决不能执行"，受害人的救济和保障不能落到实处；等等。因此，在无法禁止或者选择保留汽车等机动交通工具的情况下，采取何种措施既能够给予无法完全避免的道路交通事故中的受害人提供及时有效的救济和保障，又不能因为严苛的侵权赔偿责任使得机动车辆使用人不敢使用这些现代交通工具，是现代文明社会必须面对和解决的问题。保险制度是可以使交通事故损害风险社会化分担的一种机制，无疑是解决上述难题合理且应然的选择。质言之，现代社会需要提供一种（或两种）制度来解决交通事故受害人的切实有效救济和机动车辆使用人的责任分担问题。

在传统法律制度框架下，对于道路交通事故受害人的救济，主要依据侵权法，由道路交通事故肇事方依据其过错责任对受害人进行赔偿。但这种救济机制受制于侵权人的财力，可能存在侵权人逃避或者无力赔偿的情况，受害人就不能得到有效的救济。责任保险制度通过将肇事方的赔偿责任风险社会化的方式，可以在一定程度上解决侵权人的赔偿能力和受害人的有效救济问题。但并非所有的机动车主或者驾驶人都愿意购买责任保险，而保险公司基于商业动机也不一定会提供适当的产品。法律通常情况下不能强制要求机动车主或者驾驶人与保险公司强制缔约，因为责任保险通常是由保险公司提

---

[1]　例如《保险法》第11条规定："订立保险合同，应当协商一致，遵循公平原则确定各方的权利和义务。除法律、行政法规规定必须保险的外，保险合同自愿订立。"

供的商业产品，如何确定责任保险的条款和价格是保险公司的自由，而是否购买以及如何选择则是投保人的自由。

同时，即便机动车主或者驾驶人购买了责任保险，但责任保险的赔偿以被保险人承担侵权赔偿责任为前提，而侵权人是否存在过错以及具体赔偿责任的确定，往往需要经过诉讼程序由法院最终来判定，在时间上往往很难快速解决，所以，受害人基本无望得到及时救济，这对于那些需要及时进行医疗抢救但自己又无钱垫付医疗费用的受害人可能是一种灾难。而且，从机动车与行人的对比关系来看，即使机动车方无过错而受害的行人有过错，按照侵权法过错责任原则对受害的行人不给予任何赔偿也并不妥当。因此，社会为交通事故受害人提供一个基础性救济机制有其正当性基础。可以选择的制度一种是强制责任保险，另一种是由政府直接组织管理的保障性保险，当然也可以将二者结合使用。

从国外的与交强险相似的交通事故受害人救济制度来看，具有逐步向为受害人提供保障制度的发展趋势。比利时于 1995 年开始就明确了不区分侵权人责任的保险赔付规则。美国的无过错保险体系亦明确不考虑侵权人责任问题，交通事故受害人可以在保险限额内向保险人主张除直接财产损失以外的人身损害赔偿。加拿大魁北克地区的"交强险"实行无过错主义，确立了保险赔付规则与侵权法的构成要件相分离的制度。新西兰为了照顾交通事故受害人，将其纳入社会保险中予以保护，赔偿条件仅限于是否发生事故。从这些国家的相关立法足以看出国外"交强险"制度的趋势，已经不再区分责任以及侧重于保护和救济自然人的人身损害。[1]

我国交强险在很大程度上也不考虑当事人的过错就对受害人给予基本的救济和保障，但又没有完全采用美国或者新西兰这种社会保障制度形式。可能是基于运行成本和技术难度的考虑，我国没有成立专门的交强险行政或者事业机构，而把交强险的运作交给商业保险公司经营，形成了以交强险为基础、商业第三者责任险为补充的受害人救济保障体系。尽管《交强险条例》是按照强制性责任保险的思路来设计的，但并没有完全坚持和贯彻强制性责任保险的原理。一方面，《交强险条例》也没有直接规定保险责任要以交通事故侵权责任的认定为前提；另一方面，立法和监管机构在对交强险制度答记者问时

---

〔1〕 参见罗振向：《我国交强险的功能定位及改革思路》，载《法制与社会》2021 年第 7 期。

明确指出，目前实行的商业机动车第三者责任保险是根据被保险人在交通事故中所承担的事故责任来确定其赔偿责任的。机动车交通事故责任强制保险实施后，无论被保险人是否在交通事故中负有责任，保险公司均将按照《交强险条例》以及《机动车交通事故责任强制保险条款》（以下简称《交强险条款》）的具体要求在责任限额内予以赔偿。[1]质言之，基于各种因素考量和利益平衡而设计的我国交强险制度，形式上采用了责任保险的机制，并交由商业保险公司运作经营，而实质上却要实现社会保障的功能。可以说是多方借鉴但又不完整体系地学习各国立法的成果，走的是责任保险与社会保障相结合的路线，而这种做法必然导致交强险的制度性质不明、功能定位不清，也极有可能造成具体规则的设置背离制度的功能和宗旨、目的和手段相脱节的后果。

（二）交强险的特征

因为我国交强险采用责任保险的形式，且与机动车商业第三者责任险（以下简称"商业三者险"）并存，因此，交强险的特征主要体现在其与商业三者险的区别上。从我国《交强险条例》和《交强险条款》的规定来看，交强险与商业三者险的区别主要体现在如下几个方面：

第一，交强险具有强制性，系国家规定的强制性保险。根据《交强险条例》规定，机动车的所有人或者管理人都应当依照《道路交通安全法》的规定投保交强险。同时，保险公司不能拒绝承保，不得拖延承保，不得随意解除合同。相比之下，商业三者险则不具有强制性，采自愿投保原则。

第二，二者的保障范围不同。商业三者险通常规定较多的责任免除事项或者设置免赔额和免赔率；而交强险的保险责任几乎涵盖了所有的道路交通风险，且不设免赔额和免赔率，免责事项设置也很少。

第三，交强险与商业三者险的赔偿条件不同。商业三者险赔偿的前提是被保险人（被保险车）在交通事故中需要负有赔偿责任，而判断其是否担责通常采取过错责任原则，保险公司根据被保险人在交通事故中所承担的事故责任，来确定其赔偿责任。而交强险的赔付前提是第三人受损害，而无论被保险人（被保险车）在交通事故中是否有过错以及是否应负赔偿责任，交强险均应按照《交强险条款》的规定，在责任限额内予以赔偿。

---

〔1〕　参见《国务院法制办、保监会负责人就〈机动车交通事故责任强制保险条例〉答记者问》，载 http://www.cbirc.gov.cn/cn/view/pages/ItemDetail.html？docId＝366541&itemId＝915&generaltype＝0，最后访问日期：2022 年 1 月 16 日。

第四，交强险实行分项责任限额。交强险合同中的责任限额是指被保险机动车发生道路交通事故，保险公司对每次保险事故所有受害人的人身伤亡和财产损失所承担的最高赔偿金额。责任限额分为死亡伤残赔偿限额、医疗费用赔偿限额、财产损失赔偿限额以及被保险人在道路交通事故中无责任的赔偿限额。[1]根据中国保险行业协会 2020 年对《交强险条款》的修订，保险人对每次事故在下列赔偿限额内负责赔偿：（1）死亡伤残赔偿限额为 180000元；（2）医疗费用赔偿限额为 18000 元；（3）财产损失赔偿限额为 2000 元；（4）被保险人无责任时，死亡伤残赔偿限额为 18000 元；医疗费用赔偿限额为 1800 元；财产损失赔偿限额为 100 元。[2]而商业三者险一般不对死亡伤残、医疗费用、财产损失的赔偿责任进行分项限额。

第五，交强险采浮动保险费率。根据《交强险条例》第 8 条规定，被保险机动车没有发生道路交通安全违法行为和道路交通事故的，保险公司应当在下一年度降低其保险费率。在此后的年度内，被保险机动车仍然没有发生道路交通安全违法行为和道路交通事故的，保险公司应当继续降低其保险费率，直至最低标准。被保险机动车发生道路交通安全违法行为或者道路交通事故的，保险公司应当在下一年度提高其保险费率。多次发生道路交通安全违法行为、道路交通事故，或者发生重大道路交通事故的，保险公司应当加大提高其保险费率的幅度。在道路交通事故中被保险人没有过错的，不提高其保险费率。商业三者险并无法定浮动费率要求，但实务上保险公司也多采取浮动费率以控制道德风险。

第六，经营原则不同。商业三者险以营利为目的，属于商业保险业务范畴。而交强险则不以营利为目的，采"不盈利不亏损"的原则。

二、交强险的性质

自 2003 年《道路交通安全法》公布以来，对于其第 17 条、第 76 条规定的强制保险制度究竟是责任保险，还是一种保障性保险（或为一种社会保障制度），一直存在不同的认识。[3]有学者如此形容道："司法解释与行政法规在这

---

〔1〕 参见《交强险条款》（2020 修订）第 6 条。

〔2〕 参见《交强险条款》（2020 修订）第 8 条。

〔3〕 参见李祝用、姚兆中：《再论交强险的制度定位——立法的缺陷、行政法规与司法解释的矛盾及其解决》，载《保险研究》2014 年第 4 期。

一问题上罕有地出现了直接对抗，进而引发了理论与实务的无尽纷争。"〔1〕或者说，自我国交强险制度确立之始，理论及实践上对于其功能定位便未达成共识，进而导致其在具体规则和制度层面出现"手段与目的相背离"的情形。尽管《道路交通安全法》以及《交强险条例》和《交强险条款》已经多次修改〔2〕，但很多争议问题并未得到解决。因此，厘清我国交强险制度的功能定位，并以此为衡量标准对交强险的具体规则和制度进行反思，具有重要意义。交强险的性质是属于责任险还是保障险，是其功能定位的直接反映。对此问题，在理论和司法实践中均有不同的观点和倾向。

（一）责任保险说

责任保险说认为交强险属于责任保险的理由主要包括：

首先，交强险险种被命名为责任保险。《保险法》第65条将责任保险定义为："以被保险人对第三者依法应负的赔偿责任为保险标的的保险"。《道路交通安全法》第17条规定："国家实行机动车第三者责任强制保险制度"，明确指出是"第三者责任"强制保险，符合《保险法》第65条对责任保险的定义，当然属于责任保险的范畴，应当遵循责任保险的基本原理。并且，《交强险条例》在起草过程中，草案最初的名称也是"机动车第三者责任强制保险条例"，与《道路交通安全法》第17条一致。尽管在后续征求意见的过程中修改成了"机动车交通事故责任强制保险"，但是并没有删除"责任"二字，仍然是责任保险。因此，从险种的名称上看，交强险属于责任保险。〔3〕从《交强险条例》第3条对交强险的定义来看，其核心词即为"强制性责任保险"。同时，从中国保险行业协会发布的《交强险条款》第8条的表述来看也是如此，保险人按照交强险合同的约定在赔偿限额内负责赔偿"依法应当由被保险人承担的损害赔偿责任"。

---

〔1〕 马宁：《中国交强险立法的完善：保险模式选择与规范调适》，载《清华法学》2019年第5期。

〔2〕《道路交通安全法》自2003年公布以来，已经进行了三次修正（2007年12月第一次修正，2011年4月第二次修正，2021年4月第三次修正）。我国《交强险条例》自2006年颁布以来，已经进行了四次修订（2012年3月第一次修订，2012年12月第二次修订，2016年2月第三次修订，2019年3月第四次修订）。《交强险条款》也相应进行了多次修订。

〔3〕 参见李祝用、姚兆中：《再论交强险的制度定位——立法的缺陷、行政法规与司法解释的矛盾及其解决》，载《保险研究》2014年第4期。

其次，2006 年颁布的《交强险条例》主要采用了责任保险的制度设计。[1]这种责任保险模式的主要特点是以侵权责任为基础，强调交强险的责任保险属性，即责任保险具有分担被保险人损失的功能。这种立法模式主张先成立侵权人与受害人之间的侵权责任，侵权人（被保险人）再依据保险合同成立保险金给付请求权，因此，原则上被保险人为保险金请求权人。[2]也有学者进而认为，受害第三人对保险公司并不享有直接请求权，这就表明《交强险条例》实际上是按照传统责任保险法律关系的一般原理设计的，即保险人对受害第三人的赔偿责任是依附于交通事故侵权责任而产生的。只有被保险人承担了侵权责任，才能要求保险赔偿。交强险分别设置了"有责"和"无责"的赔偿限额，所谓"责"，指的就是被保险人应承担的交通事故侵权责任，这也说明交强险的赔偿责任与交通事故侵权责任具有牵连关系。[3]还有学者认为，在现行交强险的三方法律关系结构之下，将交强险定位为保障制度存在严重的逻辑漏洞。与无过失保险中的两方法律关系不同，在保险人、被保险人、受害人三方法律关系下，保险公司之所以进行赔付，是要填补被保险人因交通事故所承担的损失，但这种损失根本上是受害人所遭受的人身伤亡和财产损失。其中的逻辑联系就是被保险人对受害人要承担一定的损害赔偿责任。如果无视这种损害赔偿责任，则无法解释为什么投保人要购买保险，承担保费，而最终保障的却是受害人的损失。因此，确认保险赔偿的前提，仍然是被保险人依法负有侵权责任。[4]

最后，从《道路交通安全法》第 76 条的解释来看，其并没有明确否定保险责任与道路交通事故侵权责任之间的联系。第 76 条规定："机动车发生交通事故造成人身伤亡、财产损失的，由保险公司在机动车第三者责任强制保险责任限额范围内予以赔偿；不足的部分，按照下列规定承担赔偿责任：（一）机动车之间发生交通事故的，由有过错的一方承担赔偿责任；双方都有

〔1〕 参见李祝用、姚兆中：《再论交强险的制度定位——立法的缺陷、行政法规与司法解释的矛盾及其解决》，载《保险研究》2014 年第 4 期。

〔2〕 参见姜强：《交强险的功能定位及其与侵权责任的关系——审理机动车交通事故损害赔偿案件的制度背景》，载《法律适用》2013 年第 1 期。

〔3〕 参见李祝用、姚兆中：《再论交强险的制度定位——立法的缺陷、行政法规与司法解释的矛盾及其解决》，载《保险研究》2014 年第 4 期。

〔4〕 参见刘学生：《交强险立法与实践的两个法律问题辨析——以侵权责任法律关系为视角》，载《保险研究》2011 年第 9 期。

过错的，按照各自过错的比例分担责任。（二）机动车与非机动车驾驶人、行人之间发生交通事故，非机动车驾驶人、行人没有过错的，由机动车一方承担赔偿责任；有证据证明非机动车驾驶人、行人有过错的，根据过错程度适当减轻机动车一方的赔偿责任；机动车一方没有过错的，承担不超过百分之十的赔偿责任。交通事故的损失是由非机动车驾驶人、行人故意碰撞机动车造成的，机动车一方不承担赔偿责任。"表面上，《道路交通安全法》第76条第1款的表述没有附加任何前提或限制，保险公司的赔偿责任似乎是无条件的，与交通事故侵权责任并无联系。但这是从文义解释的角度作出的推断，在条款没有明确否定机动车第三者责任强制保险属于责任保险性质的情况下，结合《道路交通安全法》第17条规定国家实行机动车"第三者责任"强制保险，依然可以认为保险责任的承担要以被保险人交通事故侵权责任为前提，只是在本条的表述上并没有充分明确。[1]全国人大负责《道路交通安全法》立法工作的官员也认为，强制保险在三者险的范围内不定过错、全部赔偿的观点是不正确的，"首先是有责任，然后再看在负责任的情况下，最高赔多少，即'限额'"[2]。立法工作负责官员持此观点，具有较高的权威性，应为立法本意。也有学者支持这个理由，认为法律法规的文义解释应服从其目的解释和制度构成，《道路交通安全法》第76条第1款应被解读为：机动车一方应当承担交通事故赔偿责任的，由保险公司在机动车责任强制保险责任限额范围内直接予以赔偿。[3]

（二）保障性保险说

保障性保险说认为交强险属于保障性保险的理由主要包括：

首先，虽然《道路交通安全法》第76条并未明确否定保险责任与道路交通事故侵权责任之间的联系，但从文义解释的角度看，《道路交通安全法》第76条可以理解为在保险责任限额范围内，并不考察被保险人的过失及其交通事

---

〔1〕　参见李祝用、姚兆中：《再论交强险的制度定位——立法的缺陷、行政法规与司法解释的矛盾及其解决》，载《保险研究》2014年第4期。

〔2〕　参见《聚焦道路交通安全法第76条四大热点——全国人大常委会法工委副主任王胜明谈道路交通安全法修改》，载 https://news.sina.com.cn/o/2007-12-29/203313167391s.shtml，最后访问日期：2022年1月18日。

〔3〕　参见李青武：《机动车责任强制保险制度研究》，法律出版社2010年版，第148-149页。

故侵权责任。[1]该条文在对交强险、商业险、侵权责任的赔偿次序确定问题进行规定时，并未首先对交通事故侵权责任的归责进行规定，而是首先确定了保险公司在交强险限额范围内的责任承担。这与责任保险的应然模式相悖。质言之，联系整个条款前后的表述，如果交强险采取的是责任保险的模式，则合理的做法应当是，先规定交通事故侵权责任的归责问题，再规定保险公司的责任承担，而非相反。反过来说，仅对超过强制保险限额部分规定侵权责任，就从反面证明了对保险限额内的损害进行赔偿并不以侵权责任为前提。因此，第76条规定的不是责任保险。

其次，从理论和实践层面来看，一方面，大量的理论观点[2]和审判实践[3]否定了交强险限额内的保险责任与交通事故侵权责任之间存在牵连关系；另一方面，目前实践操作中保险行业为了简化理赔程序，以及迫于败诉压力，很多方面也并未按照责任保险的方式来实施交强险的理赔工作。当发生保险事故后，保险公司往往仅根据机动车是否承担责任，直接依照有责或者无责的赔偿限额对受害人的损失进行赔偿，并不是在认定被保险人交通事故侵权责任之后再予以赔偿。因此，实践操作与法律、法规相关规定的脱节，使交强险的责任保险定位存在难以克服的缺陷。

（三）本书的观点

笔者认为，对于交强险性质的判定，正如上述争议之几大焦点，可以从

---

[1] 参见李祝用、姚兆中：《再论交强险的制度定位——立法的缺陷、行政法规与司法解释的矛盾及其解决》，载《保险研究》2014年第4期。

[2] 不仅是学者，立法机构编著的相关法律释义中也明显持这种观点，例如，全国人大常委会法制工作委员会有关人士参与编写的《〈中华人民共和国道路交通安全法〉逐条详解与立法原始资料》一书中，对第76条的解释为"首先由保险公司从其第三者责任保险的责任限额范围内赔偿，当保险金额不足以赔偿实际财产损失时，则应按照本条的规定予以解决赔偿责任问题"；全国人大常委会法制工作委员会编写的《中华人民共和国侵权责任法释义》解释为"机动车发生交通事故……都是先由保险公司在机动车第三者责任强制保险责任限额内予以赔偿，不足的部分才由机动车一方承担赔偿责任"。参见编写组：《〈中华人民共和国道路交通安全法〉逐条详解和立法原始资料》，中国方正出版社2003年版，第133页；王胜明主编：《中华人民共和国侵权责任法释义》，法律出版社2010年版，第249页。参见李祝用、姚兆中：《再论交强险的制度定位——立法的缺陷、行政法规与司法解释的矛盾及其解决》，载《保险研究》2014年第4期。

[3] 从笔者查阅的司法案件来看，即使受害人在事故中负有相应责任，法院也判决保险人在交强险责任限额范围内首先承担赔偿责任，之后才根据双方当事人的过错程度，计算相应的侵权损害赔偿责任。参见李祝用、姚兆中：《再论交强险的制度定位——立法的缺陷、行政法规与司法解释的矛盾及其解决》，载《保险研究》2014年第4期。

该险种名称、保险标的、立法目的等三个方面进行考量。在上述三个判定标准中尤应以保险标的和立法目的为核心标准，因为险种名称有时是靠不住的，很多险种确实"徒有其表"，所用名称实际上并不能代表其本质，所以，至少在方法论上我们不能仅从外在的名称来断言其内在的本质。

那么，交强险的保险标的是被保险人依法对第三人承担的赔偿责任？还是不考虑被保险人的赔偿责任而直接针对第三人在交通事故中的损害？或者说，交强险的赔付是否以被保险人对第三人的侵权责任为基础？是否替代被保险人对第三人的赔偿责任？对这个问题如何回答，也就间接明确了交强险的性质。

笔者倾向认为交强险的核心属性是保障性保险，但在一定程度上兼具有替代被保险人对第三人承担赔偿责任的责任保险性质。

首先，从《道路交通安全法》第76条以及相关司法解释的规定来看，交强险与被保险人的侵权责任是脱钩的。2012年最高人民法院《关于审理道路交通事故损害赔偿案件适用法律若干问题的解释》（以下简称《2012年道交司法解释》）第16条第1款规定："同时投保机动车第三者责任强制保险和第三者责任商业保险的机动车发生交通事故造成损害，当事人同时起诉侵权人和保险公司的，人民法院应当按照下列规则确定赔偿责任：（一）先由承保交强险的保险公司在责任限额范围内予以赔偿；（二）不足部分，由承保商业三者险的保险公司根据保险合同予以赔偿；（三）仍有不足的，依照道路交通安全法和侵权责任法的相关规定由侵权人予以赔偿。"2020年12月，最高人民法院颁布了《关于审理道路交通事故损害赔偿案件适用法律若干问题的解释》（以下简称《2020年道交司法解释》），因《2012年道交司法解释》第16条第1款内容已被《民法典》第1213条吸收，故《2020年道交司法解释》第13条第1款对《2012年道交司法解释》第16条第1款的表述进行了简化，其核心内容并未发生变化。《民法典》充分吸收了这一规定，确立了先由交强险保险公司赔付，再由商业三者险保险公司赔付，最后由侵权人赔偿。[1]同时，最高人民法院法官在对该条司法解释以及我国交强险的功能定位及其与侵权责任的关系进行分析和解读时认为，现行法更为强调交强险的基本保障功能，更为重视交强险对受害人损失的填补功能，因此，我国采纳的是基本

---

〔1〕参见陈龙业：《民法典关于机动车交通事故责任的创新发展与司法适用》，载《人民司法》2021年第7期。

保障模式，其特点是在理念上更加重视受害人的损失填补、强调交强险的基本社会保障功能，在不同程度上，使之与侵权责任相互分离。质言之，在交强险限额内，保险公司的赔付义务与被保险人的侵权责任相互脱钩。[1]这一系列司法解释与立法说明明确了交强险的保险责任与交通事故侵权责任的分离关系，其实也就否定了交强险的责任保险性质，认可其保障性保险的属性。这也是我国最高人民法院制定《2012 年道交司法解释》和《2020 年道交司法解释》的思路，正如学者所认识到的，"在这种保障模式下，机动车发生交通事故造成的损害中，第三者责任强制保险范围内的损失填补与侵权责任无关。在责任限额之外的部分，再根据侵权法的规则认定侵权责任。"[2]也就是说，不论被保险人对第三人是否应该承担侵权责任，交强险都对第三人的损害给予赔偿，这无疑属于一种保障性保险，其保险标的并非被保险人对第三人的赔偿责任，而是受害第三人的损害。但也需注意，从受害第三人损害填补的角度看，如果被保险人对第三人负有全部或者部分侵权责任，则交强险的赔偿可以冲抵一部分被保险人对第三人的赔偿责任。在司法实践中，法官是先计算出受害人的总的"损失"，然后在分配"损失"中先由交强险负担，再依据侵权人（被保险人）的责任比例让侵权人投保商业三者险的保险公司和侵权人承担相应的赔偿责任。可见，交强险赔偿时并不考虑被保险人的侵权责任，即便被保险人无侵权责任。交强险对无责情况下的赔付设置，本身就意味着交强险并非建立在侵权责任认定的基础上。质言之，无责赔付本身就与责任保险相冲突。但在后续需由被保险人承担侵权责任时，其赔偿数额中已经在受害人的总"损失"中减除了交强险赔偿的部分，例如被保险人全责时，交强险的赔偿就冲抵了被保险人应承担的部分赔偿数额，此时之交强险完全具有替代被保险人责任的责任保险客观效果；而在被保险人承担部分责任时，交强险的赔偿客观上是按被保险人的责任比例替代了被保险人的侵权责任。

其次，从立法目的来看，交强险强调的是对交通事故受害人提供基础的救济和保障，这也是由交强险之所以为法定强制保险的法理基础决定的。如果交强险仅仅为被保险人分散法律责任风险所设，其法律强制性便无正当性。

---

〔1〕 参见姜强：《交强险的功能定位及其与侵权责任的关系——审理机动车交通事故损害赔偿案件的制度背景》，载《法律适用》2013 年第 1 期。

〔2〕 参见李祝用、姚兆中：《再论交强险的制度定位——立法的缺陷、行政法规与司法解释的矛盾及其解决》，载《保险研究》2014 年第 4 期。

从立法最初的设计思路来看，虽然可能存在《交强险条例》和《交强险条款》是按照传统责任保险法律关系的一般原理进行设计的这一推断，即保险人对受害第三人的赔偿责任是依附于交通事故侵权责任而产生的，但这种推断的客观依据事实上也仅体现在其以《道路交通安全法》中对交强险"责任保险"名称和定义的单纯沿用，而在其细化规则上并未贯彻责任保险的原理。诚然，责任保险论的支持者可以以《道路交通安全法》第76条、《交强险条例》和《交强险条款》均未明确否定保险责任与道路交通事故侵权责任之间的联系为其观点辩护，但这些规则同样并未直接规定保险责任要以交通事故侵权责任的认定为前提，同样可以作为保障制度论的论据。事实上，《道路交通安全法》和《交强险条例》对交强险名称及定义的表述是模糊不清的，在这种情况下，实不宜将简单对名称和定义的概括性重复奉为圭臬，而应当通过其具体规则来理解其真正内涵，或者说，应当超越交强险"责任保险"之名，对其进行实质性的解释。立法和监管机构在对交强险制度答记者问时明确指出："目前实行的商业机动车第三者责任保险是根据被保险人在交通事故中所承担的事故责任来确定其赔偿责任的。机动车交通事故责任强制保险实施后，无论被保险人是否在交通事故中负有责任，保险公司均将按照《交强险条例》以及《交强险条款》的具体要求在责任限额内予以赔偿"。[1]最高人民法院民一庭编著的《最高人民法院关于道路交通损害赔偿司法解释与适用》认为：《交强险条例》第1条表明，使受害人得到及时赔偿是交强险制度的首要目的。关于这些规则的诸多解答和释义也足以表明我国交强险的性质属于保障性保险。

三、交强险的制度功能

原国务院法制办、保监会负责人就《交强险条例》答记者问时，对交强险的制度功能概括为以下四个方面：其一，保障机动车道路交通事故受害人依法得到赔偿，获得及时有效的经济保障和医疗救治；其二，减轻交通事故肇事方的经济负担；其三，通过"奖优罚劣"的费率经济杠杆手段，促进驾驶人增强安全意识，间接促进道路交通安全；其四，发挥保险的社会保障功

---

[1] 参见《国务院法制办、保监会负责人就〈机动车交通事故责任强制保险条例〉答记者问》，载 http://www.cbirc.gov.cn/cn/view/pages/ItemDetail.html? docId = 366541&itemId = 915&generaltype = 0，最后访问日期：2022年1月18日。

能，维护社会稳定。[1]其中，第一个方面无疑是交强险制度的核心功能，就是保障交通事故受害人得到及时有效的救济。第二个方面是附带的功能，交强险可以在一定程度上替代交通事故肇事方的赔偿责任，似乎使投保义务人缴纳保险费获得了一个"对价"平衡。因为交强险赔偿与侵权责任"脱钩"，被保险人侵权责任比例越高，则交强险替代责任的比例也就越高，这会使得有责的被保险人比无责的被保险人在交强险的赔偿额度内更为划算，所以，第三个方面"奖优罚劣"主要在于平衡投保人在投保共同体中对保险费的分担利益，即让谨慎不出险或者在交通事故中无责的投保方分担更少的保险费，同时也能起到一定的防范道德风险的作用。第四个方面，从社会效果方面肯定了交强险的社会管理意义，也为其采用"强制保险"模式找到一个支撑点。

因此，我国交强险最为核心的制度功能就在于及时有效地为机动车交通事故中的受害人提供必要的、基本的救济。各个国家或地区较为普遍地采取强制保险或者类似的保障制度对交通事故受害人提供基础性救济。

相较于其他法域，我国面临的机动车事故威胁更为严重[2]，因而构建有效的或完善既有的风险分散与补偿机制一直是各方的关注焦点。对此，各个法域的立法目标或完善标准其实并无两样，都希望能以相对低的成本即较低保费向风险当事人提供相对充分且高效的保险赔付。[3]毫无疑问，交强险制度作为一种社会保障性救济制度，对有效维护交通事故受害人利益、实现社会正义具有积极意义。[4]

---

[1] 参见《国务院法制办、保监会负责人就〈机动车交通事故责任强制保险条例〉答记者问》，载 http://www.cbirc.gov.cn/cn/view/pages/ItemDetail.html？docId = 366541&itemId = 915&generaltype = 0，最后访问日期：2022 年 1 月 20 日。

[2] 参见汪世虎、沈小军：《我国机动车之间交通事故归责原则之检讨——以德国法为参照》，载《现代法学》2014 年第 1 期。

[3] 参见马宁：《中国交强险立法的完善：保险模式选择与规范调适》，载《清华法学》2019 年第 5 期。

[4] 参见金钢：《论"交强险"制度之完善》，载《特区经济》2010 年第 6 期。

第二节 交强险制度设置与反思

一、交强险是否应设置分项赔偿限额?

(一) 我国交强险的分项赔偿限额及立法比较

我国《交强险条例》第 23 条规定:"机动车交通事故责任强制保险在全国范围内实行统一的责任限额。责任限额分为死亡伤残赔偿限额、医疗费用赔偿限额、财产损失赔偿限额以及被保险人在道路交通事故中无责任的赔偿限额。机动车交通事故责任强制保险责任限额由国务院保险监督管理机构会同国务院公安部门、国务院卫生主管部门、国务院农业主管部门规定。"《交强险条款》第 8 条则规定了各项责任限额的具体金额。

我国《交强险条例》所设置的分项,有学者依据其表述解读为分为死亡伤残、医疗费用、财产损失和被保险人在道路交通事故中无责任的赔偿限额四项;也有学者按照分项的实质内容解读为三项:死亡伤残、医疗费用、财产损失的赔偿限额,但各项中又进一步区分为被保险人有责和被保险人无责情形两个标准。其实,上述两种解读并无实质性冲突,但笔者倾向按照三项来解读,因为在一个特定的赔付案件中,仅可能同时涉及三项赔偿,而不会同时涉及四项赔偿。自 2006 年我国推出交强险以来,在保险费基本未变的情况下,其赔偿总限额及各分项赔偿限额历经多次修改,由最初的 6 万元(死亡伤残 5 万元;医疗费用 8000 元;财产损失 2000 元)已经增加到 20 万元(死亡伤残 18 万元;医疗费用 1.8 万元;财产损失 2000 元)。

立法例上,交强险的赔付方法具有不同的分类模式。其一,根据是否区分赔偿项目而设定责任限额,分为概括限额与分项限额。两者差异在于,分项限额不允许分项间赔偿额的相互抵用,其立法宗旨体现了交强险保护受害人利益的不同侧重点,即保障的重点依次是:人身伤亡、医疗费用、财产损失。但在某项赔偿金额过高而其他赔偿金额较低的情况下,由于分项限额不允许各项目间相互打通、相互抵用,受害人得到的保障程度将明显低于概括限额模式。[1]

我国交强险设置分项限额的模式,应该是参考和借鉴了日本的相关立法。

---

[1] 参见韩长印:《我国交强险立法定位问题研究》,载《中国法学》2012 年第 5 期。

根据日本《机动车损害赔偿保障法》的相关规定，日本也采取分项责任限额并不设事故赔偿总金额上限，以每一受害人为标准，规定该保障于死亡、伤害、残疾三个项目的最高责任限额内分项赔付，每一事故赔付金额不设上限。日本目前实行的机动车强制责任保险最低责任限额关于人身伤害部分的规定为：死亡为 300 万日元/人，一级伤残为 4000 万日元/人。[1]可见，日本采取了分项赔偿限额并不设赔偿总金额上限的制度。但与我国交强险制度明显不同的是，日本的分项赔偿限额均针对"每一受害人"，而非"每次事故"，且未设置财产损失分项。这两点不同，也是值得我们反思之处。

（二）对于我国交强险设置分项赔偿限额的争议

关于交强险应否设置分项赔偿限额的问题，在我国司法实务及法学理论界中均存在较大争议。

在司法实践上，争议主要集中在医疗费用分项赔偿限额与死亡伤残分项赔偿限额能否突破？进而"打通"分项来使用赔偿限额？最典型的案情即为：当投保交强险的被保险机动车发生交通事故，造成第三者人身伤害所产生的医疗费用超过该分项赔偿限额时，如果权利人主张在死亡伤残赔偿限额内获得赔偿，是否能够得到法院支持。有学者经过查询大量司法判例，发现大部分法院不支持此项诉求，但也有少数法院做出了支持突破分项限额的判决。直到现在，司法界对此类案件仍然存在"同案不同判"的情形。[2]

多数法院不支持交强险分项限额的突破，其裁判依据主要来源于最高人民法院针对辽宁省高级人民法院《关于在道路交通事故损害赔偿纠纷案件中，机动车交通事故责任强制保险中的分项限额能否突破的请示》（〔2012〕辽民一他字第 1 号）回复的《最高人民法院关于交强险分项限额赔付能否突破的批复》（〔2012〕民一他字第 17 号）文件中给予了"不支持突破"的明确答复。该批复指出，根据《道路交通安全法》第 17 条、《交强险条例》第 23 条，机动车发生交通事故后，受害人请求承保机动车第三者责任强制保险的保险公司对超出机动车第三者责任强制保险分项限额范围的损失予以赔偿的，人民法院不予支持。由于是最高人民法院的批复，所以大多数基层或中级人

---

〔1〕 参见郭左践主编：《机动车强制责任保险制度比较研究》，中国财政经济出版社 2008 年版，第 36-38 页。

〔2〕 参见陈志斌：《关于交强险分项限额赔偿制度的立法思考》，载《山西财政税务专科学校学报》2021 年第 2 期。

民法院在审理此类案件时直接引用，做出驳回原告诉讼请求的判决。[1]据此，在司法实务方面，关于交强险分项限额问题似乎已风波渐平，但该复函下发后各地法院态度不一，某些法官认为上述复函不具有普遍适用效力。[2]

少数法院支持交强险分项限额可以突破，其中最为典型的是贵州省高级人民法院《关于审理涉及机动车交通事故责任强制保险案件若干问题的意见》（黔高法〔2011〕124号）中第5条明确规定："被保险机动车发生交通事故，不论被保险人在交通事故中有无过错及过错程度，保险公司均负有在交强险责任限额范围内向受害第三者直接赔付的法定义务。"该意见明确了审理交强险理赔案件时采取"不分项、不分责"的裁判原则，并坚持了将近10年。在贵州省高级人民法院《关于对政协贵州省十二届二次会议第419号委员提案的答复函》（黔高法办代表〔2019〕24号，以下简称《答复函》）中，贵州省高级人民法院给出两点理由：一是目前缺乏"分项、分责"明确的法律法规依据；二是基于交强险的性质和制度功能，再次推导出应当"不分项、不分责"。[3]

此处需要特别说明的是，2020年贵州省高级人民法院发布《关于道路交通事故纠纷中机动车强制保险赔付适用分项限额规定的通知》，该通知已于2021年1月1日起施行，明确规定了"贵州省道路交通事故纠纷中机动车强制保险赔付适用分项限额的相关规定。机动车发生交通事故后，受害人请求承保机动车强制保险的保险公司对超出机动车强制保险分项限额范围的损失予以赔偿的，人民法院不予支持。"同时废止了该院制定的《关于审理涉及机动车交通事故责任强制保险案件若干问题的意见》（黔高法〔2011〕124号）第5条。该通知自此终结了贵州省各级人民法院坚持多年的"不分项、不分责"的审判思路。

但也有学者认为，依据《交强险条例》第23条规定，交强险责任限额应由国务院保险监督管理机构[4]会同国务院公安部门、卫生主管部门、农业主

〔1〕 参见陈志斌：《关于交强险分项限额赔偿制度的立法思考》，载《山西财政税务专科学校学报》2021年第2期。

〔2〕 参见王德明：《交强险打通分项限额判决评析——兼论交强险的立法目的和对价平衡原则》，载《保险研究》2014年第6期。

〔3〕 参见陈志斌：《关于交强险分项限额赔偿制度的立法思考》，载《山西财政税务专科学校学报》2021年第2期。

〔4〕 2023年5月18日，国家金融监督管理总局正式揭牌成立，取代原中国银行保险监督管理委员会（银保监会）。

管部门等共同制定。因此，在贵州省高级人民法院的《答复函》中，对国务院保险监督管理机构单方颁布的交强险责任限额文件的法律效力不予采纳的理由并无不当。[1]同时，建议各级人民法院在审理道路交通事故人身损害赔偿案件中，当原告提出由承保交强险的保险公司对于超出医疗费用赔偿限额的损失部分在交强险人身损害总限额内予以赔偿的诉求时，应当予以支持。尤其是在机动车与行人或非机动车之间发生的撞击交通事故中，根据《道路交通安全法》第76条的立法精神，更应该保护在人身安全防护方面明显处于弱势一方的行人和非机动车方的人身权益，这也符合我国交强险的立法宗旨。[2]笔者认为，仅以交强险制度的整体功能定位来否定分项赔偿限额的理由并不充分，如果认为医疗费用分项赔偿限额不足，解决的途径应当是增加该分项限额的额度，而不是突破该限额的限制。至于由保险监管部门颁布各个分项的具体限额标准的法律授权依据是否充足，则是法律的解释问题，可能"仁者见仁智者见智"。但贵州省高级人民法院在《答复函》中对交强险制度功能与被保险人侵权责任关系的阐述，仍然具有一定的代表意义。[3]

---

〔1〕 参见陈志斌：《关于交强险分项限额赔偿制度的立法思考》，载《山西财政税务专科学校学报》2021年第2期。

〔2〕 参见陈志斌：《关于交强险分项限额赔偿制度的立法思考》，载《山西财政税务专科学校学报》2021年第2期。

〔3〕《答复函》中关于"不分项、不分责"的理由之二：二、从设立交强险的目的及交强险的特殊性质来看。交强险的功能应更多的体现在保障道路交通事故受害人的权益，不能将交强险作为一般商业保险对待。《交强险条例》第1条规定：为保障机动车道路交通事故受害人依法得到赔偿，促进道路交通安全，根据《道路交通安全法》《保险法》，制定本条例，可以看出，设立交强险的目的在于控制机动车行驶这一高危行为的风险，保障道路交通事故受害人的人身、财产损失能够依法及时得到赔偿，促进道路交通安全，交强险的功能是对受害人损失的及时填补，更多的是保障受害人的权益，这与一般商业保险分散被保险人风险的功能有明显区别。《机动车交通事故强制保险条例》第3条规定："本条例所称机动车交通事故责任强制保险，是指由保险公司对被保险机动车发生道路交通事故造成本车人员、被保险人以外的受害人的人身伤亡、财产损失，在责任限额内予以赔偿的强制性责任保险。"《道路交通安全法》第76条第1款规定："机动车发生交通事故造成人身伤亡、财产损失的，由保险公司在机动车第三者责任强制保险责任限额范围内予以赔偿。"可以看出，交强险是一种强制性保险，这种强制性不仅表现在机动车所有人或管理人的法定投保义务和保险公司的法定承保义务，还体现在保险公司承担赔偿责任是以道路交通事故受害人发生了人身、财产损失为前提，而与被保险人的过错程度和责任无关。在发生道路交通事故时，被保险人利用交强险进行赔偿的，保险公司在责任限额内，以受害人实际的人身、财产损失为准进行赔偿，而不论被保险人在事故中的过错程度和责任大小，并且被保险人在事故中的过错程度和责任大小，与其造成的损失并没有必然联系，过错程度小，可能造成受害人的人身、财产损失大，若在交强险赔偿过程中考虑被保险人的过错程度，很可能造成受害人的损失无法得到填补，不符合设立交强险的目的。

关于交强险是否区分分项限额，尽管最高人民法院民一庭在给辽宁省高院的回函中已有明确态度，但在我国学界仍然存在着不同的理解和看法。

有学者认为应打破区分分项限额的规定，理由主要包括以下几点：其一，《道路交通安全法》第 76 条只规定由保险公司在交强险责任限额范围内予以赔偿，并未作分项限额之限定，因此《交强险条例》第 23 条和《交强险条款》第 8 条关于分项限额的做法违反了上位法的规定，应不予适用。其二，交强险合同的分项限额条款是保险公司单方提出的格式条款，意在规避保险人的义务而排除被保险人的权利，应属无效。[1]其三，交强险分项限额明显限制了对受害人的保护，不符合交强险的制度功能和立法目的。交强险意在保障交通事故受害人及时得到有效的基本赔偿，具有法定性、强制性、公益性的特点，不应对受害人的利益进行限制。[2]

另有学者认为应严格区分分项赔偿限额，主要理由为，交强险分项赔偿限额的确定与机动车交通事故发生率、交强险投保的费率水平以及保险市场的发展等因素密切相连，分项赔偿限额制度不仅涉及受害人的损失填补，也涉及不特定多数人的利益，不能随意打破。[3]对于最高人民法院民一庭给辽宁省高院的回函，最高人民法院民一庭负责人的解释是，交强险的基本保障功能并不必然导致分项限额具有不合理性，甚至是相反。在交强险的赔偿在一定范围内与侵权责任脱钩的模式下，交强险保障范围的大小与一国所欲投入的损失填补成本息息相关，并不完全取决于法律上的逻辑。因此，在现行法的框架和我国目前的国情之下，分项限额制度是人民法院审理道路交通事故损害赔偿案件的背景之一。[4]可见，严格区分分项限额，有助于及时对受害人的人身伤害进行救济，而非对受害人的一切损失（尤其是财产损失）进行救济。交强险设立的目的是以人为本，其基本功能为受害人的人身伤害进

---

[1] 参见石国才：《索赔有方：道路交通事故处理全程指引》，法律出版社 2016 年版，第 436 页。

[2] 参见罗振向：《论我国交强险分责分项限额赔付的争议及解决途径》，载《法制与社会》2021 年第 4 期。

[3] 参见石国才：《索赔有方：道路交通事故处理全程指引》，法律出版社 2016 年版，第 437 页。

[4] 参见最高人民法院民一庭杜万华等：《解读〈最高人民法院关于审理道路交通事故损害赔偿案件适用法律若干问题的解释〉》，载最高人民法院研究室编：《司法文件选解读》（第 1 辑），人民法院出版社 2013 年版；姜强：《交强险的功能定位及其与侵权责任的关系——审理机动车交通事故损害赔偿案件的制度背景》，载《法律适用》2013 年第 1 期。

行及时填补。[1]同时，设置分项赔偿限额亦有助于防范道德风险。

此外，2019 年 7 月，国务院保险监督管理机构对十三届全国人大二次会议第 4857 号建议的答复中对于人民代表提出的关于修改交强险保险条款中分项限额的建议进行了说明和答复。该说明和答复指出，目前我国交强险针对交通事故死亡伤残、医疗费用和财产损失分别设置了不同的赔偿限额，其中死亡伤残赔偿限额最高。设置分项赔偿限额，可以集中理赔资源为人身伤亡提供经济赔偿，让有限的保险金精准对应赔偿的性质和用途，更好地发挥各项赔偿应有的功能和作用。从我国实践来看，目前交强险各分项限额能够满足绝大多数赔案的赔偿需求。如果取消交强险分项限额制度，一是将使人身伤亡、财产损失项目混同适用于同一责任限额，使财产损失赔偿占用更多的理赔资源，改变交强险着重保障受害人人身伤亡的初衷；二是可能导致交强险整体费率水平明显上升，进而加重投保人经济负担。[2]

（三）本书的观点

笔者认为，突破或者取消分项赔偿限额对于交通事故受害第三人的权益保护无疑是有利的，但同时也无疑会带来保险费的提高以及保险基金更多被用于受害人财产损失的赔偿，或者说，法律强制投保义务人缴纳保险费却只是为了保障受害人的财产损失，这就会给交强险的"强制"属性的正当性带来挑战，也对交强险的功能定位到底是保障受害人的人身权益还是财产权益提出了质疑。因此，不能抽象笼统地以交强险的核心制度功能来否定其具体的制度设计，对于人们普遍感到医疗费用赔偿限额不足的问题，可以通过适当提高该赔偿限额来解决。笔者赞同不能突破分项赔偿限额的观点和理由，也认同最高人民法院复函的理由以及保险监管机构"说明和答复"的意见。交强险分项限额源于保险公司的专业精算技术，如果突破分项限额，就会对保险基金分摊机制造成冲击。同时，其他国家和地区的相关立法和制度设计情况也支持了交强险分项赔偿限额的规定。

另外，在最高人民法院已经作出明确指示的情况下，各级人民法院应当遵照该指示进行案件的审理，以保证司法的统一性。此外，在认可分项赔偿

---

[1] 参见罗振向：《论我国交强险分责分项限额赔付的争议及解决途径》，载《法制与社会》2021年第 4 期。

[2] 上述"说明和答复"的内容，载 http://www.cbirc.gov.cn/cn/view/pages/govermentDetail.html? docId=875902&itemId=893&generaltype=1，最后访问日期：2022 年 1 月 20 日。

限额制度价值的同时，修改限额额度或可成为兼顾交强险制度功能与司法统一性、保险基金分摊机制的有效途径。

二、取消还是保留财产损失分项赔偿限额？

（一）对于设置财产损失分项赔偿限额的质疑

有学者认为，我国现行的机动车强制责任保险法律制度的实施效果不尽如人意，其中一个主要原因即为我国交强险的保险范围设置不合理。我国交强险在赔付数额有限的背景下，仍然设定了财产损害赔偿项目。[1]也有学者认为，将我国交强险定位为受害人损害的填补者而非完全的责任保险以及将财产损害纳入其赔偿范围大大扭曲了强制责任保险原本所欲实现的赔偿资源优化配置功能，以至于最后只能采对受害人权利保护最为不利且限额较低的事故分项限额模式，因此也没有从根本上起到将部分侵权诉讼挡在法院之外的作用。[2]还有学者主张，考虑到我国目前交强险的高保费与低保障现实，有必要将保险资源集中于在法益衡量上更为优先的项目。[3]具体而言，由于纯粹造成财产损失交通事故的多发性，通过交强险填补受害人的财产损害将在极大程度内挤占本就不高的人身损害保障份额。同时，将财产损失纳入交强险保障范围也直接影响投保人的保费负担和投保率，因而立法有必要取消财产损害的赔付，当事人可以通过商业性质的机动车第三者责任保险来填补前述空缺。[4]

笔者认为，当前将受害人的财产损失纳入交强险的保障范围的规则实有不妥，理由如下：

1. 设置财产损失分项不符合交强险的制度功能定位。交强险的功能定位与宗旨是为交通事故受害人提供最基本的救助和保障，主要是指医疗抢救和人身伤害的救助以及对于死亡和伤残获得最基本赔偿的保障，体现了现代文

---

〔1〕　参见马宁：《中国交强险立法的完善：保险模式选择与规范调适》，载《清华法学》2019年第5期。

〔2〕　参见张力毅：《比较、定位与出路：论我国交强险的立法模式——〈写在交强险条例〉出台15周年之际》，载《保险研究》2021年第1期。

〔3〕　参见马宁：《中国交强险立法的完善：保险模式选择与规范调适》，载《清华法学》2019年第5期。

〔4〕　参见马宁：《中国交强险立法的完善：保险模式选择与规范调适》，载《清华法学》2019年第5期。

明社会以人为本的精神理念。这种基础性保障与救助是通过保障医疗抢救、伤残补偿、死亡抚恤等费用以实现对受害人人身损害的救助，而相比于受害人的人身损害，其财产损失并不值得强制责任保险予以保护。有学者认为，将财产损失纳入交强险保障范围，将导致本就有限的保险资金被支付给在法益衡量上相对居次的财产损害，稀释了更为迫切的人身损害赔付。[1]应该说，交强险所体现的是"以人为本"，是对受害人生命和人身的关怀，而不是以受害人的财产为本，受害人的财产损失应当交由商业责任保险解决。

2. 财产损失分项的赔付支出在交强险赔付中占有较大比例。因为交通事故多为城市道路车与车的事故，频率最高的是刮蹭类的轻微事故，发生人身伤害的较少，发生财产损失的较多，所以，很多交强险保险金的支出都是用于给对方修车上。也就是说，交强险设置财产损失的赔偿分项，或者加重了投保人的保险费负担，或者挤占了人身损害赔偿和医疗费用分项的额度。如果没有财产损失分项，那么，或者可以为投保人节省下相应部分的保险费，或者可以大大提升医疗和人身伤亡的赔偿额度。更为重要的是，交强险设置2000元的财产损失分项的赔偿额度，对于受害人来讲，这2000元的财产损失的保障相对于人身损害救济而言确是微不足道的，也完全没必要由法律强制投保人团体"掏腰包"来分担，其正当性并不充分。

3. 从目前的实践来看，交强险设置财产损失分项的唯一好处是在双车碰撞情形下，提供了"互碰自赔"的可能。这对于快速处理轻微交通事故、缓解城市交通拥堵有一点点作用。但这个"作用"能否作为支撑交强险设置财产损失分项的理由，值得进一步讨论研究。

（二）关于财产损失分项的比较法分析

对比其他国家和地区相关立法，是否将受害第三人的财产损失纳入强制保险的保障范围，不同的国家和地区有着不同的做法。

例如，日本《机动车损害赔偿保障法》第1条规定："本法系以确立保障因汽车之运行而致人生命或身体被侵害时之损害赔偿制度，借以保护被害人，并促进汽车运送之健全发展为目的。"[2]日本立法者认为，对交通事故受害人

---

〔1〕 参见马宁：《中国交强险立法的完善：保险模式选择与规范调适》，载《清华法学》2019年第5期。

〔2〕 参见江朝国编著：《强制汽车责任保险法》，中国政法大学出版社2006年版，第24页。

的人身损害进行赔偿是机动车强制责任保险的首要任务。[1]鉴于交强险强制保险的性质，如果将财产损失纳入交强险的赔偿范围，将会大幅度提高保费，从而加重投保人的经济负担。因此，日本机动车强制责任保险仅保障道路交通事故受害人的人身伤害，并未将受害人的财产损失纳入赔偿范围之中。

在1992年之前，我国台湾地区机动车强制责任保险的赔偿范围既包括人身伤亡，又包括财产损失。1992年，为充分实现机动车强制责任保险为交通事故受害人健康、生命的损害提供基本保障这一目的，在法律中删掉了机动车强制责任保险中的财产损失赔偿部分。[2]根据所谓"强制汽车责任保险法"（2005年）第27条的规定："本保险之给付项目如下：（1）伤害医疗费用给付。（2）残疾给付。（3）死亡给付。"由此可见，我国台湾地区的机动车强制责任保险仅对交通事故受害人的人身伤亡给予保障，也未将财产损失纳入交强险的赔偿范围之中。

德国的做法与日本和我国台湾地区不同，德国《汽车保有人强制责任保险法》第1条规定："于国内有固定驻地之汽车或拖车，且使用于公共道路或广场者，其保有人为担保因使用汽车造成之人身、物以及其他财产损害，有义务依本法规为自己、所有人及驾驶人缔结并维持一份责任保险契约。"[3]并于2003年对《道路交通法》进行了修改，其中第7条第1款规定："保有人的责任，擅自驾驶他人的机动车，如果因机动车的运营或它拖带的拖车的运营导致人死亡、身体或健康受侵害或者财物有损失，机动车保有人负有赔偿责任。"[4]由上述两处规定可知，德国的机动车强制责任保险赔偿范围较广，既包括受害人的人身伤亡，亦包括财产损失以及其他间接经济损失。[5]

总体来说，日本、韩国、新加坡、澳大利亚、我国香港、我国台湾等大多数国家和地区未将财产损失纳入机动车强制保险的赔偿范围，而德国、意

---

〔1〕 参见郭左践主编：《机动车强制责任保险制度比较研究》，中国财政经济出版社2008年版，第187页。

〔2〕 参见郭左践主编：《机动车强制责任保险制度比较研究》，中国财政经济出版社2008年版，第216页。

〔3〕 参见江朝国编著：《强制汽车责任保险法》，中国政法大学出版社2006年版，第23页。

〔4〕 参见郭左践主编：《机动车强制责任保险制度比较研究》，中国财政经济出版社2008年版，第75页。

〔5〕 参见郭左践主编：《机动车强制责任保险制度比较研究》，中国财政经济出版社2008年版，第77页。

大利等欧盟国家则选择将财产损失纳入机动车强制责任保险的赔偿范围。

（三）本书的观点

笔者认为，是否将财产损失纳入机动车强制责任保险的赔偿范围，与机动车强制保险的性质、功能定位以及交通事故受害人的救济途径选择有关。如果采用保障性保险的途径，诸如与被保险人的侵权责任完全"脱钩"的美国无过失保险的方式或者我国交强险的方式，那么就没有足够正当的理由将财产损失纳入强制保险的保障范围，或者说，相关法律不应当强制投保人为保障受害人的财产损失获得赔偿而买单。如果采用责任保险的途径，强制保险与被保险人的侵权责任相关，是替代被保险人的侵权责任，那么自然就会将受害人的财产损失纳入责任保险的赔偿范围，但如此的话，采用分项限额责任的方式（包括财产损失分项）与一般的商业责任保险相比就会显得突兀。德国、意大利等欧盟国家将财产损失纳入强制保险赔偿范围，是因为这些国家均采用了强制责任保险的途径解决受害人救济问题，而之所以采用这种途径或与《欧盟机动车保险指令》（及其受害人救济的法律理念）要求成员国对交通事故受害人的人身损害和财产损失均提供保险保障有关。

结合域外的相关立法情况来看，我国交强险制度借鉴了日本分项限额赔偿的做法，同时也吸收了德国将受害人财产损失纳入强制责任保险保障范围的做法。从法理及比较法来看，我国交强险赔偿范围设置财产损失分项的做法，既缺乏法理上的正当性基础，也违背了受害人救济制度的路径选择的基本逻辑；既不符合交强险制度的功能定位，在实践上也削弱了交强险救济受害人的客观效果。有学者经调研得知，在交强险赔偿总额中，财产赔偿所占比例已经超过赔偿总金额之半数；另还有占比三分之二之说。[1]如果上述数据属实，则意味着交强险保险费中至少有一半都赔付给了财产损失，也就是说，如果交强险赔偿范围不包括财产损失的话，保险费至少可以比现有标准降低一半，或者在维持现有保险费水平的情况下，大大提高医疗费用和死亡、伤残分项的赔偿额度。

有学者主张应当对我国交强险制度进行改革，认为在交强险限额有限的情况下，剔除财产损失赔偿，全部转化为人身损害赔偿，既能及时救助受害人的人身伤害，也会相应降低保险公司赔付负担，保障交强险运营的持续健

---

[1] 笔者未能在公开渠道找到财产分项的赔付支出占交强险赔付支出总额比例的数据。

康发展，体现我国立法优先保障受害人生命权和健康权的价值取向。[1]笔者认同该主张，结合前文对财产损失分项设置的法理分析和比较研究，我国《交强险条例》及《交强险条款》对赔偿范围的规定应取消财产损失分项或尽量减少财产损失分项的额度。

三、"每次事故"还是"每人每次事故"？

（一）对"每次事故"保障模式的质疑

有学者在逻辑上将交强险的保障模式即个案中保险金的赔付方式分为四种。依据是否区分赔偿项目分为概括限额模式与分项限额模式。其中，分项限额由于不允许分项间赔偿额的相互抵用，因而在某项赔偿金额过高而其他赔偿金额较低的情况下，受害人得到的保障程度低于概括限额模式。依据是否区分受害人人数而设定不同的赔偿限额，分为事故限额模式与受害人限额模式。事故限额是指保险人对一次事故的赔偿限额不因受害人人数的增加而相应增加；而受害人限额则恰恰相反。将上述两种分类合在一起，赔付方式共计四类：受害人概括限额、受害人分项限额、事故概括限额、事故分项限额。这四种模式对于受害人的综合保障程度最高的是受害人概括限额模式，最低的是事故分项限额模式。[2]

根据我国《交强险条款》第 6 条规定："交强险合同中的责任限额是指被保险机动车发生交通事故，保险人对每次保险事故所有受害人的人身伤亡和财产损失所承担的最高赔偿金额。"可见，我国采取的是事故分项限额模式。有学者尖锐地指出，这种事故分项限额保障模式多被用于商业自愿保险，以利于保险人管控经营风险，将之用于强制性且具有准公共物品属性的交强险中并不适宜。因为当事故中存在多个受害人时，各受害人将被迫共享本就极为有限的赔偿限额，进而使得一个事故中受害人越多，每个人的保障程度就越低。[3]又因为交通事故严重程度往往与受害人人数正相关，因此，这种事故限额模式对无辜而又无法左右事故严重程度的多名受害人而言不仅因事故严重程度的增加而更显保障不力，而且实际上是让他们就自己的保障问题听

---

[1]　参见罗振向：《我国交强险的功能定位及改革思路》，载《法制与社会》2021 年第 7 期。

[2]　参见韩长印：《我国交强险立法定位问题研究》，载《中国法学》2012 年第 5 期。

[3]　参见马宁：《中国交强险立法的完善：保险模式选择与规范调适》，载《清华法学》2019 年第 5 期。

天由命。[1]

参考其他国家和地区的相关立法情况，在机动车强制保险领域，几乎没有采用事故限额模式的。有学者指出，在日本、韩国等国家中，人身损害赔偿限额均采用受害人限额模式，我国应当立足国情最终亦采受害人限额模式，从而能从根本上更加公平地保护受害人的权益。[2]也有学者认为，我国的交强险保险金赔付模式应转向受害人限额模式，即针对"每人每次事故"进行赔付，从而为被保险人和受害人提供相对充分的保护，避免诸如重复投保、道德风险等一系列问题。[3]还有学者提出了更进一步的观点，即便考虑到现阶段保险人的赔付能力与投保人对保费的承受力，未来的交强险至少也应转向受害人分项限额模式。同时在限额模式下消除医疗费用与伤残赔偿之间的分项界限来为受害者的核心利益诉求提供相对充分的保障。[4]可见，按照"每次事故"进行限额赔偿这种事故分项限额模式受到了广泛的质疑，学者们不论从比较法角度，还是交强险制度功能的角度，都是主张交强险应采用受害人限额模式，即采用"每人每次事故"作为赔偿限额的适用标准。

（二）本书的观点

笔者认为，在存在多个受害人时，交强险采用"每次事故"这种事故限额模式不仅对于受害人的救济额度明显不足，而且无法体现交强险保障受害人功能的公平性。试想同样是交通事故的受害人，却可能会因为一次事故中受害人人数较多而在赔偿额度上相差几倍，显然这并没有给受害人同等的保障。这种事故限额模式在制度功能层面是无法给出合理解释的。

另外，对于存在多个受害人的道路交通事故案件，交强险的保险公司几乎无法自行进行合理的赔偿，只能依赖法院判决。而法院在所有受害人的损失确定之前，也很难在多个受害人之间分配交强险的赔偿额度。这必然导致交强险的赔偿期限拖延很长时间，交强险对受害人及时救济的功能丧失殆尽。可以说，所谓"事故限额模式"仅是理论或者逻辑上存在的一种模式，实践中如果采用这种模式，在技术层面必然导致对受害人的保障和救济不充分、

---

[1] 参见韩长印：《我国交强险立法定位问题研究》，载《中国法学》2012年第5期。

[2] 参见罗振向：《我国交强险的功能定位及改革思路》，载《法制与社会》2021年第7期。

[3] 参见韩长印：《我国交强险立法定位问题研究》，载《中国法学》2012年第5期。

[4] 参见马宁：《中国交强险立法的完善：保险模式选择与规范调适》，载《清华法学》2019年第5期。

不公平、不及时的结果，与交强险的制度功能定位相背离，与交强险的"法律强制"属性不匹配。如果交强险仅仅为了分散被保险人的责任风险，则其"法律强制"就没有正当性基础；如果交强险的核心制度功能在于给交通事故受害人提供基础性（即须具有相对充分性和公平性）的及时的救济和保障，则就不能采用事故限额模式而必须采用受害人限额模式。

至于受害人限额模式下是采用概括限额模式还是分项限额模式？笔者认为这并非原则性问题，相对而言，虽然概括限额模式对受害人更为有利，但分项限额模式较概括限额模式可以在保险基金分配上更为精准地反映政策要求，也可以更好地控制保险费的额度和防范道德风险。同时需要强调的是，笔者坚持反对将受害人的财产损失纳入交强险的赔偿范围；退一步讲，如果像现有制度这样，已将财产损失纳入交强险赔偿范围，则采用分项限额模式是必须的选择，且应严格限制财产损失分项的赔偿额度，此种情形下绝对不可采用概括限额模式。

四、完善我国交强险制度的建议

我国交强险的核心属性是保障性保险，但在一定程度上兼具有责任保险性质，因此，其主要的制度功能在于及时有效地为机动车交通事故中的受害人提供必要的、基本的救济，次要的功能是替代被保险人对受害人进行赔偿。

以交强险的性质及其主要制度功能为考量标准，笔者认为其所采用的基本赔偿模式背离了交强险的宗旨和功能定位，应该予以反思和重构。

交强险分项限额源于政策对交通事故受害人精准保障的需要，突破分项限额会对保险基金分摊机制造成冲击，会带来保险费的提高以及保险基金更多被用于受害人财产损失的赔偿，不符合强制保险的法理基础。

我国交强险选择赔偿金额与被保险人侵权责任脱钩的保障性保险的途径，不应当将财产损失纳入保障范围。从法理及比较法来看，我国交强险赔偿范围设置财产损失分项的做法，既缺乏法理上的正当性基础，也违背了受害人救济制度的路径选择的基本逻辑；既不符合交强险制度的功能定位，在实践上也削弱了交强险救济受害人的客观效果。因此，我国《交强险条例》及《交强险条款》应取消财产损失分项或尽量减少财产损失分项的额度。

我国交强险赔偿采用事故限额模式，在技术层面必然导致对受害人的保障和救济不充分、不公平、不及时的结果，与其制度功能定位相背离，与其强制保险属性不匹配。因此,应当采用按照"每人每次事故"赔偿的受害人限额模式。

另外,应当将交强险的分项与人身损害赔偿项目挂钩,并且明确规定哪些项目由交强险赔偿哪些不赔偿,比如医保自费药、精神损害赔偿等,以减少实务上的争议。也要考虑让交通事故救助基金发挥更大的效用。比如,在投保义务人违反投保义务未投保交强险的情况下发生保险事故,投保义务人应承担什么责任?司法实务上,法官一般会判投保义务人承担交强险责任,但如果投保义务人没有财力赔偿,则交强险的功能在该案中就无法发挥,受害人将面临没有交强险保障的问题。笔者认为,既然投保义务人无论故意或者过失,违反投保义务没有投保交强险,都将会受到双倍保险费的行政处罚,且该罚款会被纳入交通事故救助基金,那么,应当让交通事故救助基金充当保险人的角色,承担该交强险责任。如此,就不会因为投保义务人未投保交强险而使交通事故受害人失去交强险的保障,也不会让投保义务人面临既承担行政责任又承担民事责任的双重不利后果。

主要参考文献

1. ［英］M. A. 克拉克：《保险合同法》，何美欢、吴志攀等译，北京大学出版社 2002 年版。

2. ［英］约翰·T·斯蒂尔：《保险的原则与实务》，孟兴国等译，中国金融出版社 1992 年版。

3. ［英］约翰·伯茨：《现代保险法》，陈丽洁译，河南人民出版社 1987 年版。

4. ［美］约翰·F. 道宾：《美国保险法》，梁鹏译，法律出版社 2008 年版。

5. ［美］所罗门·许布纳等：《财产和责任保险》，陈欣等译，中国人民大学出版社 2002 年版。

6. ［德］迪特尔·梅迪库斯：《德国债法总论》，杜景林、卢谌译，法律出版社 2004 年版。

7. ［日］园乾治：《保险总论》，李进之译，中国金融出版社 1983 年版。

8. 江朝国：《保险法基础理论》，中国政法大学出版社 2002 年版。

9. 江朝国编著：《强制汽车责任保险法》，中国政法大学出版社 2006 年版。

10. 梁宇贤：《保险法新论》，中国人民大学出版社 2004 年版。

11. 郑玉波：《保险法论》，三民书局 1984 年版。

12. 郑玉波：《保险法论》，三民书局 2010 年版。

13. 桂裕：《保险法论》，三民书局 1981 年版。

14. 王卫耻：《实用保险法》，文笙书局 1981 年版。

15. 汤俊湘：《保险学》，三民书局 1984 年版。

16. 吴荣清：《财产保险概要》，三民书局 1992 年版。

17. 刘宗荣：《新保险法：保险契约法的理论与实务》，中国人民大学出版社 2009 年版。

18. 覃有土主编：《保险法概论》，北京大学出版社 1993 年版。

19. 覃有土主编：《保险法》，北京大学出版社 1998 年版。

20. 覃有土、樊启荣：《保险法学》，高等教育出版社 2003 年版。

21. 樊启荣：《保险法》，北京大学出版社 2011 年版。

22. 樊启荣：《保险法诸问题与新展望》，北京大学出版社 2015 年版。

23. 邹海林：《责任保险论》，法律出版社 1999 年版。

24. 邹海林：《保险法学的新发展》，中国社会科学出版社 2015 年版。

25. 邹海林：《保险法》，社会科学文献出版社 2017 年版。

26. 常敏：《保险法学》，法律出版社 2012 年版。

27. 温世扬主编：《保险法》，法律出版社 2003 年版。

28. 温世扬主编：《保险法》，法律出版社 2016 年版。

29. 孙积禄：《保险法论》，中国法制出版社 1997 年版。

30. 陈欣：《保险法》，北京大学出版社 2000 年版。

31. 李玉泉：《保险法》，法律出版社 1997 年版。

32. 李玉泉：《保险法》，法律出版社 2003 年版。

33. 李玉泉：《保险法》，法律出版社 2019 年版。

34. 李玉泉主编：《保险法学》，中国金融出版社 2020 年版。

35. 贾林青编著：《保险法》，中国人民大学出版社 2007 年版。

36. 贾林青：《保险法》，中国人民大学出版社 2020 年版。

37. 范健等：《保险法》，法律出版社 2017 年版。

38. 韩长印、韩永强编著：《保险法新论》，中国政法大学出版社 2010 年版。

39. 韩长印、何新主编：《保险法疑难案例评注（2021 年卷）》，法律出版社 2022 年版。

40. 方乐华：《保险法论》，立信会计出版社 2006 年版。

41. 孙宏涛：《保险法原论》，北京大学出版社 2021 年版。

42. 高宇：《保险法学》，法律出版社 2021 年版。

43. 初北平：《海上保险法》，法律出版社 2020 年版。

44. 许崇苗、李利：《保险合同法理论与实务》，法律出版社 2002 年版。

45. 张洪涛、王和主编：《责任保险理论、实务与案例》，中国人民大学出版社 2005 年版。

46. 张俊岩主编：《保险法热点问题讲座》，中国法制出版社 2009 年版。

47. 王卫国：《保险合同前沿问题研究》，中国财政经济出版社 2018 年版。

48. 刘清元：《保险合同基本问题研究》，中国金融出版社 2019 年版。

49. 梁鹏：《人身保险合同法律规范专题研究》，中国社会科学出版社 2021 年版。

51. 王海波：《海上保险法与保险法之协调研究》，法律出版社 2019 年版。

52. 史学瀛、郭宏彬主编：《保险法前沿问题案例研究》，中国经济出版社 2001 年版。

53. 郭宏彬：《责任保险的法理基础》，机械工业出版社 2016 年版。

54. 郭锋等：《强制保险立法研究》，人民法院出版社 2009 年版。

55. 武亦文：《保险代位的制度构造研究》，法律出版社 2013 年版。

56. 沙银华：《日本经典保险判例评释》，法律出版社 2002 年版。

57. 岳卫：《日本保险契约复数请求权调整理论研究：判例·学说·借鉴》，法律出版社 2009 年版。

58. 史卫进、孙洪涛编著：《保险法案例教程》，北京大学出版社 2004 年版。

59. 石国才：《索赔有方：道路交通事故处理全程指引》，法律出版社 2016 年版。

60. 张洪涛、郑功成主编：《保险学》，中国人民大学出版社 2000 年版。

61. 许飞琼编著：《责任保险》，中国金融出版社 2007 年版。

62. 刘金章等：《责任保险》，西南财经大学出版社 2007 年版。

63. 江平主编：《民法学》，中国政法大学出版社 2011 年版。

64. 赵旭东主编：《商法学》，高等教育出版社 2015 年版。

65. 宋朝武主编：《民事诉讼法学》，中国政法大学出版社 2015 年版。

66. 中国保险学会《中国保险史》编审委员会编：《中国保险史》，中国金融出版社 1998
    年版。

67. 周华孚、颜鹏飞主编：《中国保险法规暨章程大全》，上海人民出版社 1992 年版。